中国实时灵活动态
金融状况指数研究

The Research of China Real-Time
Flexible Dynamic Financial Conditions Index

周德才◎著

社会科学文献出版社
SOCIAL SCIENCES ACADEMIC PRESS (CHINA)

本书是 2017 年度国家社会科学基金一般项目：“基于混频损失函数的我国实时动态金融状况指数编制及应用研究”（项目编号：17BTJ011）的最终研究成果

前　言

当前中国货币政策面临的国内外环境已经发生了前所未有的复杂变化，具有实时性、灵活性、动态性等特征。从国外来看，为了应对新冠肺炎疫情和世界金融危机残余影响的双重冲击和挑战，欧美发达国家相继推出了前所未有的超级宽松货币政策，并引发了较高的通货膨胀；从国内来看，中国经济进入国内国际"双循环"发展的新格局，金融正处于经济金融化、金融市场化和自由化、金融国际化和全球化以及数字金融化（简称金融"四化"）大力重叠推进阶段。因此，国内外金融和经济形势，特别是国内外货币政策态势对中国经济的影响变得更加重要、更加实时和更加灵活多变，如何表征这些国内外金融因素对中国经济的实时灵活动态影响是一个值得研究的重要问题。因此，构建一个能够实时灵活动态反映金融状况的综合指标——中国实时灵活动态金融状况指数（Real-Time Flexible Dynamic Financial Conditions Index，中国 RT-FD-FCI），并能够应用于实时灵活动态监测和测度货币政策运行状况、执行效果、影响效应等方面，对确保经济活动健康运行有着极其重要的意义和价值。

为此，本书首先构建了研究中国 RTFD-FCI 的理论分析框架和统计计量模型，接着使用混频 DFM 模型构建并估计了中国货币政策双重最终目标混频损失函数（MLF），在 MLF 的基础上，选择频率之比随机的 1996 年 1 月 1 日至 2020 年 9 月 30 日的新增贷款、货币供应、房价、利率、汇率和股价 6 类 30 个金融指标，然后使用新构建的频率之比随机的混频混合创新时变系数随机方差结构因子增广向量自回归模型（MF-MI-TVP-SV-SFAVAR），实证测度了中国 RTFD-FCI，并实证检验了其对产出和通货膨胀的领先性、预测能力，以及与产出和通货膨胀的一致性、相关性和因果关系，最后将其应用到金融风险状况监测、金融系统性风险测度、金融经济波动趋势预警、货币政策效果评价、宏观经济效应分析和宏观经济预测6个方面。

本书共分8章，具体内容如下。第1章，绪论。本章对RTFD-FCI的研究背景、研究意义、研究的基本框架、研究的基本内容、研究创新、研究方法等进行简要分析和研究。第2章，金融状况指数研究文献综述及评价。本章对FCI的构建、应用和理论基础研究文献展开综述及评价。第3章，实时灵活动态金融状况指数的理论分析框架。本章主要研究了RTFD-FCI的基本概念、基本特征、存在的问题、数理经济模型和货币政策传导机制理论。第4章，基于混频损失函数的实时灵活动态金融状况指数的统计计量模型。本章主要构建了研究RTFD-FCI的混频损失函数模型、混频灵活时变计量模型及其统计加权模型。第5章，测度及检验基于混频损失函数的中国实时金融状况指数。本章主要构建并估计了测度RT-FCI的MF-SFAVAR模型的具体形式，进而测度和检验了中国实时金融状况指数。第6章，测度及检验基于混频损失函数的中国实时灵活动态金融状况指数。本章主要构建并估计测度中国RTFD-FCI的MF-MI-TVP-SV-SFAVAR模型的具体形式，进而测度和检验了中国RTFD-FCI。第7章，应用基于混频损失函数的中国实时灵活动态金融状况指数。本章将中国RTFD-FCI应用到金融风险状况监测、金融系统性风险测度、金融经济波动趋势预警、货币政策效果评价、宏观经济效应分析和宏观经济预测6个方面。第8章，研究结论、政策建议及未来展望。

通过上述研究，得出以下结论：第一，本书新构建并估计的中国货币政策混频损失函数，较好地刻画了产出和通货膨胀的共同成分，是一个合理的综合指标；第二，与传统金融状况指数相比，中国RTFD-FCI是一个研究宏观经济领先性、一致性、相关性并进行因果关系检验和预测的更优的综合指标；第三，中国货币政策传导渠道呈现实时灵活动态的时期特征和实时动态分异的趋势特征，且是价格和数量结合型的；第四，本书新构建的中国RTFD-FCI实时精准地刻画了金融风险状况，可

以作为一个有效的金融风险监测指标；第五，用中国 RTFD-FCI 的 HP
滤波趋势值表征的中国金融系统性风险呈现了"中波动 – 大波动 – 中
波动"的周期波动特征，且短期和长期系统性金融风险的波动周期从
分离走向重合；第六，本书新构建的中国 RTFD-FCI 是比金融和宏观经
济景气指数更领先的指数，对金融和经济基本面波动趋势有更好的预警
作用；第七，本书通过投影分析发现中国货币政策效果一般呈现"上
升 – 下降 – 恢复上升"的走势，不同于一些学者的"上升 – 下降"的
两阶段结构变化；第八，本书新构建的中国 RTFD-FCI 对宏观经济具有
显著的灵活时变效应；第九，本书新构建的中国 RTFD-FCI 对产出和通
货膨胀具有显著的较优的样本外预测能力。

目　录

第1章
绪论

1.1 研究背景和研究意义

1.1.1 研究背景

（1）世界百年未有之大变局对世界各国金融政策的影响

从国外来看，2008年爆发的世界金融危机对世界经济的负面影响还未完全褪去，继而2020年发生的新冠肺炎疫情又对全球经济造成了第二次世界大战以来较为严重的冲击，在较短的时间内全球经济受到了"二次打击"，不仅一些国家经济严重衰退，而且各国金融市场暴涨暴跌，甚至出现多次熔断。为此，以美国为代表的主要发达国家纷纷推出了超级宽松货币政策，以及配套的超级宽松的财政政策。2020年美联储将联邦基金利率目标区间下调至0～0.25%，重回零利率时代，同时通过量化宽松货币政策将资产负债表扩表超3万亿美元；欧洲中央银行在维持负利率不变的情况下，加大购买资产的力度，购买资产计划规模超过1.85万亿欧元；日本中央银行也在维持负利率不变的情况下，将新借贷项目利率调整为0，同时购买各类金融资产计划额度超过14万亿日元；英国英格兰银行首先将利率调整到0.1%，同时购买各类金融资产超过5000亿美元。由此可见，欧美等世界主要发达国家纷纷实施超级宽松的货币政策，新兴经济体也在同样跟进实施类似的宽松货币政策。随着中国经济尤其是金融的发展，国外的经济和金融最新形势，特别是国外的最新货币政策，将对中国经济产生更大的影响。如何表征这些国际金融因素对中国经济的实时灵活动态影响是一个有待研究的重要问题。

（2）"双循环"新发展格局背景下的中国金融政策变革

从国内来看，中国经济正处于新旧动能转换和国内国际双循环相互促进的新发展格局下，金融则正处于经济金融化、金融市场化和自由化、金融国际化和全球化以及数字金融化（简称金融"四化"）大力重叠推进的阶段，因此经济领域尤其是金融领域不再主要局限于先前的规模扩张，开始重视结构的改善和效率的提升。在这个过程中也出现了股市暴跌、债券违约、汇率贬值、资本外流等金融风险事件。国内经济金融形势，使得货币政策对经济的传导机制呈现多维信息共同影响、多种频率实时联动、多期结构时变变化、多个机制灵活链接的"四多"特征。如何表征国内最新形势也是一个值得研究的重要问题。

总之，如何分析国内外金融形势对中国经济的实时灵活动态影响，以及中国货币政策如何对此做出实时灵活动态反应是亟须研究解决的重要问题。同时，为了适应国内外最新形势，中国人民银行正在构建新的货币政策框架体系，主要表现为货币政策最终目标调整为产出、物价稳定、金融稳定等多个目标，并对传统调控模式进行调整，强调增强货币政策调控的前瞻性、针对性和灵活性，实施适时适度预调微调以及结构化货币政策。因此，通过对 Goodhart 和 Hofmann（2001）提出的同频静态金融状况指数（Financial Conditions Index，FCI）进行拓展，构建货币政策多目标混频损失函数，以此为基础构建一个能实时灵活动态反映金融状况的综合指标——基于混频损失函数的中国实时灵活动态金融状况指数（Real-Time Flexible Dynamic Financial Conditions Index，RTFD-FCI），对中国货币政策以及执行效果进行实时灵活动态监测和评价有着极其重要的意义和价值。

（3）构建中国实时灵活动态金融状况指数需要解决的问题

基于国内外最新的研究，本书通过把混频项引入由周德才、方济民和涂敏（2022）首先提出的混合创新时变系数随机方差结构因子增广向量自回归模型（Mixed-Innovation Time-Varying-Parameters Stochastic-Varinace Structural-Augumented Vector Autoregression，MI-TVP-SV-SFA-

VAR），新构建了混频 MI-TVP-SV-SFAVAR 模型（MF-MI-TVP-SV-SFA-VAR），进而将该模型引入传统动态 FCI，提出并构建 RTFD-FCI，以表征国内外最新金融形势对中国经济的实时灵活动态影响。为了科学构建及应用 RTFD-FCI，本书首先解决以下三个重要问题。第一，如何拓展传统同频动态计量模型，构建适合测度 RTFD-FCI 的混频灵活时变计量模型。其核心是如何通过引入混频项对传统 MI-TVP-SV-SFAVAR 模型进行拓展，构建能够测度 RTFD-FCI 的新计量模型。第二，基于新拓展的 MF-MI-TVP-SV-SFAVAR 模型，如何构建新的 RTFD-FCI 加权方法，用来实证测度 RTFD-FCI，以有效刻画中国货币政策传导机制"四多"实时灵活动态特征。其关键是如何使用具有多维信息共同影响、多种频率实时联动、多期结构时变变化、多个机制灵活链接的"四多"特征的 MF-MI-TVP-SV-SFAVAR 模型等，构建 RTFD-FCI 的实时灵活动态加权公式。第三，基于实证测度的 RTFD-FCI，如何测度货币政策与宏观经济形势的实时灵活动态相关性，以及对宏观经济形势进行实时灵活动态预测，以应对国内外复杂多变的形势。

1.1.2 研究意义

（1）理论意义

目前，国内外金融状况指数的研究还主要停留在同频阶段，无法实时灵活动态反映中国经济的新发展格局，从而需要进一步研究如何构建兼顾刻画多维信息共同影响、多种频率实时联动、多期结构时变变化、多个机制灵活链接的"四多"特征的实时灵活动态模型，并以其作为新的计量模型，以中国为例进行实证研究。显然，这些都是有待研究的理论和实际问题，具有十分重要的研究意义。

①丰富和完善了金融状况指数编制理论。考虑到之前国内外学者主要使用的同频和简单动态方法编制的金融状况指数，无法同时反映具有多维信息共同影响、多种频率实时联动、多期结构时变变化、多个机制灵活链接的"四多"特征的货币政策传导机制，本书通过拓展编制了RTFD-FCI，从而丰富和完善了金融状况指数编制理论。

②丰富和完善了货币政策理论。首先，丰富和完善了货币政策传导机制理论分析框架，其次，通过拓展相关理论框架构建了以下几个货币政策理论：一是构建了货币政策的双重最终目标混频损失函数（Mixing-Frequency Loss Function，MLF）；二是总结了6大货币政策传导机制理论；三是拓展了新凯恩斯混合投资储蓄曲线（NHNKIS）-菲利普斯曲线（NHNKPC）模型，即 NHNKIS-NHNKPC 模型。这些货币政策理论的构建极大地丰富和完善了货币政策理论。

③丰富和完善了计量经济学理论。首先，丰富和完善了混频灵活时变系列计量模型，通过将传统的频率之比固定的 MF-VAR、MI-TVP-SV-SFAVAR 模型拓展为频率之比随机的 MF-SFAVAR、MF-MI-TVP-SV-SFAVAR 等混频灵活时变系列计量模型，丰富和完善了混频灵活时变计量模型等计量经济学理论；同时也丰富和完善了该模型在 FCI 构建中的应用。其次，丰富和完善了脉冲响应函数理论。传统脉冲响应函数理论是静态的或简单动态的，缺乏实时灵活动态性，通过拓展构建实时灵活动态脉冲响应函数，测算实时灵活动态脉冲响应函数值，丰富和完善了脉冲响应函数理论。

（2）实际意义

①提供了监测中国整体金融状况、货币政策及其执行效果的实时灵活动态金融综合指标。本书通过构建中国首个 RTFD-FCI，对中国整体金融状况、货币政策及其执行效果进行了实时灵活动态研究，从而为政府监管部门以及经济主体提供了一个实时灵活动态监测指标。

②为中国实施适时适度预调微调货币政策提供了科学决策参考。自经济进入新常态和"双循环"新发展格局后，中国人民银行对传统货币政策调控模式进行了调整，提出要增强货币政策调控的前瞻性、针对性和灵活性，实施适时适度预调微调货币政策。因此，本书不仅实证测度了能够综合反映货币政策双重最终目标的混频损失函数，而且实证编制了中国 RTFD-FCI，为实施结构性货币政策提供了实时灵活动态的科学决策参考。

③提供了进行宏观经济预测的实时灵活动态工具。在预测产出率和

通货膨胀上，中国 RTFD-FCI 优于 FCI，本书提供了对中国经济进行预测和预期管理的实时灵活动态工具。

④拓展了混频灵活时变计量模型方法的应用领域，为其他实证分析提供了新的方法应用范例。拓展后构建的混频灵活时变模型将为其他定量研究提供新方法。

1.2 研究框架和研究内容

1.2.1 研究的基本框架

本书从中国进入经济新常态和"双循环"新发展格局后的金融样本数据自然频率的多样性和金融大数据的实时性，以及货币政策最终目标的多重性、传导机制的实时灵活动态性和面临的国内外挑战的复杂多变性等背景出发，以中国金融"四化"发展和"双循环"新发展格局要求实施适时适度预调微调货币政策为切入点，选择由季度、月度、日度等频率组成的混频金融经济样本数据，使用新构建的理论分析框架、混频灵活时变模型和混频灵活动态加权公式，通过设计、测度和检验等过程，测度及应用中国 RTFD-FCI。具体来说，本书通过理论分析和实证分析两个模块对中国 RTFD-FCI 进行研究，理论分析模块包括构建理论分析框架、构建混频灵活时变计量模型和推导实时灵活动态公式三个子模块；实证分析模块包括设计和测度以及应用中国 RTFD-FCI 两个子模块（见图 1-1）。

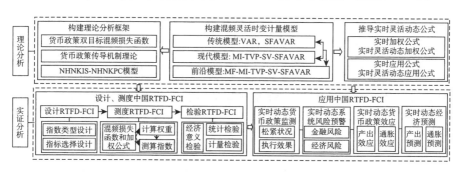

图 1-1 本书研究思路

1.2.2 研究的技术路线

本书遵循"综述 RTFD-FCI 的构建、应用及理论基础研究现状→构建 RTFD-FCI 的理论分析框架和统计计量模型→实证测度和比较 RTFD-FCI→实证检验和比较 RTFD-FCI→实证应用 RTFD-FCI"的技术路线进行研究，具体情况见图 1 – 2。

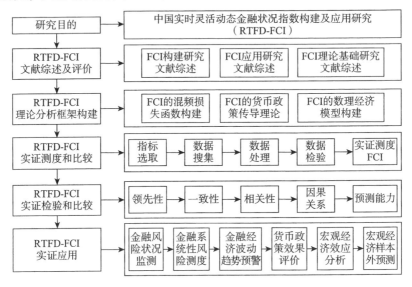

图 1 – 2 本书研究的技术路线

1.2.3 研究的基本内容

本书共分 8 章，第 1 ~ 4 章是理论分析，第 5 ~ 8 章是实证分析，具体研究内容如下。

第 1 章为绪论。本章对实时灵活动态金融状况指数的研究背景、研究意义、研究的基本框架、研究的基本内容、研究创新、研究方法等进行简要分析和研究。

第 2 章为金融状况指数研究文献综述及评价。第 1 ~ 3 节分别对金融状况指数的构建、应用和理论研究文献展开综述，第 4 节对上述文献进行评价。

　　第 3 章为实时灵活动态金融状况指数的理论分析框架。第 1 节主要对实时灵活动态金融状况指数概念进行溯源和界定，第 2 节对金融状况指数的基本特征和存在的问题进行总结分析，第 3 节对实时灵活动态金融状况指数的理论分析框架之一——货币政策传导机制进行研究，第 4 节对实时灵活动态金融状况指数的理论分析框架之二——货币政策传导机制数理经济模型进行研究。

　　第 4 章为基于混频损失函数的实时灵活动态金融状况指数的统计计量模型。第 1 节构建基于混频损失函数的实时灵活动态金融状况指数的混频损失函数模型；第 2 节构建基于混频损失函数的实时灵活动态金融状况指数测度的计量模型，即 MF-MI-TVP-SV-VAR 系列模型；第 3 节构建基于混频损失函数的实时灵活动态金融状况指数的统计加权模型。

　　第 5 章为测度及检验基于混频损失函数的中国实时金融状况指数。第 1 节测度及检验中国货币政策双重最终目标的混频损失函数，第 2 节估计用于构建中国 RT-FCI 的 MF-SFAVAR 模型的具体形式，第 3 节测度基于混频损失函数的中国实时金融状况指数，第 4 节检验和比较基于混频损失函数的中国实时金融状况指数。

　　第 6 章为测度及检验基于混频损失函数的中国实时灵活动态金融状况指数。第 1 节构建 MF-MI-TVP-SV-SFAVAR 模型的具体形式，包括量测方程和状态方程的具体形式；第 2 节估计 MF-MI-TVP-SV-SFAVAR 模型，并分析了 6 个货币政策传导渠道结构公因子对混频损失函数的实时灵活动态广义脉冲响应函数值；第 3 节为测度及简单检验基于混频损失函数的中国 RTFD-FCI，并检验其合理性和有效性；第 4 节详细检验了中国 RTFD-FCI 对产出和通货膨胀的领先性和预测能力，以及与产出和通货膨胀的一致性、相关性和因果关系，并与实时和标准金融状况指数（RT-FCI 和 FCI）进行比较。

　　第 7 章为应用基于混频损失函数的中国 RTFD-FCI。第 1 节用事件分析法和安全边界法检验了 RTFD-FCI 对金融风险和金融危机等重大冲击事件的预测能力；第 2 节分析了用 RTFD-FCI 的 HP 滤波趋势值表征的中国金融系统性风险的周期波动特征；第 3 节应用 RTFD-FCI 对金融和经济基本面波动趋势进行了预警分析；第 4 节应用 RTFD-FCI 对货币政策效果进行灵活时变评价；第 5 节应用 RTFD-FCI 测度灵活时变宏观经济效应；第 6 节应用 RTFD-FCI 进行样本外宏观经济预测，并与基准比较。

第 8 章为研究结论、政策建议及未来展望。本章主要对前面章节所得出的结果进行分析，并提出对应的政策建议，对未来进行了展望，列出本书不足和可以突破之处。

1.3 研究创新和研究方法

1.3.1 研究创新

本书研究的创新之处主要包括以下几个方面。

（1）概念创新。本书首次提出了实时灵活动态金融状况指数和混频损失函数两个概念。首先，提出了一种新的 FCI——实时灵活动态金融状况指数（RTFD-FCI）。其基本含义是其指数值每日实时更新且其加权权重是灵活动态变化的金融状况指数。RTFD-FCI 是在实时静态 FCI（栾惠德、侯晓霞，2015）和时变动态 FCI（Koop and Korobilis, 2013；周德才、冯婷和邓姝姝，2015）的基础上进行新的交叉拓展得到的。其次，提出了一种新的货币政策损失函数——货币政策双重最终目标混频损失函数。由于目前为研究 FCI 构建的损失函数是同频单目标的，与我国货币政策最终目标非单一性及其统计频率的不一致性不相符，本书借鉴在货币政策最终目标领域一些学者成功构建的同频多目标损失函数，对其进行新拓展，提出并构建了货币政策双重最终目标混频损失函数。

（2）内容创新。本书通过拓展构建了国内外首个实时灵活动态金融状况指数的统计加权方法和程序，进而实证构建了国内外首个实时灵活动态金融状况指数。

（3）方法创新。首先，新构建频率之比随机的混频灵活时变系列计量模型。频率之比随机的 MF-SFAVAR、MF-MI-TVP-SV-SFAVAR 等新型混频灵活时变系列计量模型，具有以下优点。第一，多频实时性。与研究 FCI 的传统模型一般只能估计同频数据不同，本书构建的新型混频灵活时变系列计量模型能够同时估计季度、月度、日度等多个频率的混频样本数据。第二，多项灵活时变动态性。与 FCI 的传统模型一般是静态的或者单项简单动态的不同，本书构建的混频灵活时变系列计量模型能够同时实现系数、协方差、方差以及频率的灵活时变性。第三，信息性。通过引入因子增广项，新型混频灵活时变系列计量模型能够包含庞大的金融指标，从而具有多信息特征。

另外，构建了应用 RTFD-FCI 的新型混频灵活时变测度和应用公式。基于构建的新型混频灵活时变系列计量模型，本书对测度及应用传统 FCI 的同频静态或者简单动态测度公式进行拓展，构建了应用 RTFD-FCI 的新型混频灵活时变测度和应用公式。

1.3.2　研究方法

本书在理论构建和实证分析中主要使用了以下研究方法。

（1）文献资料法

本书利用图书馆、互联网、数据库等渠道广泛查阅与 FCI 研究相关的文献资料，加以分析与研究，重点采集和分析了金融状况变量指标、产出和通货膨胀等资料和数据。

（2）统计分析法

通过对由国内外金融市场收集的 1996 年 1 月 1 日至 2020 年 9 月 30 日的季度、月度、日度等频率组成的混频金融和经济数据进行统计分析和检验，构建了 RTFD-FCI 的优良样本数据。

（3）比较研究法

通过比较传统的同频标准金融状况指数、实时金融状况指数对产出和通货膨胀的领先性和预测能力，以及与产出和通货膨胀的一致性、相关性和因果关系，分析了新构建的基于混频损失函数的中国 RTFD-FCI 的优劣势。

（4）数理分析法

①构建混频灵活时变计量模型。利用数量分析方法在主要的传统同频静态和动态 VAR 模型、频率之比固定的静态混频 VAR 模型的基础上引入频率之比随机、灵活时变性等特征，新构建了频率之比随机的混频灵活时变 VAR 模型。

②新构建货币政策传导机制数理模型。本书拓展了传统和现代投资储蓄曲线（IS）–菲利普斯曲线（PC），新构建了新凯恩斯混合投资储蓄曲线（NHNKIS）–菲利普斯曲线（NHNKPC）模型，即 NHNKIS-NHNK-PC 模型。

③新构建 FCI 的实时灵活动态加权公式。通过拓展传统标准 FCI 加权公式和现代新型 FCI 的灵活动态加权公式，新构建了实时灵活动态 FCI 的加权公式。

（5）实证分析法

新构建了频率之比随机的混频灵活时变系列计量模型，包括 MF-DFM、MF-SFAVAR、MF-MI-TVP-SV-SFAVAR 等计量模型，使用传统计量模型和新构建的计量模型进行了以下实证分析。

①选择季度 GDP 和月度 CPI 作为产出和通货膨胀的代理变量，使用 MF-DFM 模型实证测度了中国货币政策双重最终目标混频损失函数（MLF）。

②选择 1996 年 1 月 1 日至 2020 年 9 月 30 日的月、日等混频样本数据，使用 MF-SFAVAR 、MF-MI-TVP-SV-SFAVAR 等模型分别构建了基于混频损失函数的中国 RT-FCI，以及基于混频损失函数的中国 RTFD-FCI。

③使用 MF-MI-TVP-SV-SFAVAR 等模型实证分析了 RTFD-FCI 的宏观经济效应，评价了货币政策效果等。

④使用交叉谱法、跨期相关系数法、格兰杰因果关系检验法、循环回归方程预测方法，检验本书新构建的 RTFD-FCI 对产出和通货膨胀的领先性和预测能力，以及与产出和通货膨胀的一致性、相关性和因果关系。

第2章
金融状况指数研究文献综述及评价

近10多年来，金融状况指数（FCI）成为关注度最高、研究最多、成果最丰富的宏观金融指数。目前，美国、加拿大、法国、新西兰、芬兰、瑞士、泰国等国家的金融监管部门构建并定期发布金融状况指数，同时还有国际货币基金组织（International Monetary Fund）、高盛（Goldman Sachs）、摩根（J. P. Morgan）、宏观经济咨询公司（Macroeconomic Advisers）等金融机构和经济组织也定期编制并发布多个国家的金融状况指数，因此金融状况指数成为官方和民间关注度最高的宏观金融指数之一。国内外专门研究金融状况指数的文献高达200余篇，金融状况指数不仅在数量上是所有宏观金融指数中使用最多的，而且研究成果大多发表在 *Journal of Financial Stability*、*Journal of Banking & Finance*、*Journal of Money*、*Credit and Banking*、《世界经济》、《金融研究》、《中国工业经济》、《数量经济技术经济研究》、《统计研究》、《财贸经济》、《中国软科学》和《系统工程理论与实践》等国内外权威期刊上，是研究最活跃、成果最丰富的宏观金融指数。

在国外，Goodhart 和 Hofmann（2001）最早提出并构建了金融状况指数（FCI），他们使用利率、汇率、股价和房价4个金融资产价格变量的加权平均数来构建 FCI。FCI 通过在货币资产价格的基础上引入证券资产价格，对货币状况指数（Monetary Conditions Index，MCI）进行拓展。自从 FCI 概念提出后，各个国家和地区的学者对此进行了大量的研究探索，取得了十分丰富的研究成果。在国内，王玉宝（2003）首次将 FCI 概念引进国内，并编制了中国首个 FCI。自此之后，国内学者借鉴国外文献，设计、测度和应用了大量的中国 FCI，并申请了多个国家和省部级研究项目。

目前，国内外学者主要从 FCI 的构建、应用及理论基础三个方面展开研究。首先，对于 FCI 的构建研究，学者们使用各种不同类型的加权方式，已经从早期静态 FCI 研究，发展到近期的动态 FCI 研究，同时从早期的同频 FCI 研究，发展到现在的混频 FCI 研究。其次，对于 FCI 的应用研究，金融机构和政府部门主要将 FCI 用于货币政策监测，后来随着金融市场的多层次和衍生化发展，各界除了保留该监测功能外，还将 FCI 用于评估货币政策效果、构建货币政策规则、预测宏观经济形势、分析货币政策的宏观经济效应等方面。最后，对于 FCI 的理论基础研究，学者们主要从两个方面展开：一是 FCI 的货币政策最终目标损失函数构建研究；二是 FCI 的货币政策传导机制模型构建研究。

2.1 金融状况指数构建研究文献综述

20 世纪 80 年代末，加拿大中央银行——加拿大银行提出的货币状况指数（MCI）是金融状况指数（FCI）的起源，并将其作为制定货币政策的参考。Goodhart 和 Hofmann（2001）通过拓展 MCI，首次提出并编制了 G7 国家的 FCI；同时，王玉宝（2003）通过引进国外 FCI 概念，首次构建了中国 FCI。自 FCI 概念被提出并被引进国内后，国内许多学者开始进行 FCI 构建研究，并取得了十分丰富的科研成果。虽然国内外学者进行 FCI 构建研究的角度各不相同，但是根据测度构成指数的各个金融变量权重的计量方法，本书将国内外 FCI 构建研究分为在时间上有一定的重叠、在内容上有一定继起关系的四个时期（或阶段），本书接下来将按照这四个时期（或阶段）展开分析。

第一阶段，早期较少信息含量的同频静态金融状况指数构建研究。在这个阶段，国内外学者一般选择少量的同频金融变量指标（一般为 3～5 个，包含货币资产和证券资产变量指标），主要使用常系数计量模型等方法测度权重，构建较少信息含量的同频静态金融状况指数。因此，这个阶段 FCI 构建研究有三个特征：第一，样本数据是同频的，一般是季度或月度的；第二，权重系数是静态的；第三，信息含量比较小。

第二阶段，中期的较多信息含量的同频静态金融状况指数构建研究。在这个阶段，国内外学者为了解决早期 FCI 构建研究包含的信息较少的缺陷，选择信息含量丰富的金融变量指标，主要是使用因子分析等方法，构建较多信息含量的同频静态金融状况指数。因此，这个阶段金融状况指数构建研究有三个特征：第一，样本数据仍是同频的，一般是季度或月度的；第二，权重系数仍是静态的；第三，信息含量较早期丰富。

第三阶段，近期的同频动态金融状况指数构建研究。在这个阶段，国内外学者为了解决前期 FCI 的静态性问题，选择多寡不一的同频样本数据，主要使用时变系数、非线性等动态计量模型，构建动态金融状况指数。因此，这个阶段金融状况指数构建研究有三个特征：第一，样本数据仍是同频的，一般是季度或月度的；第二，权重系数由前期的静态转变为动态；第三，信息含量较早期丰富。

第四阶段，现阶段的混频（实时）金融状况指数构建研究。在这个阶段，国内外学者为了解决前期 FCI 的特征单调性、样本数据频率不一致的问题，使用可以融合年度、季度、月度、周度和日度等不同频率样本数据的混频数据模型，构建混频（实时）金融状况指数。因此，这个阶段金融状况指数构建研究有三个特征：第一，样本数据的频率由前期的同频拓展为混频；第二，权重系数由前期的同频动态转变为混频或实时；第三，信息含量较早期更加丰富。

2.1.1　早期较少信息含量的同频静态金融状况指数构建研究

早期，国内外学者主要以 IS 曲线方程、菲利普斯曲线方程（PC）以及宏观经济模型等宏观经济理论和货币政策理论为理论基础，一般选择少量的金融样本数据，主要使用多元线性回归（MLR）模型、向量自回归（VAR）模型和结构方程模型（SEM）等常系数计量模型，测定构成指数的各个金融变量的静态权重，构建了一些国家和地区的较少信息含量的同频静态金融状况指数。

（1）基于 MLR 类模型的同频静态金融状况指数构建研究

①国外文献综述

Goodhart 和 Hofmann（2001）分别以大型宏观经济模型、缩减式方程——菲利普斯曲线方程（PC）和 IS 曲线方程为理论基础，根据 1973 年第 1 季度至 1998 年第 4 季度的季度数据，选择了利率、汇率、股价和房价 4 个金融变量，分别基于使用 HP 滤波测算的通货膨胀和产出缺口，使用 MLR 模型和 VAR 模型，构建了 G7 国家较少信息含量的同频静态金融状况指数，研究表明该指数是一个良好的货币政策指标。

Mayes 和 Virén（2001）根据 1985 年第 1 季度至 2000 年第 3 季度的季度数据，选择了真实利率、真实汇率、房屋价格和股票价格这 4 个金融变量，以 IS 曲线模型为理论基础，使用 MLR 模型，构建了欧洲 11 个国家较少信息含量的同频静态金融状况指数，研究发现该指数可作为预测欧洲产出缺口的金融指标。

Lack（2003）借鉴瑞士中央银行的做法，以基于 SEM 模型构建的宏观经济模型为理论基础，选择了利率、汇率、房屋价格 3 个金融资产价格变量，使用 MLR 模型，构建了较少信息含量的瑞士同频静态金融状况指数，研究发现该指数可作为预测瑞士产出缺口的金融指标。

Kapetanios 等（2018）使用多重偏最小二乘方法（MPLS），构建了英国的较少信息含量的同频静态金融状况指数，研究发现在预测月度 GDP 方面，该指数优于标准 FCI 以及高盛公司编制的 FCI。

②国内文献综述

王玉宝（2003）以总需求模型为理论基础，选择了样本区间为 1997 年第 1 季度至 2002 第 4 季度的利率、汇率、房地产价格和股价 4 个金融资产价格变量，使用 MLR 模型，测算出这 4 个金融变量的同频静态权重分别为 0.36、0.5、0.07 和 0.066，从而构建了较少信息含量的中国同频静态金融状况指数，认为该指数可以作为中国制定货币政策的指示器和参照指标。

陆军和梁静瑜（2007）以总需求模型为理论基础，选择 1998 年第

1 季度至 2006 年第 1 季度为样本区间的利率、汇率、房地产价格和股价
4 个金融资产市场价格变量，使用 MLR 模型，测算出这 4 个金融资产
价格变量的同频静态权重分别为 0.016、0.679、0.157 和 0.042，从而
构建了较少信息含量的中国同频静态金融状况指数，认为该指数能够预
测中国的通货膨胀趋势，并能作为制定货币政策的辅助指标。

何平和吴义东（2007）以总需求模型为理论基础，根据 1994 年第
1 季度至 2006 年第 2 季度的季度数据，选择房地产价格、利率、汇率、
货币供应量和股价 4 个金融资产市场价格变量和 1 个金融资产市场规模
变量，使用 MLR 模型，测算上述 5 个金融变量的同频静态权重，分别
为 0.16、0.38、0.33、0.1 和 0.03，构建了较少信息含量的中国同频静
态金融状况指数，认为该指数为采取及时有效的货币政策提供了良好的
量化参考指标。

李强（2009）选择利率、汇率、房价和股价 4 个金融资产市场价
格变量，选取 2000 年 1 月至 2007 年 12 月的月度数据，以总需求模型
为理论基础，使用 MLR 模型，测算这 4 个金融变量的同频静态权重分
别为 0.401、0.121、0.208 和 0.271，构建了较少信息含量的中国同频
静态实际金融状况指数，认为该指数可以用来构建货币政策对资产价格
波动的反应函数。

肖奎喜和徐世长（2011）基于总需求模型和 MLR 模型，根据 2000
年 1 月至 2009 年 9 月的月度数据，选择短期利率、外汇储备和金融深
化 1 个金融资产市场价格变量、1 个金融市场规模变量和 1 个金融市场
结构变量，分别赋予 0.6543、0.0011 和 0.3446 的权重，构建了中国静
态实际 FCI，认为 FCI 能够预测通货膨胀并能够监测中国货币政策的松
紧状况。

（2）基于 VAR 类模型的较少信息含量的同频静态金融状况指数
构建研究

①国外文献综述

Gauthier 等（2004）根据 1981 年第 1 季度至 2000 年第 4 季度的季
度数据，选择利率、汇率、房屋价格、股票价格和债券收益率的风险溢

价指标 5 个金融资产变量，使用 IS 曲线模型、VAR 模型的广义脉冲响应函数和因子模型等多种方法，构建了较少信息含量的加拿大同频静态金融状况指数，发现可以用该指数预测 GDP 而非通货膨胀。

Beaton 等（2009）从美国宏观经济增长率角度出发，根据 1979 年第 3 季度至 2009 年第 1 季度的季度数据，使用结构向量误差修正模型（SVECM）和大型宏观经济模型（MUSE），构建了两个较少信息含量的美国同频静态金融状况指数。实证分析结果表明：第一，美国金融危机使 2008 年第 4 季度至 2009 年第 1 季度的 GDP 增速减缓了约 5 个百分点；第二，通过计算紧的金融状况与美国联邦基金利率的等价关系，发现 2007 年中期以来紧的金融状况相当于美国联邦基金利率的 300 个基点，且美国金融危机期间的宽松货币政策并没有完全发挥作用；第三，通过分析研究 0 利率下限条件下金融冲击与实体经济的关系，发现美国金融危机期间由于货币政策利率达到 0 利率下限，紧的金融状况对经济增长的影响约为 40%。

Guichard 等（2009）选择 1990 年第 4 季度至 2007 年第 3 季度的样本区间的汇率、短期利率、长期利率、信贷供应的变化、公司债券利差和家庭财富等多个金融指标，通过大型宏观经济模型对 FCI 的权重进行校准，使用 VAR 模型和缩减式方程，构建美国、日本、欧元区和英国的较少信息含量的同频静态金融状况指数，研究表明利用该指数能够预测上述国家和地区的 GDP。

Osorio 等（2011）选择多个金融指标的 1990 年第 1 季度至 2010 第 4 季度的季度数据，使用 VAR 模型构建了亚洲 13 个国家和地区的静态实际 FCI，并将两个 FCI 进行加权平均，得到一个新的 FCI。

Chow（2013）选择 1978 年第 1 季度至 2011 年第 2 季度样本区间的利率、汇率、信贷、股价和房价 5 个金融变量指标，使用 VAR 模型，构建了新加坡的较少信息含量的同频静态金融状况指数，发现该指数可以作为新加坡货币政策的信息器以及产出的较好的预测指标。

Doojav 和 Purevdor（2019）选择 2001 年 1 月至 2014 年 4 月样本区间的实际有效汇率、实际银行贷款、实际短期利率（银行间市场利率)、实际股价 4 个金融资产变量,使用简化的 IS 模型和 VAR 模型,构建了两种较少信息含量的蒙古国同频静态金融状况指数,量化金融状况。研究发现实际短期利率和实际有效汇率缺口在这两个指数中占有较高的权重,商业周期和金融周期之间的相关关系在蒙古国更为明显,这两种指数对商业周期具有较好的预测能力,也有助于发现蒙古国通货膨胀拐点信号。

Li 和 Zhong(2019)根据 2004 年 1 月至 2018 年 12 月的月度数据,选择中国实际利率(RI)、实际有效汇率(REE)、实际房价(RH)、实际股价(RS)、全球经济政策不确定性指数(EPU)、中国 EPU、日本 EPU、美国 EPU 和欧洲 EPU 作为样本变量,使用 VAR 模型和简化总需求方程(RADE),构建了较少信息含量的中国同频静态金融状况指数,并重点分析了全球经济政策不确定性冲击对中国金融状况指数的影响,以及不确定性冲击的来源。结果表明:全球 EPU 对中国金融状况指数的溢出效应主要集中在发生金融危机时期,而对正常时期的溢出效应大多不显著;中国自身的不确定性冲击是中国金融市场波动的主要来源,而美国 EPU 是中国金融状况指数下跌的最重要外生原因,长期不确定性冲击的来源随着时间推进而改变。

②国内文献综述

王玉宝(2003)选择 1995 年第 1 季度至 2003 年第 4 季度样本区间的利率、汇率、房地产价格和股价 4 个金融资产市场价格变量,以菲利普斯曲线(PC)为理论基础,使用 VAR 模型测算脉冲响应函数值,得到这 4 个金融资产市场价格变量的权重分别是 0.10、0.16、0.36 和 0.22,构建了较少信息含量的中国同频静态金融状况指数,认为该指数可以作为中国货币政策的指示器。

王慧敏(2005)使用 IS-PC 曲线模型、VAR 模型的脉冲响应函数和因子分析 3 种方法,根据 1994 年第 1 季度至 2005 年第 2 季度的季度数据,选择利率、汇率、股价和房地产价格 4 个金融资产市场价格变量,分别赋予不同的权重,构建了较少信息含量的中国同频静态实际金融状况指数。

封北麟和王贵民（2006）根据 1995 年第 1 季度至 2005 年第 4 季度的季度数据，选择货币供应量、房地产价格、利率、汇率和股价 5 个金融资产变量，使用 VAR 模型测算脉冲响应函数值，得到 5 个金融变量的权重分别是 0.2734、0.1670、0.2237、0.2879 和 0.0480，构建了较少信息含量的中国同频静态实际金融状况指数。

王丽娜（2009）使用 VAR 模型，选择 1996 年 1 月至 2008 年 6 月样本区间的货币供应量、房地产价格、短期利率、汇率、股价和长期利率 1 个金融资产市场规模变量和 5 个金融资产市场价格变量，基于 VAR 模型的脉冲响应函数值测算得到这 6 个金融变量的权重分别是 0.0194、0.0555、0.3082、0.0169、0.2739 和 0.2830，构建了较少信息含量的中国同频静态实际金融状况指数。

鲁旭（2009）运用结构向量自回归模型（SVAR）（SVAR 模型）的标准和广义的脉冲响应函数，测算出了"拓展"的较少信息含量的中国同频静态实际金融状况指数，并通过 Granger 因果检验发现，资产价格中包含了大量的通货膨胀信息，该指数可以作为预测通货膨胀的先行指标。

戴国强和张建华（2009）根据 2005 年 7 月至 2008 年 11 月的月度数据，选择汇率、房产价格、利率 3 个金融资产市场价格变量和电价 1 个能源市场价格变量，使用 VECM 模型，测算基于该模型的脉冲响应函数值，得到各个变量的权重分别为 0.17、0.54、0.24 和 0.05，构建了较少信息含量的中国同频静态实际金融状况指数，认为该指数可以用来预测通货膨胀和设计货币政策规则。

王彬（2009）根据 1999 年 12 月至 2009 年 1 月的月度数据，选择股价、汇率、房地产价格、短期利率 4 个金融资产市场价格变量和货币供应量 1 个金融资产市场规模变量，使用 VAR 模型测度脉冲响应函数值，进而测算得到各个变量的权重分别为 0.0513、0.0541、0.2958、0.5414 和 0.0575，构建了较少信息含量的中国同频静态实际金融状况指数。

课题组（2010a）根据 2002 年第 1 季度至 2009 年第 3 季度的季度

数据，选择短期利率、汇率、股价3个金融资产市场价格变量和信贷规模1个金融资产市场规模变量，以菲利普斯曲线（PC）为理论基础，使用VAR模型测度脉冲响应函数值，进而得到各个变量的权重分别为0.4044、0.2133、0.0623和0.32，构建了较少信息含量的中国同频静态实际金融状况指数，认为该指数可以测度通货膨胀。

李成、王彬和马文涛（2010）根据1999年12月至2009年6月的月度数据，选择股价、汇率、房地产价格、短期利率4个金融资产市场价格变量和货币供应量1个金融资产市场规模变量，使用VAR模型测算出各个金融变量的脉冲响应函数值，基于脉冲响应函数值测度得到它们的权重分别为0.05、0.054、0.29、0.54和0.06，进而构建了较少信息含量的中国同频静态实际金融状况指数，认为该指数可以用来预测通货膨胀。

贾德奎（2010）根据2000年1月至2009年3月的月度数据，选择短期利率、汇率、股价3个金融资产市场价格变量和货币供应量、信贷增长2个金融资产市场规模变量，使用VAR模型测算出各个金融变量的脉冲响应函数值，进而基于脉冲响应函数值测度得到它们的权重分别为0.18、0.19、0.41、0.17和0.05，构建了较少信息含量的中国同频静态实际金融状况指数，认为该指数可以用来测度中国货币政策操作风险。

肖祖星（2010）梳理了货币政策与资产价格的理论关系，分析了资产价格在货币政策传导机制中的作用，从而明确了资产价格与货币政策的作用机制。他利用VAR模型和DFM模型，构建了包括资产价格在内的较少信息含量的中国同频静态金融状况指数，分析了金融状况指数与实体经济产出和通货膨胀的关系。同时，把包含资产价格的金融状况指数纳入泰勒规则中检验中国货币政策与资产价格的变动关系。研究的主要结论有以下几点：第一，FCI能在一定程度上超前于宏观经济变化，并能起到宏观经济变化的指示作用；第二，资产价格（特别是房地产价格）在金融状况指数中所占的权重很高（33%），资产价格波动成为反映中国金融环境变化的重要部分，央行有必要将资产价格纳入货币政策的目标参考范围内；第三，将金融状况指数纳入泰勒规则中进行估计检验，结果表明利率与通货膨胀率、金融状况指数显著正相关，一般来说央行在设定利率时隐含地考虑了金融市场和资产价格因素。

关大宇（2010）根据 1995 年第 1 季度至 2009 年第 1 季度的季度数据，选择短期利率、汇率、房地产价格、股票价格、石油价格 5 个金融资产市场价格变量和货币供应量、信贷规模 2 个金融资产市场规模变量，使用总需求模型的缩减式、VAR 模型、SVAR 模型、主成分回归模型以及联立方程模型等多种方法，构建了多个较少信息含量的中国同频静态实际金融状况指数，研究发现这些指数可以用来监测中国货币政策的紧缩程度，合理设计货币政策规则，预测中国经济走势。

巴曙松和韩明睿（2011）根据 2002 年 1 月至 2009 年 8 月的月度数据，选择短期利率、汇率、房价、股价 4 个金融资产市场价格变量和货币供应量 1 个金融资产市场规模变量，分别基于通货膨胀和信贷余额，使用 SVAR 模型构建了较少信息含量的中国同频静态实际金融状况指数。

王志方（2011）根据 2005 年 1 月至 2010 年 12 月的月度数据，选择股价 1 个金融市场价格变量和信贷额、进出口总值、固定收益市场收益率、商品房销售额、商品期货价 5 个金融资产市场规模变量，分别赋予多种权重，使用 VAR 模型构建了较少信息含量的中国同频静态实际金融状况指数，认为该指数可以用来监测中国货币政策的紧缩程度和预测通货膨胀。

马东平（2011）根据 2000 年 1 季度至 2010 年 1 季度的季度数据，选择房地产价格、汇率、短期利率、股票价格 4 个金融资产市场价格变量和信贷规模 1 个金融资产市场规模变量，使用基于总需求和通货膨胀的 VAR 模型，分别赋予 0.4207、0.0953、0.343、0.1155 和 0.0247 的权重，构建了较少信息含量的中国同频静态实际金融状况指数，认为该指数可以用来监测中国货币政策的紧缩程度和预测通货膨胀及产出等。

王宏涛和张鸿（2011）根据 1995 年第 1 季度至 2008 年第 1 季度的季度数据，选择房地产价格、汇率、短期利率、股价 4 个金融资产市场价格变量和货币供应量 1 个金融资产市场规模变量，使用基于总需求方程缩减式的 VAR 模型的递归广义脉冲响应函数方法，测算得到各个构成变量的权重分别是 0.3626、0.1764、0.1227、0.0901 和 0.2473，进而构建了较少信息含量的中国同频静态实际金融状况指数，并使用该指数构建了中国货币政策的修正的泰勒规则。

刁节文、章虎和李木子（2011）根据 2005 年 7 月至 2010 年 3 月的月度数据，选择短期利率、长期利率、汇率、房价、股价、债券利率差价 6 个金融资产市场价格变量和货币供应量、外汇储备 2 个金融资产市场规模变量，使用基于总需求和通货膨胀的 VAR 模型，测算得到各个构成变量的权重分别是 0.0814、0.0355、0.0686、0.3567、0.2293、0.1196、0.056 和 0.0529，进而构建了较少信息含量的中国同频静态实际金融状况指数，并认为 FCI 可以用来监测中国货币政策的松紧状况、预测通货膨胀和构建货币政策反应函数。

马晓君（2011）基于样本区间为 2005 年 8 月至 2010 年 10 月的月度数据，选择短期利率、汇率、房价、股价 4 个金融资产市场价格变量和货币供应量 1 个金融资产市场规模变量，以总需求方程模型为理论基础，使用 VAR 模型的递归广义脉冲响应函数测算各个构成变量的权重，分别为 0.138、0.177、0.30、0.02 和 0.363，构建了较少信息含量的中国同频静态实际金融状况指数，并认为该指数可以用来监测中国货币政策的松紧状况、预测通货膨胀。

于红芳（2011）基于样本区间为 2001 年第 1 季度至 2011 年第 2 季度的季度数据，选择利率、汇率、股价和房价 4 个金融资产市场价格变量，使用 VAR 模型测算各构成变量对 CPI 的平均脉冲响应函数，进而构建了较少信息含量的中国同频静态实际金融状况指数，得出以下结论：资产价格波动影响中央银行货币政策目标，CPI 不足以作为衡量通货膨胀的有效指标。

王千（2012）根据 1996 年第 1 季度至 2010 年第 4 季度的季度样本，选择进出口总额、货币发行量、国房景气指数、实际利率和股票价格指数 5 个变量，同时为证实财政政策对经济增长和通货膨胀的经济作用，将财政收入变量引入金融状况指数，使用 VAR 模型测算脉冲响应函数值，得到各构成变量的权重，并且与不含有财政收入变量的 FCI 相比较，结果表明：包含财政收入变量的 FCI 对经济增长的负向波动具有先行性，可以作为政策制定的参考标准，但是对于通货膨胀而言，FCI 与其并无关联。

张文正（2012）根据样本区间为 1999 年 1 月至 2011 年 4 月的月度数据，选择利率、汇率、房地产价格、股票价格以及人民币信贷量 5 个金融市场变量，借助 VAR 模型的广义脉冲响应方法，估计了各个金融变量对通货膨胀的影响，从而测算了各个金融市场变量的权重，进而计算出中国较少信息含量的同频静态实际金融状况指数。

封思贤等（2012）根据样本区间为 1999 年 1 月至 2011 年 12 月的月度数据，选择房价、汇率、利率、股价 4 个金融资产市场价格变量和货币供应量 1 个金融资产市场规模变量，在构建并阐释金融状况指数预测通货膨胀机理的基础上，使用 VAR 模型的广义脉冲响应方法，估计了各个金融变量对通货膨胀的影响，测算各个金融市场变量的权重，分别为 0.27、0.34、0.09、0.27 和 0.03，进而计算出较少信息含量的中国同频静态实际金融状况指数，研究表明在 FCI 基础之上可以预测通货膨胀。

郭晔和杨娇（2012）根据样本区间为 1999 年第 1 季度至 2009 年第 4 季度的季度数据，选择实际房价缺口、实际利率缺口、实际汇率缺口和实际股价缺口 4 个金融资产市场价格变量，分别用两种向量自回归模型，分别测算得到各个构成变量的权重，结果是 0.43、0.07、0.15 和 0.35 以及 0.44、0.09、0.14 和 0.33，构建了两种较少信息含量的中国同频静态实际金融状况指数，并且以次贷危机为基准划分两个子样本对 FCI 的构成进行比较，研究结果发现：中国 FCI 对于通货膨胀具有先导作用，将为宏观经济政策制定提供更有效的指导和参考。

骆祚炎和肖祖星（2013）通过财富效应、金融加速器效应、现金流效应、托宾 Q 效应和预期效应机制的理论分析发现，资产价格的膨胀会导致总需求上升并可能导致通货膨胀。利用 VAR 模型构建的 FCI

指数及扩展的泰勒规则检验表明，中国的货币政策重视对流动性的控制，但是对房地产等资产价格关注不够，利率发挥的作用相对有限。为了稳定实体经济和金融市场，货币政策应该关注资产价格，并且侧重对房地产价格的调控。同时，应该构建逆周期的干预制度，对有可能引发系统性风险的房地产、商业银行和其他影子银行体系进行系统化监管，以维持物价和资产价格的双稳定。

万光彩、于红芳和刘莉（2013）根据2001年第1季度至2011年第2季度的季度数据，选择利率、汇率、房价和股价4个金融资产市场价格变量，使用VAR模型测度脉冲响应函数值，以此为基础测算各个构成变量的权重，分别是0.212、0.71、0.045和0.033，实证编制了较少信息含量的中国同频静态实际金融状况指数，并认为可以利用FCI监测中国货币政策的松紧状况、预测通货膨胀和产出。

秦瑶和苏宗沛（2013）根据样本区间为2005年7月至2012年7月的月度样本数据，选择、房价、汇率、利率、股价4个金融资产市场价格变量和人民币贷款（或社会融资规模）1个金融资产市场规模变量，运用SVAR模型测算脉冲响应函数值，以此为基础赋予各个构成变量权重，分别为0.3377951、0.64996、0.0000006、0.00000831和0.0122，以及0.502739、0.48745、0.000000546、0.00000929和0.0098，实证编制了两组较少信息含量的中国同频静态实际金融状况指数，认为可以利用FCI预测通货膨胀，通过对比得出社会融资规模的FCI更优。

刁节文和魏星辉（2013）选取汇率改革之后样本区间为2005年8月至2012年4月的月度数据，选择短期利率、汇率、房地产价格、股票价格、货币供应量等实际金融变量，使用VAR模型和主成分分析两种模型，实证测度了较少信息含量的中国同频静态实际金融状况指数，并用中国经济数据对两种模型进行实证检验。研究结果表明：基于VAR模型的金融状况指数FCI1与CPI走势契合得更好，能更准确地反映通货膨胀的变化趋势；而基于主成分分析的金融状况指数FCI2则在对一年以上的通货膨胀预测方面有更好的表现；将FCI纳入麦卡勒姆规则中进行检验，结果表明货币政策对资产价格变化的反应不足。

徐国祥和郑雯（2013）搜集 1997 年 1 月至 2009 年 12 月以及 2006 年 1 月至 2012 年 6 月的月度样本数据，选择利率、汇率、股票价格 3 个金融资产市场价格变量和社会融资规模 1 个金融资产市场规模变量，使用 SVAR 模型测算得到这 4 个变量的权重分别为 0.094、0.111、0.501 和 0.294，并在此基础上获得较少信息含量的中国同频静态实际金融状况指数。

王德（2014）选取的样本区间为 2000 年 1 月至 2013 年 12 月的月度数据，选择利率、汇率、房地产价格指数、股票价格指数 4 个金融资产市场价格的实际值，以及货币供应量和实际信贷余额两个变量，借助 SVAR 模型的脉冲响应方法，估计每个变量对 CPI 的影响，进而测算出每个变量的权重，并由此得到中国的金融状况指数 FCI1 和 FCI2。

许涤龙、刘妍琼和封艳红（2014）选取 1999 年第 1 季度至 2012 年第 4 季度的季度样本数据，选择利率、汇率、房价和股价 4 个金融资产市场价格变量，以 FCI 赋权方法为理论依据，应用不同的赋权方法构建 FCI，从 FCI 与通货膨胀的拟合情况和跨期相关性强弱比较来看，用 VAR 模型和因子分析法构建的 FCI 预测效果较好。因此，未来可以优先考虑使用这两种赋权方法来编制较少信息含量的中国同频静态 FCI。

成仲秀（2014）以货币政策的传导渠道为理论基础，以金融状况指数的构建变量选择为切入点，首先确定中国窄幅、中幅和宽幅金融状况指数各自的变量筛选池，其次借由信度检验和基于结构方程模型的效度检验两个层次的筛选，得出三种不同幅度的金融状况指数的具体变量，并采用 VAR 模型的脉冲响应函数赋权法计算出从 2006 年 1 月至 2013 年 12 月的中国金融状况指数。最后为了验证金融状况指数究竟能否作为货币政策执行效果的指示器，利用金融状况指数和通货膨胀率二者的线性趋势与跨期相关系数、格兰杰因果检验、脉冲响应分析三种方法来验证金融状况指数对通货膨胀率的预测作用，实证结果显示构建的窄幅、中幅和宽幅三种幅度的金融状况指数在短期（1 ~ 3 个月）内对通货膨胀率具有很好的预测效果，可以作为中国货币政策执行效果的指示器。

封艳红（2014）从原理角度出发，首先通过对各种赋权法的基本规律、计算思维、考察对象及优缺点进行细致研究，将金融状况指数赋权方法总结为经典方法和经济模型法两类。其中经典方法包括分类简化模型、因子分析法、主成分回归法及卡尔曼滤波法，经济模型法包括VAR模型、SVAR模型、VEC模型及联立方程模型。其次利用其他理论选取变量并对数据进行处理，将两种赋权方法运用到金融状况指数变量权重的定量定性分析中，并对得到的权重结果分布进行对比分析。最后基于对构建的指数的分析，从通货膨胀和经济增长两个方面，通过折线图、动态关联性、脉冲响应及对宏观经济指标的预测能力，分析和对比利用各种赋权法得到的金融状况指数对中国货币政策目标的预测效果。

高洁超和孟士清（2014）、孟士清（2013）通过使用1998年1月至2013年3月的月度数据，采用VAR模型计算权重，构建了一个包含利率、汇率、房价、股价和货币供应量的FCI，并对其进行信息预期性查验，结果发现FCI相对于经济增长有着比相对于通货膨胀更好的预测能力，随后将其纳入工具变量信息集，利用Hansen过度识别检验验证其可行性。

林浩锋和李舜（2014）则采用2004年1月至2014年6月的月度数据，用短期敏感性指标和VAR模型构建金融状况指数，结果显示该指数对全国房地产开发投资增速的预测有较好的效果。

许涤龙和欧阳胜银（2014b）指出了当前金融状况指数理论构建和指标选取存在的不足，从产品市场均衡和货币市场均衡两个角度切入，提出了要将非人力财富比重这个新的重要指标纳入FCI，将验证性因素分析等方法运用于每一个要素，并从这些指标中筛选出最具代表性的，最后通过VAR模型得出中国的FCI。通过CPI的因果关系、动态研究以及与其他学者的研究结论相比较，发现对指标进行定量筛选后构建的FCI有着较好的经济效果，更能体现中国的实际情况。

林睿和董纪昌（2015）通过参考金融状况指数，挑选了8个指标，以1999年1月至2014年8月的数据作为时间样本，采用SVAR模型和

DAG 方法，构建出一个房地产金融条件指数（RE-FCI）。通过对指数结果的分析发现，可以将中国房地产金融大体分成四个阶段，其中世界金融危机发生时期房地产金融状况最为低迷。RE-FCI 的监管预测作用也体现在对房地产金融风险的监管上，中国房地产宏观调控政策对于调节房地产金融风险也产生了一些积极的作用。

张兰（2015）通过分析中国物价稳定目标与金融稳定目标相反的现象，在参考国内已有金融状况指数研究成果的基础上，增加了房地产价格这个变量，构建了一个包含多个变量的 VAR 模型并进行实例检验分析，结果显示新 FCI 指数与中国资产价格波动具有较强的相关性。

刘任重和刘冬冬（2016）通过 VAR 模型构建了包含利率、汇率、房地产价格、上证指数、广义货币供应量、消费者物价指数 6 个变量缺口值的金融状况指数，将 FCI 与通货膨胀和股市投资热度（新增证券账户数）进行预期检验验证，发现通货膨胀与它们具有很强的一致性，并有很好的预测性。这验证了房地产价格和股票价格等资产价格对经济的影响逐渐变大，央行实施调节经济波动的政策时，诸如控制通货膨胀，必须将资产价格可能对货币政策的传导和独立性产生的影响纳入考量范围。

高波、樊学瑞和赵奉军（2017）从总量宏观分析的视角提出了金融变量与房地产市场的"总体冲击－传导机制"假说，据此使用基于古德哈特和霍夫曼的 FCI 构建方法，根据 1998 年第 1 季度至 2014 年第 4 季度的季度数据，选择利率、汇率、股价和房地产价格 4 个金融市场价格变量和货币供应量 1 个货币市场的金融规模变量，并采用缩减的总需求模型估计权重系数，构建了包含房地产价格的 FCI1 和不包含房地产价格的 FCI2，认为货币政策理应干预房地产价格，必须精准把握干预的时机和干预的力度以及注重多种货币政策工具的搭配使用。

孙玉洁（2018）基于 VAR 模型，根据 2006～2017 年的年度数据，选择广义货币供应量、股票价格、人民币汇率、短期利率、GDP 增长率和国房景气指数作为变量，构建了中国金融状况指数；考察了金融状况指数水平值与 CPI、GDP 等变量的关联性，以及金融状况指数的标准差，并将其作为波动性研究的指标，估计金融状况指数的波动与货币政策传导机制下两个重要宏观经济指标之间的关联，从金融状况指数波动性的视角，探讨其对 GDP 增长率和 CPI 的大致预测能力，认为金融状况指数对货币政策的制定有着很大的参考价值。

2.1.2 中期较多信息含量的同频静态金融状况指数构建研究

在中期阶段，国内外学者为了克服早期阶段构建的静态金融状况指数缺乏有效信息含量这一缺陷，采用了具有丰富信息含量的大量金融变量指标的季度或月度样本数据，主要运用主成分分析法和因子分析法等常系数计量模型，计算静态权重，构建了一些国家和地区的较多信息含量的同频静态金融状况指数。欧美发达国家最早运用这种研究方法，随后逐渐扩展。

（1）国外文献综述

English 等（2005）根据样本区间各不相同的样本数据，选用利率、汇率、风险利差、资产价格、家庭和企业的资金实力、信贷总量以及银行部门的健康和性能的措施指标等 30～40 个金融指标，使用主成分分析方法，构建了较多信息含量的美国、德国和英国同频静态金融状况指数，研究发现可以用 FCI 来预测 GDP 而不是通货膨胀。

Hatzius 等（2010）采用了 1970 年第 1 季度至 2009 年第 4 季度的包含各种资产价格、调查指标在内的 45 个金融变量的非平衡面板季度数据，首次使用非平衡面板技术的主成分分析法，构建了较多信息含量的广义金融状况指数（BFCI），结果发现 BFCI 是美国经济活动的良好预测指标。

Jimborean 和 Mésonnier（2010）采用法国银行部门和宏观部门 1993 年第 2 季度至 2009 年第 1 季度的两个样本数据集，其中银行部门采用的指标是 105 家法国信贷机构的流动性比例、总（广义）杠杆比例和信贷（狭义）杠杆比例 3 个指标，宏观部门采用的指标包括经济增长、物价水平、房地产等 58 个宏观变量，根据动态分层因子增广向量自回归（DHFA-VAR）模型，构建了较多信息含量的法国同频静态金融状况指数，对其与宏观经济和货币政策传导机制的关系进行了分析，指出法国 BFCI 的变化可以解释部分宏观经济变量浮动，利用杠杆率和流动性比例可以较好地预测宏观经济变量，但法国 BFCI 与货币政策冲击的传导机制基本没有关联。

Gómez 等（2011）采用了 1991 年 7 月至 2010 年 6 月包括利率、价格、数量、调查指标、金融指标及其波动率在内的 21 个金融变量的非平衡面板月度数据，使用主成分分析法，构建了未调节和调节的哥伦比亚金融状况指数，发现该 FCI 是一个可以领先实体经济 3 个月的指标，可以较好地为金融稳定提供早期预警。

Vonen（2011）采用了 1994 年 1 月至 2010 年 12 月含有 13 个金融指标的月度数据，使用主成分分析法，构建了静态未调节和调节的挪威 FCI，结果显示该 FCI 可以作为预测经济增长的领先指标，同时对经济周期调节有明显的影响。

Ørbeck 等（2011）采用 13 个金融指标 1994 年 1 月至 2010 年 12 月的月度数据，利用动态因子分析法，构建了较多信息含量的挪威同频静态金融状况指数。

Osorio 等（2011）选用 2000 年 1 月至 2011 年 1 月的月度数据，利用动态因子分析法，构建了较多信息含量的亚洲 13 个国家和地区同频静态金融状况指数，并将两个 FCI 进行算术平均，得到一个新的 FCI，发现新的 FCI 可作为衡量 GDP 的领先指标。

Matheson（2012）选用美国和欧元区 1994 年 1 月至 2010 年 12 月的 17 个月度样本数据，采取动态因子分析法，构建了较多信息含量的美国和欧元区同频静态金融状况指数，发现该 FCI 对美国和欧元区经济的发展趋势有一定的预测能力，不仅可以综合测度这些地区的金融状况，而且可以提供实体经济活动实时变化信息。

Brave 和 Butters（2012）采用包括波动指标、信贷指标、信贷风险指标、杠杆指标、流动性在内的 100 个指标的 1973～2010 年的周数据，使用主成分分析法，构建了较多信息含量的美国同频静态金融状况指数和调整金融状况指数，显示了 FCI 可以作为政策制定者和金融市场参与者测度金融市场情况的指标,可以用来监控美国金融状况。该文的主要贡献是构建了首个高频 FCI。

Angelopoulou 等（2013）通过主成分分析法,根据 2003～2011 年的年度数据,选取了包括水平和波动指标在内的多个指标,构建了较多信息含量的欧元区各个国家同频静态 FCI,结果显示 FCI 可以作为欧元区各个国家通货膨胀和产出的预测指标。

Thompson 等（2013）采用主成分分析法,根据 1966 年 1 月至 2011 年 12 月的月度数据,选择了包括国际金融市场、货币市场、股票市场、债券市场等在内的金融市场的水平和波动指标,构建了较多信息含量的南非同频静态 FCI,发现 FCI 可以作为南非通货膨胀和产出的先行指标,对其有溢出效应。

Lee 等（2014）则选择了韩国的 50 个金融变量,建立了非平衡面板月度时间序列数据,样本区间为 1990 年 1 月至 2013 年 9 月,运用主成分分析法构建了韩国 FCI,研究发现 FCI 对过去的金融状况具有很好的解释力,并且可以很好地预测宏观经济变量。

Ian 和 Brian（2018）基于主成分分析法和马耳他央行宏观经济模型 STREAM 方法,编制了 1996～2017 年较多信息含量的马耳他同频静态金融状况指数,该指数共包含以下几个变量:实际信贷、实际存款、实际股票价格、证券和股票发行、不良贷款比率、存款零售利率、贷款利率与政策利率之间的利差、马耳他的 10 年期政府债券收益率与 10 年期德国国债收益率之间的利差（简称"主权利差"）以及银行系统的股本回报率。统计检验表明,这些 FCI 中包含的信息对短期预测是有用的。

Giri 和 Bansod（2019）采用主成分分析法,以 1991 年第 1 季度至 2015 年第 4 季度的 15 个季度数据作为 FCI 的指标变量,适当增加处理不平衡面板数据集,构建了较多信息含量的印度同频静态 FCI,验证了 FCI 是否与实际 GDP 增长协整。结果证实,更广泛的 FCI 指数在增长预测方面优于更窄的 FCI 指数。

Kazdal 等（2019）使用主成分分析法和动态因子模型,根据 2006 年 6 月至 2018 年 12 月的土耳其金融市场和中介服务相关的高频数据,构建了较多信息含量的土耳其静态高频金融状况指数（HFFCI）。其中，Probit 模型的估计表明，通过考虑超前－滞后关系，该指数可以预测经济增长中的"动量损失"事件；构建的 HFFCI 有助于更好地理解金融环境与经济活动的关系。

（2）国内文献综述

袁靖和薛伟（2011）首先论证了货币政策传导渠道，根据不平衡面板的 2000 年第 1 季度至 2010 年第 1 季度的季度数据，使用主成分分析法和因子分析法，选取了 40 多个金融变量并从中抽取了 8 个主成分，构建了较多信息含量的中国同频静态实际 FCI，并研究得出 FCI 可以用来分析中国货币政策的松紧状况和预测通货膨胀和产出等。

许涤龙、刘妍琼和郭尧琦（2014）指出许多研究均采用利率、汇率、房价和股价等少量指标构建金融状况指数，大量经济信息缺失，所以通过构建 FAVAR 模型，选择利率类、汇率类、房价类及股价类等 69 个经济指标，采用广义脉冲响应函数构建金融状况指数，分析了 FCI 对中国通货膨胀率的预测能力。结果显示：利用 FAVAR 模型构建的金融状况指数能很好地预测未来 5~8 个月内的通货膨胀走势。

封艳红（2014）从理论出发，认为金融状况指数赋权方法有两类，分别是经典方法和经济模型法，并分别研究了这两种方法的基本原理、计算思路、适应对象及优缺点。其中，经典方法包括分类简化模型、因子分析法、主成分分析法及卡尔曼滤波法；经济模型法包括 VAR 模型、SVAR 模型、VEC 模型及联立方程模型。在理论研究的基础上，选择相关变量进行数据处理，使用两类赋权方法确定金融状况指数变量的权重，对比权重结果分布并进行分析。最后，通过趋势图、动态相关性、脉冲响应及对宏观经济指标的预测能力，分析了不同赋权法下的金融状况指数对中国货币政策目标的预测效果。

欧阳胜银（2015）从利率、汇率、资产价格和非金融指标等方面，采集了 2006 年 1 月至 2013 年 12 月有代表性的变量数据作为初选指标，根据 FCI 理论表达式中各组成要素的表现形式，对初选指标的数据缺口值进行计算，并结合指标数据本身的特征，进行频率的相应转换，由此建立数据模型。然后分别从高频、中频和低频三个频率层次以及宽幅、中幅和窄幅三个幅度层面，使用主成分分析法等多种赋权方法，构建了多个维度的较多信息含量的中国同频静态 FCI。结果表明基于不同视角编制的 FCI 较为全面、系统地反映了经济发展的实际情况，在实证过程中经受住了考验，可用于衡量当前货币政策的执行效果。

肖强和白仲林（2015）分析了利率、汇率、股票价格和房地产价格等多个金融变量，利用动态因子模型构建了共同金融因子，在此基础上利用 VAR 模型构建了中国金融状况指数。

段春夏（2018）基于 2006 年 1 月至 2017 年 12 月的月度数据，采用 6 个金融变量，分别是 7 天银行间同业拆借利率、实际有效汇率、国房景气指数、上证综合指数、货币供应量、贷款余额，做了脉冲响应分析和格兰杰因果检验，采取改良后的因子分析法，构建了较多信息含量的中国同频静态金融状况指数。研究发现：FCI 能在中长期预测通货膨胀率；FCI 能在中长期预测经济增长，相对于经济增长，FCI 对通货膨胀的预测效果更好，同时 FCI 的预测效果要好于传统因子分析。

孙彦林和陈守东（2019）根据 2002 年 1 月至 2017 年 6 月的数据（包括季度、月度和日度），选择了货币政策变量、外部冲击变量和内部冲击变量 3 类变量共计 17 个变量，从系统性风险冲击来源的角度拓展，使用主成分分析法和 IMS-AR 模型，构建了包含关键性风险因素的较多信息含量的中国同频静态金融状况指数，并以 FCI 作为同步指标构建了金融景气指标体系，包括金融一致指数、金融先行指数以及金融滞后指数，在此基础上对我国金融状况进行了预测分析。结果显示：在关键性风险因素中，房价波动风险与银行业不良贷款风险惯性特征明显，但也受其他因素的冲击影响，需对其进行风险监控，去产能风险则受其他因素的影响，需辅以经济政策与调控措施来保证产能过剩行业的稳定。

2.1.3　近期同频动态金融状况指数构建研究

在近期阶段，为了解决前期阶段金融状况指数构建缺乏动态性的问题，国内外学者主要使用时变系数模型、非线性计量模型等多种动态模型方法，构建了一些同频动态金融状况指数，金融状况指数的时变性和非线性是这个阶段研究的两个主要方面。为了测度同频动态金融状况指数，国内外学者主要使用了卡尔曼滤波、TVP-MLR 模型（时变回归系数模型）、MS-VAR 模型（马尔科夫区制转换模型）、ST-VAR 模型（平滑转换模型）、MR-TVAR 模型（多机制门限模型）等动态模型方法确定 FCI 的动态权重，构建了不同国家和地区的同频动态金融状况指数。按照使用的计量方法对这些研究进行归类，本书大体上将其划分为两大类：第一类，基于时变系数类模型的同频动态金融状况指数构建研究；第二类，基于非线性计量类模型的同频动态金融状况指数构建研究。下文分别对使用这两类方法的 FCI 构建研究进行具体文献综述。

（1）基于时变系数类模型的同频动态金融状况指数构建研究

在近期阶段，国内外一些学者主要采用卡尔曼滤波、时变系数回归模型、时变系数（和随机方差）向量自回归模型等时变计量模型，构建一些国家和地区的同频动态金融状况指数。

①国外文献综述

Montagnoli 和 Napolitano（2005）选择 1981 年第 1 季度至 2005 年第 4 季度的季度样本数据，使用 TVP-MLR 模型，构建了美国、加拿大、英国和欧元区同频动态金融状况指数，认为可以把 FCI 当作制定货币政策的参考指标。

Gumata 等（2012）选择 11 个国内外金融指标的 1999 年第 1 季度至 2011 年第 4 季度的季度数据，把金融指标划分成两个部分：一个是全球因素指标，包含标准普尔 500 的波动指数、标准普尔 500 股价指数、JP 摩根的总收益率指数、伦敦同业拆借利率、美国国债等指标；另一个是国内因素指标，包含向私人部门贷款、主权利差、不良贷款、可转让存单利率、名义有效汇率、股价、房价等多个指标。他们采取卡尔曼滤波和主成分分析法，构建了南非的动态和静态两个同频 FCI。

Korobilis（2013）运用贝叶斯模型平均方法（Bayesian Model Averaging，BMA），选取 1980 年 1 月至 2011 年 8 月的月度数据，采用 28 个

金融水平指标，构建了美国的同频动态金融状况指数。

Koop 和 Korobilis（2013）采用时变系数 TVP-FAVAR 模型（因子增广向量自回归模型），选取 1959 年第 1 季度至 2012 年第 1 季度的季度数据，采用包括水平和波动指标在内的 20 个金融指标，构建了英国的同频动态金融状况指数，认为可以把 FCI 当作预测英国通货膨胀和产出的良好指标。

Abbate 等（2016）使用 TVP-FAVAR 模型，根据包括 9 个主要发达国家（美国、加拿大、英国、法国、意大利、德国、西班牙、日本以及澳大利亚）的 1971 年第 1 季度至 2012 年第 4 季度的季度数据，选择了 23 个变量，将 FCI 与大型国际数据集联合建模，构建了 TVP-FAVAR 模型，研究了关于全球金融冲击是如何在国际上传播的，以及这种传播是如何随着时间发生变化的，研究发现金融冲击对上述 9 个国家的经济增长有相当大的影响。

Kabundi 和 Mbelu（2017）根据 2000 年 1 月至 2017 年 4 月的月度数据，使用 TVP-DFM 模型（时变系数动态因子模型），选择了 39 个社会变量和 2 个宏观经济变量（GDP 增长率和年总体增长率），构建了南非的同频动态金融状况指数。

Wang 等（2018）选择 2002 年 1 月至 2015 年 1 月的 51 个金融变量，使用 TVP-FAVAR 模型，构建了中国动态金融状况指数（DFCI），探讨了中国 FCI 与通货膨胀之间的关系。

Hosszú（2018）根据 2001 年第 2 季度至 2015 年第 2 季度的季度数据，使用 TVP-FAVAR 模型，构建了同频动态金融状况指数，并计算了两个信贷供给因子（贷款意愿和贷款能力），认为 FCI 可以作为衡量金融周期和确定过度借贷时期的有效工具。

Li 和 Liu（2019）考虑到后危机时代中国金融机制的变迁，传统的 FCI 构建方式有一定的局限性，提出从使用时变权重和引入非金融变量两个方面进行改进，选择 1997 年 1 月至 2016 年 12 月的利率、汇率、股价、房价、货币供应量和信贷可得性 6 个金融变量，使用 TVP-VAR 模型估计时变权重，构建了中国时变金融状况指数，研究结果表明，中国时变 FCI 比固定权重的 FCI 更能反映金融状况，且信贷可用性的引入改善了金融状况指数。

②国内文献综述

王雪峰（2009）基于简化的总需求方程的状态空间模型，选取1998 年第 1 季度至 2008 年第 4 季度的季度数据，运用汇率、房地产价格、利率、股价 4 个金融市场价格变量和电价 1 个能源市场价格变量，分别赋予其动态权重，构建了中国实际同频动态 FCI，并表示可以将FCI 作为制定货币政策中介目标的辅助指标。

王雪峰（2010）基于简化的总需求方程的状态空间模型，选取1998 年第 1 季度至 2008 年第 4 季度的季度数据，根据短期利率、汇率、房地产价格、股票价格和存款性金融机构新增国内信贷规模 4 个金融市场价格变量和 1 个金融市场规模变量，分别赋予其动态权重，构建了中国实际同频动态金融稳定状态指数（FSCI）。

刁节文和章虎（2012）基于总需求模型的状态空间模型，选取2005 年 7 月至 2010 年 3 月的月度数据，根据短期利率、汇率、房价、股价 4 个金融市场价格变量和货币供应量 1 个金融市场规模变量，分别赋予其相应的权重，构建了中国实际同频动态金融状况指数，并且利用MLR 和 STR 模型分别构建了基于 FCI 的中国货币政策的线性和非线性泰勒规则。

卜志村、孙慧智和曹媛媛（2012）利用基于总需求模型（IS 曲线）的状态空间模型方法，选取 1996 年第 1 季度至 2011 年第 4 季度的季度数据，根据利率、汇率、房价和股价 4 个金融市场价格变量，分别赋予其动态权重，构建了中国实际同频动态金融状况指数，认为可以运用FCI 来监测中国货币政策的松紧状况、预测通货膨胀和产出。

文青（2013）基于总需求方程缩减式模型的时变参数状态空间模型，选取 1998 年第 1 季度至 2012 年第 2 季度的季度数据，根据利率、汇率、房价、股价和货币供应量 4 个金融市场价格变量和 1 个金融市场规模变量，构建了中国同频动态金融状况指数，认为可以用 FCI 监测中国货币政策的松紧状况、预测通货膨胀和产出。

余辉和余剑（2013）使用时变参数状态空间模型，根据 1997 年 1 月至 2009 年 12 月以及 1997 年 1 月至 2011 年 12 月的两组月度数据，选择利率、汇率、股价、房价 4 个金融市场价格变量和货币供应量 1 个金融市场规模变量，分别赋予其动态权重，构建了中国实际同频动态金融状况指数，认为可以用 FCI 预测通货膨胀和评测不同类型货币政策的传导效应。

许涤龙和欧阳胜银（2014a）根据具有可变参数特征的状态空间模型，选择样本区间为 2002 年第 1 季度至 2013 年第 3 季度的数据，构建了具有可变权重的包含利率、汇率、房价、股价、货币供应量和第二产业增加值比重的 FCI。

周德才、冯婷和邓姝姝（2015）从通货膨胀控制目标出发，引进 MI-TVP-SV-VAR 模型，选取 5 个金融变量，估计其每一期的灵活动态权重，构建中国灵活动态金融状况指数，并分析其对通货膨胀的预测能力。经验分析结果表明利率和房价的权重相对较大，反映出货币政策依然倚重价格型传导渠道；FCI 与通货膨胀有很强的相关性，且领先通货膨胀 1～7 个月。建议政府机构定期构建中国灵活动态金融状况指数并应用于通货膨胀预测。

屈军和朱国华（2016）根据金融变量和通货膨胀之间的传递机理，选择了 2001 年 1 月至 2014 年 12 月的一些金融变量指标的非平衡面板数据，采用时变系数和随机波动的 TVP-SV-FAVAR 模型，构建了同频动态金融状况指数，解决了传统固定权重构造方法中经济信息含量少、未考虑经济制度环境结构性变化等问题。除此之外，作者还研究了金融状况指数与通货膨胀之间的动态关系，结果发现样本期内通货膨胀对金融状况指数冲击响应具有显著时变动态特征。

邓创、滕立威和徐曼（2016）选取股票价格、房地产价格、汇率、利率、货币供给、信贷规模 6 个金融指标，使用 TVP-VAR 模型确定时变权重，构建了中国同频动态金融状况指数，结果发现 FCI 分别领先于通货膨胀和经济波动 11 个月和 5 个月左右，适合用来分析金融波动对经济的影响。

李祥发、冯宗宪和薛伟贤（2016）选择 1997 年 1 月至 2015 年 12 月货币供应量、中长期贷款、有效汇率、利率 4 个月度金融变量，利用 TVP-VAR 模型的时变方差分解和脉冲响应，构建了中国的动态金融状况指数（DFCI），实证结果表明：DFCI 是实际利率缺口、产出缺口和 CPI 缺口的格兰杰原因，可以作为经济运行的先行指标，反映金融市场与实体经济存在紧密的关系，是制定货币政策的一个参考指标。

金春雨和吴安兵（2017a）基于 IS 曲线和菲利普斯曲线，根据 1997 年第 1 季度至 2016 年第 2 季度 G20 国家的数据，使用时变状态空间模型，构建了 G20 国家的同频动态金融状况指数，结果表明 FCI 较好地刻画了金融状况。

陈守东和孙彦林（2017）使用降维思想的主成分分析法和时变参数状态空间模型，从货币政策、外部冲击、内部冲击三个层面选择 14 个变量，构建了中国的同频动态金融状况指数，研究了其与宏观经济变量的领先与滞后关系。

赵瑞（2017）选择 2001 年 1 月至 2016 年 6 月的利率、汇率、股价、房价以及大宗商品价格 5 个月度金融变量，使用 MI-TVP-SV-VAR 模型，构建了中国灵活动态金融状况指数（FDFCI），研究发现 FDFCI 可以作为货币政策制定的参考指标。

刘元春和李楠（2018）根据 1997 年 1 月至 2016 年 12 月的月度数据，选取利率、汇率、股票价格、房地产价格、货币供应量和信贷可得性 6 个金融和非金融变量，利用 TVP-VAR 模型确定各变量的时变系数，构建了金融危机后中国同频动态金融条件指数。结果表明时变权重 FCI 优于固定权重 FCI，能够较好地反映中国的金融状况；信贷可得性的引入优化了 FCI；构建的 FCI 先行于通货膨胀约 11 个月，对通货膨胀的解释力很强。构建合理的金融条件指数对于提高危机后货币政策的有效性和预见性、实现经济金融双重稳定具有重要的现实意义。

潘海英和王静祥（2018）根据 2005 年 1 月至 2016 年 6 月的季度数据和月度数据，选择借贷利率、汇率、股价、房价、货币供应量、非人力财富比重、债券收益率和金价等金融变量，利用可变参数状态空间模型和马尔科夫区制转换模型，分别赋予其动态权重，构建了中国同频动态 FCI。研究表明：FCI 与产出增长率之间存在明显的门限效应，适度的金融扩张有助于服务实体经济，但金融虚假繁荣带来的脱实向虚，将导致资源配置不合理，不利于经济的长期发展。

丁华和丁宁（2018）根据 2003 年 1 月至 2017 年 10 月中国 3 大类共计 20 个宏观经济指标的月度数据（第 1 类为利率和汇率变量，第 2 类为货币、信贷指标，第 3 类为资产价格变量），使用基于动态模型平均方法的 TVP-SV-FAVAR 模型，构建了中国同频动态金融状况指数，并检验 FCI 对通货膨胀预期的动态效应。结果表明 FCI 与通货膨胀具有高度相关性，短期内具有明显领先通货膨胀的非线性预期能力，金融状态宽松时期对通货膨胀预期的效果比趋紧状态时更稳健。

崔百胜和高崧耀（2019）使用 DMS-TVP-FAVAR 模型，根据 2000 年第 1 季度至 2017 年第 3 季度的时间序列非平衡面板数据，在融资额、财务指标、国际储备等方面选择 14 个金融变量和 3 个宏观经济变量，构建了中国同频动态金融状况指数。

滕建州和刘鹏（2019）根据 1999 年 1 月至 2018 年 8 月的月度数据，选择利率、汇率、贸易余额、货币供应量、信贷规模、股票价格、房地产价格 7 个金融指标，使用 TVP-VAR 模型，构建了中国 DFCI，并认为 DFCI 能更好地预测通货膨胀及产出水平。

卞志村、笪哲和刘珂（2019）首次根据 Log-ML、DIC 等标准，实证检验了参数及残差方差的时变特性对于中国 DFCI 构建问题的适用性，据此选定 TVP-VAR-SV 模型，根据 2005 年 7 月至 2017 年 3 月的月度样本数据，构建了中国同频动态金融状况指数，进而运用 MS-VAR 模型建立综合经济因素与金融因素的"坐标体系"，准确研判了中国经济金融区制状态，基于直接脉冲响应、DFCI 变动惯性等视角，分析了不同经济金融阶段金融状况变动的非线性经济效应，为维护经济金融稳定提供了实证经验参考。研究发现：相较于 VAR 模型和 TVP-VAR-CV 模型，TVP-VAR-SV 模型更适用于构建中国 DFCI，而据此确定的权重动态及指数走势较好地契合了中国金融实际形势；中国金融状况变动的宏观经济效应依赖于经济金融阶段，呈现显著的非线性特征；中国金融状况变动存在较强的惯性，在其作用下宏观经济可能受到"余震"冲击，而据此进行精准逆周期金融调控有利于经济金融稳定。因此，中国应运用 TVP-VAR-SV 模型精准动态测度金融状况，并基于对所处经济金融阶段的准确研判，审慎开展逆周期金融调控以确保经济稳定发展。

（2）基于非线性计量类模型的同频动态金融状况指数构建研究

现阶段，国内外学者主要使用马尔科夫区制转换 MS-VAR 模型、ST-VAR 模型、TVAR 模型、SVR 模型等非线性计量类模型，构建一些国家和地区的非线性同频动态金融状况指数。

①国外文献综述

Galvão 和 Owyang（2013）根据 1981 年 9 月至 2012 年 9 月的月度数据，使用 FAST-VAR 模型，选择了包括水平和波动指标在内的多个指标，构建了美国的非线性同频动态 FCI。

Zhou 等（2014）根据中国 1999 年 1 月至 2013 年 11 月的月度样本数据，首先讨论了非线性动态金融状况指数（NFCI）的构建方法，然后采用 MS-VAR 模型的区制脉冲响应函数方法测度了中国非线性同频动态 FCI，并通过实证研究分析了 FCI 对中国通货膨胀的预测能力。结果表明：在对通货膨胀的预测上，该 FCI 比单一的金融变量更合适、更全面；FCI 作为预测中国通货膨胀的先行指标，能反映未来通货膨胀水平的变化，是未来 7 个月内的通货膨胀运行趋势的有效预测指标。

Hua 等（2015）选取中国 2001 年 1 月至 2004 年 9 月的 45 个月度样本数据，使用 SVR 模型，构建了一个新的非线性 DFCI，并对未来的通货膨胀压力进行评估。研究结果表明：构成 DFCI 的各个金融变量的动态权重随时间变化而变化，验证了 DFCI 权重的动态特性，格兰杰因果关系检验结果表明基于 SVR 模型构建的 DFCI 比标准 FCI 更具优越性。

Balcilar 等（2018）使用滚动窗口主成分分析法、TVP-FAVAR 模型下的动态模型平均和具有恒定因子载荷的 TVP-VAR 模型构建了三个FCI，结果发现 FCI 包含宏观经济未来信息。

②国内文献综述

周德才、谢海东和何宜庆（2014）选取 1998 年 1 月至 2012 年 6 月的月度样本数据，采用 MS-VAR 模型，构建了中国股市的同频动态金融状况指数，并使用该指数进一步实证分析了中国股市的财富效应。

周德才等（2018）借鉴已有文献关于 FCI 构建的金融指标选取标准，选取利率、汇率、房价、股票、货币供应量、能源价格 6 大类共20 个金融指标，基于 BDFA-VAR 模型（贝叶斯动态因子增广 VAR 模型），构建了中国贝叶斯动态因子金融状况指数（BDFFCI），并分析其与通货膨胀的关联性，进而使用 MS-VAR 模型分析其对通货膨胀的非对称性效应。结果表明中国 BDFFCI 的突出特点是与通货膨胀有很长期限的高相关性，领先通货膨胀 1~14 个月，是预测更长期限通货膨胀的先行指标，且其汇率、货币供应量等公因子权重较大，说明中国货币政策是价格和数量综合型的。建议政府机构定期构建中国 BDFFCI。

周德才、朱志亮和贾青（2018）根据 1998 年 1 月至 2016 年 9 月的月度样本数据，选择货币供应量、利率、汇率、股价、房价 5 个金融资产价格变量，使用新构建的 MR-TVAR 模型和 MR-TFCI 模型的多机制门限编制公式，从经济增长目标出发，测算四个机制的广义脉冲响应函数值，实证编制及应用中国多机制门限金融状况指数（MR-TFCI），并比较其与 2 机制门限 FCI（2R-TFCI）和 1 机制线性 FCI（1R-FCI）的优劣势。研究发现：与 2R-TFCI 和 1R-FCI 相比，MR-TFCI 是 RG 更优的先行、相关性、因果性和预测指标，中国货币政策调控经济增长的效应和传导渠道具有门限特征，中国货币政策调控经济增长的方式是价格和数量结合型的。这为中国政府实施货币政策和制定实体经济投融资决策提供了科学参考。

周德才等（2018）根据 1998 年 1 月至 2016 年 6 月的月度样本数据，构建了 MR-LSTAR 模型（多机制逻辑平滑转换自回归模型）和金融状况指数的多机制平滑转换编制公式，基于构建的模型和公式，选择货币供应量、利率、汇率、股价和房价，实证测度了中国 3 机制非线性同频动态金融状况指数（3R-NFCI），同时与 2 机制非线性 FCI（2R-

NFCI）和 1 机制线性 FCI（1R-FCI）进行了比较分析。结果表明：3R-NFCI 是经济增长更好的先行、相关和预测指标，同时我国货币政策的经济效应具有非对称特征，传导机制具有多机制非线性特征。

2.1.4 现阶段混频（实时）金融状况指数构建研究

显然，构成金融状况指数的各个样本数据的统计频率是不尽相同的，国内外学者一般通过平均或插值的方法将混频样本数据同频化来构建同频金融状况指数。这种做法至少会导致两个不良后果：第一，金融状况指数所包含的信息出现人为操作层面的丢失或虚增；第二，金融状况指数显然不能有效刻画金融经济的实时变化特征。近年来，随着混频向量自回归（MF-VAR）模型、混频动态因子模型（MF-DFM）等混频数据模型的广泛应用，国内外学者开始考虑将混频数据模型引入金融状况指数研究中，构建多种类型的混频（实时）金融状况指数。因此，混频（实时）金融状况指数研究是目前该指数研究的前沿方向。

（1）基于 MF-DFM 类模型的混频（实时）金融状况指数构建研究

在现阶段，国内外学者主要采用 MF-DFM 模型（混频 DFM 模型）、MF-MS-DFM（混频马尔科夫区制转换 DFM）等混频数据模型，构建一些国家和地区的混频金融状况指数。

栾惠德和侯晓霞（2015）根据 1996 年 1 月至 2013 年 12 月的月、日混频样本数据，借鉴 Aruoba 等（2009）的分析框架，使用 MF-DFM 模型，构建中国首个实时金融状况指数，突破了传统方法要求数据频度一致的限制，大大提高了 FCI 的时效性，使 FCI 具备了金融市场流动性指示器的功能：利率、汇率、股价和房价分别从价格角度反映货币市场、外汇市场、资本市场和房地产市场的流动性状况，社会融资规模则从总量角度反映宏观流动性状况。研究结果表明：量价结合的实时 FCI 能够及时、有效地揭示中国金融市场整体的流动性变化情况，反映货币政策的实施效果。

李欢（2016）选择 2002 年 1 月 1 日至 2015 年 8 月 31 日的利率、股价、汇率、房价、货币供应量、社会融资规模增量的月、日混频样本数据，借鉴 Aruoba 等（2009）的分析框架，使用 MF-DFM 模型，构建了中国实时金融状况指数，并检验了其与通货膨胀的关系。研究结果显示：与构成该指数的单个变量相比，该指数在领先性、预测性等方面更优。

尚玉皇和郑挺国（2018）根据 2000～2016 年的季月混频样本数据，选择国内生产总值、物价水平、货币供应量和社会融资规模的宏观经济指标以及国债利差、上证综合指数收益率、深圳成分指数收益率和房地产价格的金融市场指标，使用 MF-DFM 模型，构建了中国混频金融状况指数，进而分析其风险预警功能。首先，引入 GDP 指标的混频 FCI 模型的测度结果优于同频模型，房地产价格、GDP 等是影响金融形势指数的重要指标。其次，混频金融形势指数具有明显的顺周期特征，其与经济景气先行指数的相关性更强，但宏观经济下行时，该指数与一致指数的相关性明显增强。最后，金融形势指数是一致指数的领先因子，对宏观基本面波动趋势具有预警作用。

Altug 等（2019）使用新构建的 MF-MS-DFM 模型，从经济和金融状况的周期性行为之间的时空联系出发，构建了土耳其的混频动态金融状况指数。研究结果表明：该 FCI 能较好地预测经济周期的拐点，并领先经济周期 3.5 个月。

（2）基于 MF-VAR 类模型的混频（实时）金融状况指数构建研究

在现阶段，国内外学者主要 MF-VAR 模型、MF-MS-VAR 模型等混频数据模型，构建一些国家和地区的混频金融状况指数。

周德才、燕洪和钟佳敏（2017）根据 1999 年 1 月至 2015 年 9 月的季、月混频样本数据，选择货币供应量、利率、人民币汇率、股票价格、房地产价格作为金融状况指数的构成变量，使用 MF-VAR 模型测度权重，构建中国混频金融状况指数。研究结果表明该 FCI 无论与经济增长的相关性，还是二者之间的因果关系都比同频 FCI 要好，说明混频 FCI 更适合中国。

周德才、邓妹妹和左玥（2018）将 2002 年第 1 季度至 2015 年第 4 季度的 GDP 当季同比实际增速季度数据和 2002 年 1 月至 2015 年 12 月的货币供应量、短期利率、股价、房价、汇率、社会融资规模金融状况指标月度数据组成了一个混频样本数据，通过构建 MF-MS-VAR 模型计算系数权重，构建中国非对称混频金融状况指数（MSMFFCI），并与同频金融状况指数（SFFCI）进行了比较。研究表明：混频金融状况指数对 GDP 的预测效果要优于同频 FCI，混频 FCI 领先 GDP 1～2 个季度，与 GDP 有较高的相关性，能够较好地预测经济增长。

周德才、童飞杰和胡琛宇（2018）选择 1996 年 1 月至 2017 年 6 月由 GDP 和 CPI 同比增速两个货币政策最终目标组成的季月混频样本数据，使用 MF-DFM 模型，构建了货币政策最终目标损失函数——混频损失函数；接着从 1996 年 1 月 1 日至 2017 年 6 月 30 日由 30 个金融指标组成的不平衡混频样本数据中，选取新增信贷、货币供应、房地产、利率、汇率和股价 6 个货币政策传导渠道结构公因子，基于由 6 个公因子和 1 个混频损失函数组成的月、日混频样本数据，使用拓展得到的 MF-SFAVAR 模型，构建中国实时金融状况指数（RTFCI），同时与延时金融状况指数（DTFCI）进行了比较分析。实证分析结果表明混频损失函数能很好地刻画货币政策双重最终目标的共同成分，与 DFFCI 相比，RTFCI 是通货膨胀和 GDP 更优的先行、相关性、因果性和预测指标。因此，建议中国政府部门实时构建和发布金融状况指数。

刘金全和张龙（2019）基于 TVP-FAVAR 模型，根据 19996 年 1 月至 2017 年 9 月的金融变量数据，以利率、汇率、股价等为变量，利用混频 VAR 和同频 VAR 模型，比较分析了混频和同频金融状况指数的经济增长预测效果与冲击效应。结果表明：混频金融状况指数的经济增长预测效应与拟合效果更好。

2.2　金融状况指数应用研究文献综述

自从 Goodhart 和 Hofmann（2001）首次提出并编制了 G7 的金融状况指数，以及王玉宝（2003）首次引入并构建中国金融状况指数之后，国内外学者在构建的金融状况指数基础上，开展了大量的金融状况指数的应用研究工作。综观国内外研究者对金融状况指数的应用研究可以发现，早期金融机构和政府部门主要将金融状况指数用于货币政策松紧状况监测，后来随着金融市场多层次和衍生化发展，金融状况指数被进一步应用到其他方面。监测应用是金融状况指数的最初和最基本的功能，几乎所有研究金融状况指数的文献都进行了描述性统计分析。考虑到这个应用比较简单直白，本书在后面就没有进行文献综述。因此，我们可以将其主要的应用领域大致归纳为分析金融状况变化特征、构建货币政策反应函数、预测宏观经济形势和分析货币政策的宏观经济效应四个方面，后面的文献综述也围绕着这四个方面展开。

2.2.1 金融状况变化特征研究

基于构建的各类金融状况指数，一些学者使用马尔科夫区制转换（MS）模型、平滑转换向量自回归（STVAR）模型、状态空间模型等分析了金融状况指数变化特征，发现其具有非对称性、周期性等变化特征。

（1）金融状况指数的非对称特征研究

刘妍琼和许涤龙（2014）基于运用 VAR 模型构建的中国同频静态 FCI，运用两机制的 MS-VAR 模型对其进行时间演化特征分析。结果表明：中国金融状况指数具有非线性、周期性和两阶段动态变化特征，且在扩张阶段和紧缩阶段表现出相互变迁的结构性突变。同时，中国金融状况指数在各区制内的平滑概率值较大，均接近 1，说明各区制具有一定的持续性。

易晓溦、陈守东和刘洋（2014）从基于贝叶斯 DFM 模型的中国金融状况指数出发，利用分层狄利克雷混合过程的 MS-IHMM-HDPM 模型（无限状态隐含马尔科夫区制转换模型），研究分析了 FCI 的区制效应。结果表明：FCI 在宏观经济运行的不同阶段均表现出明显的平稳性和稳定性特征，故总体上中国货币市场不存在很严重的系统性风险，金融状况的稳定性在宏观经济运行的不同阶段存在显著差异。

李正辉和郑玉航（2015）采用三机制的 MS-VAR 模型，研究中国金融状况指数的动态变化特征，结果表明：中国金融状况具有敏感的区制转换特征以及明显的非对称性特征。

邓创、滕立威和徐曼（2016）在构建的中国时变金融状况指数（CDFCI）基础上，考察了中国金融状况的波动特征，结果表明中国金融状况的波动具有明显的周期性规律和缓慢扩张、快速收缩的非对称性特征。

宋国军（2016）在采用主成分分析法构建的中国金融状况指数基础上，运用 MS-AVR 模型来刻画 FCI 的动态演化特征，研究发现：中国 FCI 呈现非线性特征；中国 FCI 可以用两阶段 MS-VAR 模型来刻画；中国 FCI 呈现扩张阶段和收缩阶段两种状态，且指数处于扩张期的持续性强于收缩期的持续性。

（2）金融状况指数的周期性特征研究

陈守东、孙彦林和刘洋（2015）在 RTV-DFM 合成的金融状况指数的基础上，使用趋势周期分解方法揭示中国金融状况周期波动及长期趋势特征，并在此基础上进行预测。研究发现 FCI 很好地刻画了中国的金融状况，可作为金融经济变量的先行指标，中国金融周期与货币政策周期高度一致，随机性趋势与 FCI 趋势高度一致，周期性短期波动与 FCI 同步反向变化，市场情绪及投资者预期非理性掩护下的随机冲击是中国金融状况剧烈波动的原因。预测显示中国金融状况将渐进式"走出最坏，逼近光明"。

金春雨和吴安兵（2017b）在运用时变状态空间模型构建的中国动态金融状况指数基础上，对比分析各金融变量对金融整体形势的时变影响差异，识别出中国金融市场波动的周期性特征，结果显示：货币供应量对金融总体形势的影响在逐渐减弱，汇率与利率所占的权重在逐渐增加，且 1996～2016 年中国金融市场共经历四次明显的周期性波动。

沙文兵、钱圆圆和程孝强（2019）在使用 TVP-OLS 模型构建的中国时变金融状况指数（FCI）的基础上，运用马尔科夫区制转换模型识别金融周期的区制特征，研究表明：FCI 能够较好地反映中国金融市场的周期性波动，中国金融市场在适度扩张、扩张和紧缩的区制状态下周期性波动。

Wang 和 Li（2020）从基于主成分分析法构建的中国金融状况指数（FCI）出发，使用分位数回归和贝叶斯 VAR 模型来捕捉金融状况、系统性风险和实体经济的特征，结果发现 FCI 也可以用来衡量中国的系统性风险，且系统性风险的增加将在大约 2 年内显著影响 GDP 增长，这比金融状况冲击的影响更为明显和持久。

2.2.2　构建货币政策反应函数研究

基于 Taylor、CGG、McCallum 等构建经典的货币政策规则，学者们将实证构建的金融状况指数纳入这些货币政策规则中，构建了各类货币政策反应函数，进而实证比较了这些货币政策反应函数相对经典货币政策规则的优劣势。

（1）将金融状况指数纳入 Taylor 规则的货币政策反应函数构建研究

Montagnoli 和 Napolitano（2005）在传统的后顾型泰勒规则方程中，引入金融状况指数，使用 GMM 方法进行估计，实证结果表明：金融状况指数对美联储、英格兰银行和加拿大银行的利率设定具有显著的正向影响。这为将 FCI 作为一个重要的短期指标来指导这些国家制定货币政策提供了有利的证据。

封北麟和王贵民（2006）将新构建的中国金融状况指数作为目标和信息变量纳入泰勒规则，使用 GMM 方法进行估计，实证检验了中国货币政策的反应函数。估计结果表明：第一，同期的 FCI 与短期名义利率具有显著的统计正相关性，说明中央银行在设定利率时隐含地考虑了金融市场和资产价格因素；第二，名义短期利率对通货膨胀的反应也不足，实际利率与通货膨胀率反向变化，进一步刺激了物价水平的波动；第三，名义利率的调节幅度远远低于产出缺口的变化幅度，调节幅度不足，利率政策不稳定；第四，中国的利率政策存在显著的平滑行为。

鲁旭（2009）在泰勒规则的基础上，将进行实证测度得到的金融状况指数纳入"前瞻性"的货币政策反应函数之中，运用 GMM 估计发现：第一，中央银行的利率政策对金融形势过于宽松的状况十分敏感；第二，短期利率与通货膨胀率正相关、短期利率与产出缺口增加正相关；第三，中国利率政策在实行过程中存在显著的平滑行为，利率平滑操作机制逐渐进入央行视野；第四，结合实证的结论，分析中国货币政策操作框架的不足，提出了一个以 FCI 为参考指标的货币政策操作新框架。

关大宇（2010）将金融状况指数作为工具变量引入传统的 Taylor 规则模型中，使用 GMM 方法进行实证分析，结果发现基于金融状况指数的 Taylor 规则恰好描述了中国人民银行现行利率政策的实践，央行反应函数也带有较强的平滑性特点，但名义利率目标对产出的反应缓慢，对通货膨胀的反应不足，导致实际利率出现顺经济周期变化的行为，不利于价格水平的稳定，而缓解利率调控带来的不稳定性则有赖于财政政策的密切配合。

熊洁敏（2010）对资产价格变量进行线性组合和适当调整，并构建了动态金融状况指数，在 IS-Phillips 模型的基础上，求解了央行关于通货膨胀波动和产出波动损失函数最小化问题，推导出考虑金融状况指数的最优利率反应函数，即拓展的泰勒规则，使用 GMM 方法和 STAR 模型估计其线性和非线性的泰勒规则。研究结果表明，中国动态金融状况指数较为准确地刻画了货币政策和金融形势的变化，包含了未来产出和通货膨胀的相关信息，可以成为中国制定货币政策的有效指示器之一。

肖祖星（2010）把包含资产价格的金融状况指数纳入泰勒规则中检验中国货币政策与资产价格的变动关系，使用 GMM 方法估计了该规则模型，并得到以下结论：利率与通货膨胀率、金融状况指数统计显著正相关，说明中央银行在设定利率时隐含地考虑了金融市场和资产价格因素，金融状况指数变化 1 个百分点将引起利率相应变化 0.129%，将金融状况指数纳入货币政策规则对货币政策制定者来说具有一定的参照意义，将资产价格纳入货币政策调控目标具有可行性和有效性。

肖奎喜和徐世长（2011）使用金融深化率、外汇储备的环比增量等结构性金融指标，构建了含有金融结构信息的金融状况指数，在这个基础上，将该指数引入经典泰勒规则，构建了广义泰勒规则函数，然后根据中国经验数据新构建了中国货币政策反应函数，实证研究发现该函数基本上反映了中央银行货币政策的传导目标，更好地拟合了中国货币政策变动带来的影响。

卞志村、孙慧智和曹媛媛（2012）将 FCI 作为整体金融形势宽松程度指标纳入货币政策反应函数的实证研究发现，尽管包含 FCI 的泰勒规则缺乏一定的内在稳定性，但是与包含 FCI 的麦克勒姆规则相比，泰勒规则下的政策工具对 FCI 偏离变量的反应表现出逆周期行为，并且其模型拟合效果良好。

高洁超和孟士清（2014）、孟士清（2013）将 FCI 引入泰勒规则，考察了 FCI 在中国货币政策中的应用情况，通过实证分析发现以下内容。第一，在对线性泰勒规则进行矩估计时，将 FCI 加入工具变量集合可以显著提高泰勒规则的拟合效果；第二，将 FCI 直接加入利率反应函数的实证研究表明短期利率对 FCI 的反应系数为正，利率调整有助于稳定金融市场，将 FCI 加入泰勒规则具有可行性；第三，通过构建基于 LSTR2 模型的中国非线性泰勒规则，实证分析发现央行有一个通货膨胀反应区间：在区间内，以线性操作为主；当通货膨胀超过目标区间，央行政策行为具有较为明显的非线性特征。总体来看，非线性泰勒规则不仅可以刻画大部分时间里央行政策的线性调整，而且能够捕捉到央行的时变行为，且拟合优度超过 0.9，因此更加符合现实情况。

李祥发、冯宗宪和薛伟贤（2016）将新构建的中国动态金融状况指数（DFCI）纳入非线性的"泰勒规则"，并检验中国利率调整规则，实证结果显示，实际利率对 CPI 缺口的变动存在显著的非线性调整，且实际利率缺口对通货膨胀缺口变动的敏感程度依赖于金融市场的景气程度。即货币政策当局会通过判断金融状况，以及滞后通货膨胀缺口的变动，对当期的利率做出非线性调整，泰勒规则下的货币政策对 FCI 的反应表现出逆周期性，但实际利率缺口对产出缺口的变动反应不足。构建的非线性泰勒规则能够较好地拟合中国实际利率缺口的变动轨迹，这说明随着中国利率市场化的逐步推进，政策利率在一定程度上遵循了规则的调控方式，且对金融状况的变动做出了调整。

Adrian 和 Duarte（2017）以引入金融脆弱性特征的新凯恩斯主义模型为基础，将金融状况指数作为金融脆弱性的代理变量，引入经典泰勒规则，得到最优泰勒规则，通过实证分析发现：第一，除了产出、通货膨胀和实际利率之外，最优货币政策规则始终取决于金融脆弱性；第二，相对于最优泰勒规则，经典泰勒规则加剧了 GDP 增长的下行风险，从而产生了与 GDP 增长负偏态相关的福利损失。

赵瑞（2017）选择 2001 年 1 月至 2016 年 6 月的利率、汇率、股价、房价以及大宗商品价格 5 个月度金融变量，使用 MI-TVP-SV-VAR 模型，构建中国 FDFCI，并将 FDFCI 作为信息变量分别纳入线性和非线性泰勒规则中展开分析。实证结果有以下几点。第一，无论基于 GMM 方法还是 STR 模型，关注金融状况指数都可以不同程度地提高泰勒规则的拟合程度，并且在两种方法下，关注金融状况指数的泰勒规则均表现出较好的稳定性。这表明关注 FDFCI 的泰勒规则在中国具有适用性。第二，泰勒规则在中国呈现非线性特征。无论是否将 FDFCI 纳入泰勒规则函数表达式，STR 模型均通过了非线性检验，并且拟合度比线性模型要好。

钟雄（2014）基于构建的月度中幅、月度窄幅、季度宽幅、季度中幅和季度窄幅 5 种中国金融状况指数（FCI），实证比较纳入和未纳入 FCI 的泰勒规则的优劣势，发现前者优于后者，并且利率政策效果显著，FCI 反应较灵敏。

（2）将金融状况指数纳入 McCallum 规则的货币政策反应函数构建研究

王彬（2009）考虑到中央银行需要对通货膨胀进行控制，故在 McCallum 规则模型中加入通货膨胀的因素。以 FCI 为代理变量的资产价格包括了对预测通货膨胀率有用的信息，因此将 FCI 纳入货币政策反应函数中是可行的。使用 GMM 方法估计了引入了 FCI 的 McCallum 规则模型，结果表明中央银行货币政策总体上是遵循 McCallum 规则的，中央银行货币政策调整目标仍然是实现经济增长和防止通货膨胀，但其货币政策实施的力度仍显不足，表明仅靠货币政策调节经济作用有限。

关大宇（2010）将 FCI 作为工具变量引入传统的 McCallum 规则模型中，使用 GMM 方法进行实证分析，结果发现基于金融状况指数的 McCallum 规则与中国货币政策实践并不是很相符，拟合程度不高，况且基础货币对通货膨胀还出现了顺经济周期变化的反应，这会放大经济的波动。

（3）将金融状况指数纳入 CGG 规则的货币政策反应函数构建研究

王宏涛和张鸿（2011）对 CGG 规则进行了修正，加入了代表资产价格信息变量的 FCI，同时观察 FCI 对货币政策的影响，使用 GMM 方法估计该货币政策模型。实证结果表明：同期的 FCI 与短期名义利率并不具有显著的统计正相关关系，这表明中国中央银行在设定利率时隐含地不考虑资产价格波动因素，但货币政策对通货膨胀和产出缺口均有一定的反应；央行是否干预资产价格取决于这种价格波动是否威胁到金融体系和经济体系的稳定，这为研究中国货币政策与资本市场的关系，特别是货币政策在防止资产价格过度波动方面有一定的理论启示和参考价值。

2.2.3 预测宏观经济形势研究

一般来说，国内外学者为了检验新构建的金融状况指数对宏观经济形势的预测效果，普遍使用 Gauthier 等（2004）提出的循环式预测方法，应用金融状况指数对宏观经济变量进行样本内预测，预测效果较好。鉴于在样本内预测中拟合得很好的通货膨胀预测变量不会保证在样本外预测中有同样上佳的表现，为此一些学者应用金融状况指数，使用 AR 模型、RW 模型、VAR 模型等模型对宏观经济变量进行样本外预测，预测效果表现不一。目前来看，国内外学者应用 FCI 进行预测的对象主要包括通货膨胀和经济增长。

（1）预测通货膨胀研究

Goodhart 和 Hofmann（2001）首次提出应用 FCI 对通货膨胀进行样本内外预测。首先，根据 VAR 模型，应用 FCI 对 G7 国家的通货膨胀进行了样本内预测，预测效果较好；其次，把 FCI 的当期值和滞后值纳入

AR 模型和 RW 模型两种预测模型，对 G7 国家进行了样本外预测，发现预测结果优于 VAR 模型，而且引入 FCI 的 RW 模型相对更优一些，改善了 5 个国家通货膨胀的样本外预测结果。

关大宇（2010）将 FCI 作为预测变量纳入预测模型，使用计量模型对通货膨胀进行了样本内外预测，并比较各种模型的预测效果。在进行样本内预测时，发现使用 VAR 模型的预测效果优于使用循环方程的预测效果；在进行样本外预测时，引入"适应性预期"的假定，将 RW 模型和 VAR 模型相结合，改进了之前学者的预测方法，对通货膨胀具有相对较好的样本外预测效果。

牟晓云、石柱鲜和石林松（2011）构建了多元回归预测模型，对通货膨胀缺口进行样本外预测，预测结果表明效果较好。

马东平（2011）使用循环方程式，应用新构建的中国 FCI 数，对通货膨胀进行样本内预测，预测结果表明在短期内 FCI 对通货膨胀样本内预测效果较好，可以将其作为货币政策操作的指示器或者参考指标。

袁靖和薛伟（2011）使用 Bernanke（1990）提出的边际预测能力方法，应用构建的中国金融状况指数，对通货膨胀进行样本外预测，结果发现预测效果良好。

刁节文、章虎和李木子（2011）根据构建的 FCI，分别用有无通货膨胀滞后期的估计方程对 CPI 进行预测，结果发现滞后 1 期和 2 期的 FCI 对 CPI 有显著的解释能力。若用滞后 1 期的 CPI 和 FCI 建立模型，则其预测能力更强，说明 FCI 对 CPI 有很好的短期预测作用。

王维国、王霄凌和关大宇（2011）基于联立方程模型构建了中国 FCI，接着根据"适应性预期"的假定，将 RW 模型和 VAR 模型相结合对通货膨胀进行样本外预测，结果表明 FCI 的当期值对通货膨胀的拟合优度较高，样本外预测效果较好。由此可认定以 RW 理论为基准，用 FCI 当期值和通货膨胀差分建立 VAR 模型预测通货膨胀会取得较好的效果。

Wang 等（2012）基于 SVR 模型测度中国 FCI，并基于 FCI 预测了 CPI，结果发现：与利用传统方法构建的 FCI 相比，基于 SVR 模型的 FCI 能够对 CPI 进行更准确的预测，因此基于 SVR 模型构建的 FCI 是合适的。

封思贤等（2012）在构建的中国 FCI 的基础上，参考 Gauthier 等（2004）的做法，采用循环式方程对通货膨胀率进行了预测，实证结果一致表明：FCI 是中国通货膨胀的先行指标，它能有效预测未来 6 个月内的通货膨胀运行趋势。

Chow（2013）使用纳入金融状况指数的 ARX 模型，应用新构建的新加坡金融状况指数（SFCI），对其通货膨胀进行了样本内外预测，结果发现 SFCI 对居民消费价格上涨具有良好的样本领先性；与基准模型相比，SFCI 对 1 年期内的 CPI 预测有明显改善。

文青（2013）借鉴 English 等（2005）构建纳入 FCI 的总需求预测方程，新构建了 FCI 对中国 GDP 进行预测，实证结果表明 FCI 无论在样本内还是在样本外都对 GDP 具有良好的预测能力。

余辉和余剑（2013）基于新构建的时变 FCI，参考 Gauthier 等（2004）的做法，采用循环式方程对通货膨胀率进行了预测，结果发现领先 3 期以内的 FCI 对所有方程的系数均有显著影响，且显著性水平具有领先期越小则越高的特性，说明更近的指数有更大的影响，其反映出可以对通货膨胀指数进行短期预测，时间越短，预测能力越强。

王德（2014）应用构建的 FCI，参考 Gauthier 等（2004）的做法，采用循环式方程对通货膨胀和经济增长进行了预测，结果发现 FCI 能够解释 40% 以上的 CPI 波动，但只能解释 16% 以上的 GDP 波动，因此 FCI 对 CPI 预测能力较强。

封艳红（2014）参照 Gauthier 等（2004）的方法，采用循环式方程，应用多种权重方法构建多种 FCI 对通货膨胀进行预测，实证检验结果表明，应用简化模型和主成分分析法得到的 FCI 是通货膨胀的短期预测指标，而应用因子分析法和卡尔曼滤波法得到的 FCI 是通货膨胀的中长期预测指标。

姜斌宇（2014）采用 Bernanke（1990）构建的预测方程，检验了 FCI 对中国宏观经济的预测能力，结果发现 FCI 对未来通货膨胀率与经济增长走势有一定的预测能力，并且提前 1 期的 FCI 预测效果较好。

朱婷婷（2014）采用 Gauthier 等（2004）提出的循环式方程，应用构建的中国 FCI 对通货膨胀进行预测，结果发现 FCI 在当期和滞后 1~12 个月对通货膨胀率的影响是显著的，且滞后 6 个月的显著性水平最高，50.30% 的通货膨胀率波动可由滞后 6 个月的 FCI 解释。

丁丽（2015）采用引入 FCI 的 AR 模型对中国通货膨胀指标（CPI、PPI）进行样本内外预测。在进行样本内预测时，加入 FCI 的 AR 模型有利于预测通货膨胀，且动态 FCI 对通货膨胀的预测效果优于静态 FCI；在进行样本外预测时，加入 FCI 的 AR 模型也有利于预测通货膨胀，但动态 FCI 和静态 FCI 对通货膨胀预测的效果存在不一致性。

栾惠德和侯晓霞（2015）从新构建的中国实时金融状况指数出发，将其纳入 AR 模型，对通货膨胀进行样本外预测，结果表明构建的 FCI 比 CPI 同比领先 7 个月，能够比利用单个构成变量提供更多的价格信息，对通货膨胀的预测效果优于其他构成变量。

周德才、冯婷和邓姝姝（2015）应用新构建的中国灵活动态金融状况指数（FDFCI），使用 Gauthier 等（2004）提出的循环式方程对通货膨胀进行了样本内预测，结果发现 FDFCI 能够很好地预测通货膨胀。

屈军和朱国华（2016）应用新构建的中国灵活动态金融状况指数（DFCI），使用 Gauthier 等（2004）提出的循环式方程对通货膨胀进行了样本内预测，结果发现 DFCI 对于预测和解释未来通货膨胀运行趋势有很好的效果，其中提前 5~6 期的 DFCI 对通货膨胀的预测能力最好。

李欢（2016）使用循环式方程、AR 模型等方法，采用新构建的混频金融状况指数对中国通货膨胀进行预测，预测效果较好，并且优于同频金融状况指数。

陈磊、咸金坤和隋占林（2017）应用构建的新型金融状况指数（FCI），使用 Gauthier 等（2004）提出的循环式方程对通货膨胀进行了样本内预测，结果发现 FCI 在先行 2 个月和 3 个月时对通货膨胀的预测能力最强，其对通货膨胀的解释力度均超过 71%，说明 FCI 能够较好地预测通货膨胀的未来走势，可作为通货膨胀的先行指标以及制定宏观经济政策的参考指标。

刘元春和李楠（2018）应用构建的时变金融状况指数（FCI），使用 Gauthier 等（2004）提出的循环式方程对通货膨胀进行了样本内预测，结果发现 FCI 提前 11 个月的预测能力最强，能解释通货膨胀率变动的 48%，这说明 FCI 先行于通货膨胀率约 11 个月，对通货膨胀率的预测能力很强。

孙玉洁（2018）基于新构建的中国金融状况指数（FCI），应用 Gauthier 等（2004）提出的循环式方程对通货膨胀（CPI）进行了样本内预测，结果发现提前 0～5 期的 FCI 对 CPI 的预测拟合优度较高，其中提前 3 期的效果最好，说明 FCI 对 CPI 具有较好的预测能力。

Wang 等（2018）从新构建的中国动态金融状况指数（DFCI）出发，应用 Gauthier 等（2004）提出的循环式方程对通货膨胀（CPI）进行了样本内预测，实证结果表明 DFCI 对通货膨胀具有良好的预测效果。

周德才、童飞杰和胡琛宇（2018）从新构建的中国实时金融状况指数（RTFCI）出发，采用 Gauthier 等（2004）提出的循环式方程对通货膨胀（CPI）进行了样本内预测，结果发现提前 0～6 期的 RTFCI 对 CPI 的预测系数显著且拟合优度较高，其中提前 3 期效果最好，并优于同频 FCI，说明 RTFCI 对 CPI 具有较好的预测能力。

Li 和 Liu（2019）基于新构建的中国时变金融状况指数，采用 Gauthier 等（2004）提出的循环式方程对通货膨胀（CPI）进行了样本内预测，并与使用 VAR 模型的固定权重 FCI 进行比较，结果发现提前 0～12 期的 DFCI 对 CPI 的预测系数显著且拟合优度较高，其中提前 11 期效果最好，并优于同频 FCI，说明 DFCI 对 CPI 具有较好的预测能力。

（2）预测经济增长研究

Gauthier 等（2004）首先提出了后来被广泛使用的预测循环方程式，接着纳入用多种方法构建的加拿大金融状况指数（FCIs），对经济增长（GDP）进行了样本内外预测，结果发现 FCI 是预测 GDP 而非通货膨胀的指标。

王慧敏（2005）应用新构建的中国静态和动态金融状况指数，对经济增长进行了样本内循环预测，预测研究发现由 IS 曲线模型回归得到的金融状况指数适合对经济增长进行长期预测，而由 IS 曲线模型计算的动态金融状况指数则适合对经济增长短期变化进行预测；而由 PC 曲线模型等其他模型估计得到的静态和动态金融状况指数则适合作为经济增长的短期预测。

戴国强和张建华（2009）使用 Gauthier 等（2004）的循环式方程方法，检验了金融状况指数对通货膨胀的样本内预测能力，实证分析发现利用 FCI 可以对通货膨胀进行短期预测，其可以作为一个货币政策操作的指示器。

Hatzius 等（2010）采用 Bernanke（1990）提出的自回归边际预测模型，使用新构建的广义金融状况指数（BFCI）对美国宏观经济活动进行预测检验，结果发现 BFCI 对产出和通货膨胀的预测能力优于单个指标，并且消除宏观经济影响的 BFCI 和包含大量变量的 BFCI 相比表现更好。

牟晓云、石柱鲜和石林松（2011）构建了多元回归预测模型，对 GDP 缺口进行样本外预测，预测结果表明效果较好。

Ørbeck 等（2011）应用构建的挪威静态和滞后 1 期的 FCI 对产出进行了预测，发现静态 FCI 在 RMSE 标准下是 GDP 较好的预测指标，在 MAPE 标准下滞后 1 期的 FCI 是 GDP 更好的预测指标，建议预测 GDP 优先考虑静态 FCI。

陆军、刘威和李伊珍（2011）从构建的动态金融状况指数出发，将该指数引入 AR 模型对产出和通货膨胀进行预测，结果显示动态金融状况指数对未来产出和通货膨胀水平都具有较好的预测能力，相对而言，动态指数对通货膨胀的预测效果优于对产出缺口的预测。

Osorio（2011）基于 Bernanke（1990）提出的边际预测模型，应用构建的新型 FCI 对亚洲国家和地区的 GDP 进行样本内外预测。在样本内预测中，新型 FCI 在 2 个预测期内对 GDP 进行预测时，其系数通过了显著性检验（即 T 检验和 F 检验），且调整的拟合优度 R^2 在大多数情况下高于 0.7，说明新型 FCI 是 GDP 的良好预测指标和先行指标；在样本外预测中，发现基于 VAR 模型构建的 FCI 和基于 DFM 构建的 FCI 对 GDP 的预测能力有良好的表现，但都劣于基于二者的平均值构建的新型 FCI。

Vonen（2011）从构建的挪威金融状况指数（FCI）出发，使用纳入 FCI 的 ARX 模型对 GDP 进行预测，结果发现以第一主成分构建的 FCI 对 GDP 在样本内外都有显著的预测水平，且领先 GDP 1~2 个季度。

Gumata 等（2012）使用引入金融状况指数的 ARX 模型，应用新构建的基于 Kalman 滤波和 PCA 的两个国际型南非 FCI 对其 GDP 进行预测，结果表明两个 FCI 的预测系数都通过显著性检验，显著异于零；相比较而言，基于 Kalman 滤波的 FCI 略差于基于 PCA 的 FCI。因此，FCI 可以作为南非通货膨胀和产出的良好预测指标。

费兆奇、殷剑峰和刘康（2013）首先构建了基于 IS-PC 联立结构模型的我国两个金融状况指数（FCI1 和 FCI2），接着使用 Gauthier 等（2004）的循环式方程方法，评价了金融状况指数对产出和通货膨胀的预测能力，并与狭义货币供应量（M1）进行比较，实证比较结果表明 FCI 对于 GDP 和 CPI 的预测能力优于 M1。

封艳红（2014）参照 Gauthier 等（2004）的方法，采用循环式方程，应用多种权重方法构建了多种金融状况指数对经济增长进行预测，实证检验结果表明 FCI 适合对经济增长的短期变化进行预测。

Kabundi 和 Mbelu（2017）应用新构建的南非动态金融状况指数（SDFCI）对经济增长率和通货膨胀率进行样本外预测，结果表明 SDFCI 能够有效地预测南非经济增长率和通货膨胀，且 TVP-FAVAR 模型优于 FAVAR 模型和传统的 VAR 模型。

周德才、燕洪和钟佳敏（2017）使用 Gauthier 等（2004）的循环式方程方法，检验了混频金融状况指数对经济增长的样本内预测能力，实证分析发现利用 FCI 可以对 GDP 进行短期预测，并且优于同频金融状况指数。

周德才、邓姝姝和左玥（2018）使用 Gauthier 等（2004）的循环式方程方法，检验了新构建的混频非对称金融状况指数（MSMFFCI）

对经济增长的样本内预测能力，实证分析表明提前 1~3 期的 MSMFFCI 对 GDP 的影响系数都在 1% 的显著性水平上显著，其中提前 2 期的拟合优度最高，为 22.44%，说明 MSMFFCI 对 GDP 有较好的预测能力，可用于对其短期预测，并且优于同频金融状况指数。

孙玉洁（2018）基于新构建的中国金融状况指数，应用 Gauthier 等（2004）提出的循环式方程对经济增长进行了样本内预测，结果发现提前 0~4 期的 FCI 对 GDP 的预测拟合优度较高，其中提前 0 期效果最好，说明 FCI 对 GDP 具有较好的预测能力。

周德才、童飞杰和胡琛宇（2018）从新构建的中国实时金融状况指数（RTFCI）出发，应用 Gauthier 等（2004）提出的循环式方程对经济增长进行了样本内预测，结果发现提前 0~4 期的 RTFCI 对 GDP 的预测系数显著且拟合优度较高，其中提前 0 期效果最好，并优于同频 FCI，说明 RTFCI 对 GDP 具有较好的预测能力。

（3）预测其他经济指标研究

English 等（2005）首先构建了纳入 FCI 的总需求和总供给预测方程，然后使用金融因子对产出、投资、通货膨胀进行预测，并与标准的金融预测变量的预测效果进行对比，结果发现 FCI 对较长时期内（2 年内）的产出和投资具有较强的独立预测能力，但相对而言 FCI 在预测 CPI 方面的作用要差得多，这表明金融发展主要对经济增长产生影响，而对 CPI 的影响主要是通过经济增长间接产生的。

王雪峰（2010）应用新构建的金融稳定状况指数（FSCI）对样本外金融机构人民币贷存比、主要商业银行不良贷款率和 CPI 进行了预测，结果发现加入 FSCI 的 AR 模型和 RW 模型的预测精度都高于不加入的，说明 FSCI 指数包含未来有关金融稳定状况和宏观经济态势的有效信息，有助于对未来金融稳定状况和宏观经济运行进行预测。

牟晓云、石柱鲜和石林松（2011）构建了多元回归预测模型，也对投资缺口进行了样本外预测，预测结果表明效果较好。

Korobilis（2013）从纳入金融状况指数的 ARX 模型出发，应用新构建的 4 个美国金融状况指数（UFCI），检验其对工业增长率的预测能力，实证发现这 4 个 UFCI 都比国际金融机构和组织发布的 FCI 和 AR 这个基准模型有更强的预测能力，其中表现最好的两个 FCI 分别是基于 BMA 模型的 UFCI 和基于结构断点的 UFCI，可以把 UFCI 当作美国产出的一个较好的预测指标。

Aramonte 等（2013）选择了国际金融机构和金融组织构建的 12 个金融状况指数和金融压力指数，检验提前 1 个月和 1 个季度的指数对包括 CPI、工业增长率、制造业、房地产业在内的宏观经济的预测能力，结果发现其具有良好的预测效果，并优于单个指标。

Lee 等（2014）从纳入金融状况指数的 ARX 预测模型出发，应用新构建的韩国 FCI（KFCI），结果发现以 KFCI 为解释变量的模型对宏观经济变量的预测能力远优于 AR 模型和以个别金融变量为解释变量的模型。据此判断，KFCI 可用于判断金融形势和预测实体经济，其作为货币政策执行的信息指标具有重要的实用价值。

Koop 和 Korobilis（2013）构建了 ARX、VAR、TVP-VAR、TVP-FAVAR 等多种宏观经济模型，应用构建的新动态金融状况指数，对美国经济增长、就业、通货膨胀等多个宏观经济变量进行预测，并比较各类预测模型的优劣势，实证结果发现 DMA 和 DMS 方法以及时变模型预测的效果较好。

Thompson 等（2015）引入 Rapach 和 Weber（2004）提出的预测模型，检验由 Thompson 等（2013）使用滚动窗口主成分分析构建的 16 变量 FCI 对制造业经济增长、通货膨胀和国库券利率的样本外预测能力，实证结果发现 FCI 在 1 月、3 月和 6 月的提前期上对制造业产出增长具有样本外预测能力，而对通货膨胀和国库券利率没有预测能力。

尚玉皇和郑挺国（2018）为进一步说明金融状况指数的预警功能，应用构建的混频金融状况指数，对经济景气一致指数进行样本外滚动预测，结果表明目标预测模型所计算的 MAE 和 RMSE 均低于基准模型的相应结果。这表明金融状况指数能够提高未来经济景气指数的预测精度，有效发挥预警功能。进一步地，相比于短期预测效果即提前 1 个月预测精度变化，金融状况指数对较长期预测精度的改进效果更加明显。

这意味着金融状况指数的长期预警效果更佳。

Balcilar 等（2018）从使用 BVAR 模型、VSTAR 模型、NP 回归和 SP 回归的方法构建的金融状况指数出发，对产出增长、通货膨胀和利率的关键宏观经济变量进行了预测，并将结果与随机游走、单变量自回归和经典 VAR 模型的标准基准进行比较。结果表明，在预测产出和通货膨胀的情况下，VSTAR 模型表现最佳，而 SP 回归被证明是预测利率的最佳选择。

Wang 和 Li（2020）从基于主成分分析法构建的中国金融状况指数出发，对 GDP 增长的上行和下行风险进行预测检验，结果发现：FCI 对 GDP 增长的下行风险具有较强的预测能力，而对上行风险的预测能力则较弱；FCI 也可以用来衡量中国的系统性风险，进而预测中国的下行风险。

2.2.4　分析货币政策的宏观经济效应研究

为了评估货币政策效果，学者们实证分析了新构建的金融状况指数对宏观经济的各类效应，结果发现 FCI 可作为货币当局分析货币政策效果的新型参考指标。目前，FCI 的宏观经济效应研究主要分为水平影响效应和波动溢出效应两个方面，下面分别进行文献综述。

（1）水平影响效应研究

使用构建的计量模型，学者们主要实证研究了金融状况指数的通货膨胀效应和产出效应，进而对货币政策效果进行了评估。

周德才、谢海东和何宜庆（2014）基于构建的中国股市金融状况指数，进一步实证分析了中国股市的财富效应，发现存在显著的财富效应，并呈现非对称性特征。

朱婷婷（2014）通过构建的金融状况指数，实证分析了其对各类通货膨胀的水平影响效应，实证结果发现 FCI 对全国当期通货膨胀有显著影响，与产出缺口相比，其影响较大，但相比通货膨胀惯性，影响较小；在分析 FCI 的滞后效应时，发现滞后半年的 FCI 对通货膨胀冲击最明显，滞后 1 年的 FCI 对当期通货膨胀具有反转效应；进一步分析发现金融危机后的滞后半年的 FCI 对通货膨胀的影响比金融危机前更显著；同时还发现滞后半年的 FCI 对通货膨胀的影响具有非对称区域效应，即东部地区小于中西部地区，经济开放度高的地区小于经济开放度低的地区，金融发展水平高的地区小于金融发展水平低的地区。

肖强（2015a，2015b）使用 LSTVAR 模型，实证分析了金融状况指数对产出和价格冲击的非对称性效应，实证结果表明，金融状况良好情形下，扩张货币政策对增加产出短期有效而长期无效，而金融状况恶化情形下，扩张的货币政策不引起价格的显著上涨。

肖强和白仲林（2015）建立了包含 FCI、产出和价格的 FALSTVAR 模型（因子扩展的 Logistic 平滑转移向量自回归模型），分析了 FCI 对宏观经济变量冲击响应对金融状况变迁的依赖性。实证结果表明在金融状况较好情形下，FCI 对产出具有显著的正向冲击效应；而在金融状况恶化的情形下，FCI 对产出具有显著的负面影响。

邓创、滕立威和徐曼（2016）基于新构建的中国动态金融状况指数（CDFCI），考察了中国金融状况的宏观经济效应特征，实证结果表明金融状况变动对通货膨胀和经济波动的冲击影响具有显著的非对称性特征，金融状况好转对通货膨胀和经济波动的促进作用要比金融状况恶化对二者产生的负面影响更为显著。

杨俊仙和朱婷婷（2016）将新构建的中国金融状况指数（CFCI）纳入菲利普斯曲线模型，分析比较 CFCI 对通货膨胀的冲击效应，进一步分析了 CFCI 的区域通货膨胀效应，研究发现 CFCI 是影响通货膨胀的主导因素，且具有显著的区域通货膨胀效应，滞后 6 个月的 CFCI 对东部通货膨胀的冲击小于中部和西部区域，对经济开放度低的地区通货膨胀的冲击大于经济开放度高的地区。

金春雨和吴安兵（2017b）基于构建的中国动态金融状况指数（CDFCI），采用 TVP-FAVAR 模型，考察中国用 CDFCI 表征的金融市场波动的宏观经济效应。结果显示：金融市场波动仅存在短期的"产出效应"与"价格效应"，对私人消费在长短期内均存在"挤出效应"，而对私人投资只存在短期的"挤出效应"，对就业的影响短期内具有负向效应，长期内表现为正向刺激效应，对财政支出和国际外汇储备的冲击效应均表现为短期负向效应。

周德才等（2017）基于构建的中国 BDFFCI，使用 MS-VAR 模型分析其对通货膨胀的影响。结果表明中国 BDFFCI 对通货膨胀具有显著的非对称效应。

金春雨和吴安兵（2017a）基于新构建的 G20 国家的动态金融状况指数（CDFCI），采用 PSTR 模型，实证分析不同金融状况下货币政策对产出与通货膨胀的区域非对称效应。研究结果表明：随着金融状况指数由低区制平滑迁移至高区制，货币政策对产出与通货膨胀的反应呈现逐渐增强的正向效应，且低区制状态下新兴经济体货币政策调控效果更佳，而发达国家在高区制状态下货币政策调控效果较为明显，相比 G20 其他国家，中国货币政策调控效果较为突出。

潘海英和王静祥（2018）基于新构建的我国动态金融状况指数（CDFCI），构建门限模型实证分析 CDFCI 对我国产出的影响效应。研究表明：CDFCI 与产出增长率之间存在明显的门限效应，适度的金融扩张有助于服务实体经济，但金融虚假繁荣带来的脱实向虚将导致资源配置不合理，不利于经济的长期发展。

丁华和丁宁（2018）基于新构建的中国金融状况指数（CFCI），构建 TVP-FAVAR 模型实证分析了 CFCI 对通货膨胀的动态效应，结果发现 CFCI 对通货膨胀存在显著的动态效应，且具有非对称性特征，金融状态宽松时期对通货膨胀预期效果比趋紧状态时更稳健。

崔百胜和高崧耀（2019）基于构建的 G20 国家动态金融状况指数（DFCI），使用以 G20 国家的 DFCI 为转移变量的 PSTR 模型，研究了货币政策传导的非线性效应。研究结果表明：数量型货币政策和价格型货币政策不仅在不同金融状况下表现出非对称性，而且在不同类型国家之间表现出异质性；当金融状况低迷时，发达国家和新兴经济体数量型货币政策均对产出表现为正向冲击，且新兴经济体数量型货币政策的调控效果远高于发达国家，而价格型货币政策在发达国家表现为正向冲击，在新兴经济体表现为负向影响；当金融状况一般时，发达国家和新兴经

济体货币政策估计系数更易平滑转移，说明此时货币政策调控具有不确
定性；当金融状况良好时，发达国家数量型货币政策产生负向影响而新
兴经济体表现为正向影响，表明货币政策调控效果存在差异性。

卞志村、笪哲和刘珂（2019）选取了动态金融状况指数（DFCI）、
通货膨胀和产出缺口作为变量，构建 MS-VAR 模型来分析中国金融状况
变动的宏观经济效应，实证结果表明 DFCI 存在显著的非线性宏观经济
效应，DFCI 正向冲击在繁荣或过渡阶段将引起经济短期好转而中长期
下行，但若其发生于萧条阶段则会导致经济状况持续恶化；DFCI 存在
惯性机制，且经济运行状况较好时金融状况惯性波动更强劲，宏观经济
可能因此受到多重余震冲击。

（2）波动溢出效应研究

李成、王彬和马文涛（2010）基于构建的中国金融状况指数（CF-
CI），使用 VAR 模型和多元 GARCH-BEKK 模型实证分析 CFCI 与通货
膨胀、经济增长之间的均值和波动溢出效应。实证表明：FCI 对通货膨
胀构成单向均值溢出效应，实际经济增长对 FCI 构成单向均值溢出效
应，FCI 与通货膨胀、实际经济增长分别存在双向波动溢出效应。总体
来看，我国货币金融形势与宏观经济有着紧密而复杂的关联性。

Thompson 等（2013）基于构建的南非 FCI，构建 TVP-VAR 模型，
实证分析了南非 FCI、通货膨胀和产出之间的影响效应，实证发现 FCI
对南非的通货膨胀和产出具有溢出效应。

Singh 和 Singh（2016）实证分析了美国金融状况指数（UFCI）对
美国与金砖四国股权市场均值和波动溢出效应的影响，发现不仅美国与
巴西、俄罗斯和中国股权市场之间存在显著的波动溢出关系，而且美国
FCI 对它们之间的波动溢出关系具有显著影响，同时发现随着 FCI 的增
大，这种影响是递减的。

Sithole 等（2017）基于建立的南非及其主要贸易伙伴（中国、德
国、美国、日本、英国、荷兰、意大利、法国和比利时）的金融状况
指数，运用由金融状况指数和其他宏观经济变量组成的全球向量自回归
模型来评估国际金融冲击如何溢出到南非。研究结果表明，美国金融状

况的突然收紧对南非的实际国内生产总值（GDP）的实际增长有着显著但短暂的影响，而其他贸易伙伴的溢出效应在整个样本期内的影响似乎微不足道。

Li 和 Zhong（2019）探讨了全球经济政策不确定性（EPU）冲击对中国金融状况指数的影响，并分析了不确定性冲击的来源。溢出指数结果表明，全球 EPU 对 CFCI 的溢出效应主要集中在危机时期，而对正常时期的溢出效应大多不显著。中国自身的不确定性冲击是中国金融市场波动的主要来源，而美国 EPU 似乎是 CFCI 下跌的最重要外生原因。长期不确定性冲击的来源随着时间推移而改变。

2.3 金融状况指数理论研究文献综述

金融状况指数理论基础研究主要包括两个方面：第一，构建货币政策最终目标损失函数；第二，构建货币政策传导机制模型。

2.3.1 构建货币政策最终目标损失函数研究

学者们在构建金融状况指数之前，一般需要构建货币政策的最终目标损失函数，以对该损失函数的调控效果为权重，测算金融状况指数。绝大多数文献构建的是货币政策的单个最终目标损失函数，只有极少数文献构建了货币政策双重最终目标综合损失函数，而三重及以上损失函数的研究目前仍然空白。

（1）构建货币政策的单个最终目标损失函数研究

学者们在构建 FCI 之前一般先构建同频的货币政策的单个最终目标损失函数，主要选择通货膨胀缺口或经济增长缺口来表征该函数，且一般使用 HP 滤波方法测算货币政策最终目标的缺口值，其他如差分法、生产函数法、实际值－平均值等方法也偶有使用。

①基于 HP 滤波方法测算的单个货币政策最终目标缺口值研究。Goodhart 和 Hofmann（2001）首次使用 HP 滤波方法测算了 G7 国家的通货膨胀和产出缺口，构建了单个货币政策最终目标函数。王玉宝

（2003）首次使用 HP 滤波方法测度了中国的通货膨胀和产出缺口，构建了单个货币政策最终目标函数。类似的研究还有 Guichard，Haugh 和 Turner（2009）；English，Tsatsaronis 和 Zoli（2005）；Montagnoli 和 Napolitano（2005）；Gómez，Pabón 和 Gómez（2011）；周德才、冯婷和邓姝姝（2015）；李祥发、冯宗宪和薛伟贤（2016）；Sun 和 Huang（2016）；杨俊仙和朱婷婷（2016）；周德才、朱志亮和贾青（2018）；周德才、邓姝姝和左玥（2018）；Li 和 Liu（2019）等。

②基于其他方法测算的单个货币政策最终目标缺口值研究。Mayes 和 Virén（2001）除了借鉴 Goodhart 和 Hofmann（2001）用 HP 滤波方法测度了西欧 11 个国家和地区的产出缺口外，还使用对数差分法进行测度，结果发现二者几乎没有什么区别；王千（2012）使用季节性调整的方法测算了中国 GDP 的缺口值；付诗涵（2013）分别使用 BP、HP 滤波的方法测算了中国 GDP 的缺口值，并进行了比较；Davis，Kirby 和 Warren（2016）使用生产函数法测度了主要 OECD 国家的产出缺口值；Zhu，Kavanagh 和 Sullivan（2020）使用 GDP 减去其平均值的方法测算 GDP 的缺口值。

（2）构建货币政策的双重最终目标损失函数研究

目前学者们主要局限于货币政策的单个最终目标损失函数研究，而对双重或双重以上的货币政策最终目标损失函数的研究较少。周德才、童飞杰和胡琛宇（2018）使用 HP 滤波方法测算了中国季度 GDP 和月度 CPI 的缺口值，从这两个混频数据出发，使用 MF-DFM 模型构建了中国货币政策的双重最终目标损失函数；涂敏（2020）使用与周德才、童飞杰和胡琛宇（2018）类似的方法构建了中国货币政策的双重最终目标损失函数。

2.3.2　构建货币政策传导机制模型研究

学者们在测度金融状况指数之前，一般需要构建货币政策传导机制模型作为理论基础模型。然后，基于这些理论基础模型估计最终目标的货币政策效果，并以货币政策效果为权重测度 FCI。目前，各类文献在实证测度 FCI 时构建的货币政策传导机制理论基础大致可以分为两种：第一，不以经济理论模型为基础，构建直接刻画货币政策传导机制的计量模型，作为 FCI 的理论基础；第二，以经济理论模型为基础，构建系统刻画货币政策传导机制的计量模型，作为 FCI 的理论基础，其中经济理论模型包括投资储蓄曲线（IS）、菲利普斯曲线（PC）、总需求曲线（AD）和联立方程等。

（1）构建不以经济理论模型为基础的货币政策传导机制计量模型研究

大多数学者构建不以经济理论模型为基础直接刻画金融变量和宏观经济变量之间关系的计量模型，作为金融状况指数（FCI）的理论基础，作为货币政策传导机制模型的具体实现。Goodhart 和 Hofmann（2001）首次构建了 VAR 模型作为测度 G7 国家 FCI 的理论基础，王玉宝（2003）首次构建了 VAR 模型作为实证测度中国 FCI 的理论基础。从此之后，大量国内外学者构建了 VAR 模型、混频数据（MF）等计量模型及其拓展模型，作为 FCI 的理论基础。

①基于 VAR 模型构建的货币政策传导机制计量模型。大量学者选择 VAR 模型及其拓展模型，构建了各类 FCI 的理论基础。这些 VAR 模型包括以下几个类别。

第一，传统 VAR 模型。使用传统 VAR 模型作为 FCI 理论基础的文献非常多，无法一一列举，如 Gauthier，Graham 和 Liu（2004）；封北麟和王贵民（2006a，2006b）；戴国强和张建华（2009）；王彬（2009）；李强（2009）；李成、王彬和马文涛（2010）；巴曙松和韩明睿（2011）；封思贤等（2012）；郭晔和杨娇（2012）；徐国祥和郑雯（2013）。

第二，非线性 VAR 模型。考虑到传统 VAR 模型无法反映金融和经济之间关系的非线性结构变化，一些学者提出使用 MS-VAR 模型、门限向量自回归模型、ST-VAR 模型等非线性模型作为 FCI 的理论基础，如周德才、谢海东和何宜庆（2014）；周德才等（2017）；周德才、朱志亮和贾青（2018）；Galvão 和 Owyang（2013）；Balcilar 等（2018）。

第三，时变 VAR 模型。考虑到传统 VAR 模型无法反映金融和经济之间关系的时变结构变化，一些学者提出使用 TVP-SV-VAR 模型、MI-TVP-SV-VAR 模型及其拓展模型等时变 VAR 模型作为 FCI 的理论基础，如 Koop 和 Korobilis（2013）；邓创、滕立威和徐曼（2016）；Abbate 等（2016）；陈磊、咸金坤和隋占林（2017）；Kabundi 和 Mbelu（2017）；丁华和丁宁（2018）；崔百胜和高崧耀（2019）；Li 和 Liu（2019）；卞志村、笪哲和刘珂（2019）；刘超、马玉洁和谢启伟（2019）；Zhu，Kavanagh 和 Sullivan（2020）。

②基于混频数据模型构建的货币政策传导机制计量模型。考虑到传统同频 VAR 模型及其各种拓展模型无法反映金融和经济之间关系的混频关系，有少量学者选择混频数据模型，构建了各类混频 FCI 的理论基础，如周德才、燕洪和钟佳敏（2017）；周德才、邓姝姝和左玥（2018）；周德才、童飞杰和胡琛宇（2018）；刘金全和张龙（2019）；肖强和轩媛媛（2020）。

③基于 SVR 模型构建的货币政策传导机制计量模型。极少量学者采用支持向量回归（SVR）模型，构建了一些国家和地区 FCI 的理论基础，如 Wang 等（2012）；王烨等（2014）；Hua 等（2015）。

（2）构建以经济理论模型为基础的货币政策济传导机制计量模型研究

也有为数众多的学者构建以经济理论模型为基础的刻画金融变量和宏观经济变量之间关系的计量模型，作为金融状况指数的理论基础，及货币政策传导机制模型的具体实现。Goodhart 和 Hofmann（2001）首次引入金融资产价格的投资储蓄曲线（IS）、菲利普斯曲线（PC），并把估计这些曲线方程的回归模型作为测度 G7 国家 FCI 的经济理论基础；王玉宝（2003）首次构建了"PC 曲线 + VAR 模型"的理论分析框架，作为实证测度中国 FCI 的理论基础。从此，大量国内外学者构建了各类经济理论模型作为测度各国 FCI 的理论基础，包括投资储蓄曲线（IS）、菲利普斯曲线（PC）、总需求曲线（AD）和联立方程等。

①构建以投资储蓄曲线（IS）为基础的货币政策传导机制计量模型

研究。Goodhart 和 Hofmann（2001）通过在 IS 曲线中引入金融资产价格变量，首次构建了"IS 曲线理论模型 + MLR 计量模型"的综合理论分析框架，作为 FCI 的理论基础之一，在这个基础上一些学者做了一些国家或地区推广和金融经济变量增减的拓展研究。Mayes 和 Virén（2001）通过拓展提出了一个新的 IS 曲线，作为测度西欧国家 FCI 的经济理论基础，然后使用面板回归模型对其进行估计。陆军和梁静瑜（2007）在 Duguay 提出的后顾型 IS 曲线上引入金融资产价格，得到了一个新的后顾型 IS 曲线，并使用多元线性回归（MLR）模型估计该 IS 曲线，从而构建了中国 FCI 的理论基础。文青（2013）引入 Mayes 和 Virén 提出的 IS 曲线，并使用普通最小二乘法（OLS）估计该 IS 曲线，作为中国 FCI 的理论基础。余辉和余剑（2013）将金融变量引入 IS 方程中，构建了一个简单的后顾型 IS 方程，并使用状态空间进行估计，最终构建了中国动态 FCI 的理论基础。许涤龙和欧阳胜银（2014b）从多个传统金融经济理论模型出发，通过引入非人力财富比等金融指标，得到了新的 IS 方程，并使用 VAR 模型进行估计，构建了中国 FCI 的理论和实证分析框架。金春雨和吴安兵（2017a）通过将金融状况变量引入 IS 曲线得到新 IS 方程，然后使用 TVP-FAVAR 模型估计该方程，最终构建了中国和 G20 国家和地区的动态 FCI 的理论基础。王曦、朱立挺和王凯立（2017）在菲利普斯曲线（PC）的基础上，将金融资产价格变量引入 IS 曲线，拓展得到新 IS 方程，并使用 VAR 模型进行分析，得到中国 FCI 的理论基础模型。

②构建以菲利普斯曲线（PC）为基础的货币政策传导机制计量模型研究。Goodhart 和 Hofmann（2001）通过在 PC 曲线中引入金融资产价格变量，首次构建了"PC 曲线理论模型 + MLR 计量模型"的综合理论分析框架，作为 FCI 的理论基础之一。陆军、刘威和李伊珍（2011）构建了以新凯恩斯菲利普斯曲线为经济理论基础、以 VAR 模型为计量模型的理论分析框架，作为中国静态和动态 FCI 的理论基础。刘元春和李楠（2018）通过逐步推导获得了新的菲利普斯曲线，并使用 VAR 模型估计，从而构建了后危机时代中国 FCI 的理论分析框架。

③构建以总需求曲线（AD）为基础的货币政策传导机制计量模型研究。王玉宝（2003）首次构建了以总需求曲线（AD）为基础的MLR模型，作为测度中国FCI的理论基础；封北麟和王贵民（2006）使用基于总需求模型的VAR模型构建中国FCI的理论基础；王雪峰（2010）构建了以简化式总需求曲线为基础的状态空间模型，作为中国FCI的理论基础；肖奎喜和徐世长（2011）构建了以后顾型总需求方程（AD）为经济理论基础、以MLR模型为计量模型的理论分析框架，作为中国FCI的理论基础；刁节文和章虎（2012）为了中国动态FCI的编制，构建了以缩减式总需求方程为经济理论模型、以MLR模型为计量的理论分析框架；卞志村、孙慧智和曹媛媛（2012）构建了"缩减式总需求方程＋状态空间模型"的框架作为中国动态FCI的理论基础；郭红兵和杜金岷（2014）构建了总需求模型，并使用无约束误差修改模型（UECM）进行估计，得到了中国金融状况指数的理论基础。

④构建联立方程为基础的货币政策传导机制计量模型研究。Lack（2003）构建了基于瑞士中央银行SEM模型的宏观经济模型作为FCI的经济理论基础，并使用MLR模型估计该模型。Gauthier，Graham和Liu（2004）构建了"IS-PC模型＋VAR模型"的理论分析框架，作为实证测度西欧国家FCI的理论基础。王玉宝（2005）首次在国内构建了基于IS-PC模型的VAR模型作为FCI的理论基础。Guichard，Haugh和Turner（2009）构建了以大型宏观经济模型为经济理论基础、以VAR模型及其缩减式为计量模型的理论分析框架，作为构建主要发达国家FCI的理论基础。Beaton，Lalonde和Luu（2009）引入大型宏观经济模型（MUSE）作为测度美国FCI的理论基础，然后使用结构方程方法估计该模型。王维国、王霄凌和关大宇（2011）构建以总需求－总供给（AD-AS）联立方程为经济理论基础、以VAR模型为计量模型的综合分析框架，作为中国FCI的理论基础。费兆奇、殷剑峰和刘康（2013）构建了商品市场均衡方程（IS）－菲利普斯曲线（PC）联立方程，并使用三阶段最小二乘法对联立结构模型进行估计，得到了中国FCI的理论基础。

2.4 国内外金融状况指数文献评价

2.4.1 现有国内外金融状况指数研究的成就与不足

综上所述，金融状况指数的研究已经取得了长足的进展，研究成果十分丰富。首先，FCI 依赖的理论基础研究已经从货币政策单一最终目标损失函数推进到双重最终目标损失函数。其次，FCI 设计的体系和内容十分丰富，从传统的静态指数发展到非线性指数和时变指数，从同频指数发展到混频指数。再次，FCI 应用领域也十分广泛，从传统的货币政策和金融市场状况监测发展到现在的宏观经济预测、货币政策反应函数构建和货币政策宏观经济效应分析等领域。最后，FCI 测度的模型和方法也越来越先进和高级。从传统的 VAR 模型、DFM 模型，发展到现在的非线性 VAR 和 DFM 模型、时变 VAR 和 DFM 模型、混频 VAR 和 DFM 模型等。

显然，金融状况指数研究已经取得了十分丰富的成果，对本书研究具有重要的借鉴意义和参考价值。但通过进一步分析和梳理，笔者发现现有研究还存在以下不足。

第一，金融状况指数的损失函数只涵盖了单目标。目前国内外绝大多数研究把货币政策单一最终目标损失函数作为 FCI 的理论基础，但没有考虑中国货币政策的多目标性，因此极需要构建货币政策双重或多重最终目标损失函数作为 FCI 的理论基础。

第二，金融状况指数的构建与应用缺乏实时灵活动态性。考虑到中国将长期处于全面改革开放和转型升级所引致的金融和经济的多种实时灵活时变结构变化中，需要构建能够刻画多种实时灵活时变结构变化的FCI。首先，从体系上看，目前 FCI 已经形成了丰富的指数体系，包括时变 FCI、实时 FCI、门限 FCI 等，但还缺乏能够同时刻画金融状况的实时性和时变性特征的指数，还有待进一步研究；其次，从内容来说，目前大多 FCI 只包含了年度、季度和月度等延时数据信息内容，虽然也有极少数 FCI 包含了一些日度实时数据信息内容，但个数极少，现在是大数据时代，FCI 包含的实时数据信息还有待进一步丰富，才能满足新时代我国货币政策的要求，即实施适时适度预调微调以及结构化的货币政策。

第三，金融状况指数的测度模型和方法缺乏实时灵活动态性。目前国内外学者测度 FCI 的模型和方法一般是同频静态模型或者同频简单动态模型，这会导致以下问题：首先，人为事先同频化样本数据，导致无法估计混频样本数据，缺乏混频性；其次，人为事先设定 FCI 测度模型系数和方差协方差演进方式是连续变化的，即永远静止或永远时变，没有考虑非连续变化，导致缺乏灵活性；最后，兼顾混频性和灵活性的时变性还比较缺乏。

第四，金融状况指数的应用研究缺乏系统性。目前 FCI 的应用研究可以进一步拓展。FCI 在货币政策、宏观经济等领域的应用局限于静态或者简单动态方面，可以考虑实时变化。

2.4.2　本书对金融状况指数研究的边际贡献

为弥补上述不足，本书对金融状况指数研究做出了以下边际贡献。

第一，新构建 FCI 的货币政策双重最终目标混频损失函数。根据相关规定中国货币政策最终目标包括促进经济增长、维护物价稳定等多个目标，同时这些最终目标的统计指标频率不尽相同，因此在构建 FCI 之前本书构建了货币政策双重最终目标混频损失函数作为其理论基础模型。

第二，新构建中国实时灵活动态金融状况指数。考虑到中国货币政策最终目标的多目标性、金融数据的混频性和实时性，以及金融经济结构变化的实时时变性，构建了 FCI 的实时灵活动态加权方法，并实证编制了中国实时灵活动态金融状况指数。

第三，新构建测度 FCI 的混频灵活时变模型和方法。构建了 MF-MI-TVP-SV-SFAVAR 模型及其粒子滤波估计方法，用于测度中国实时灵活动态金融状况指数。

第四，新增加应用 FCI 的范围和领域。考虑到错综复杂的国内外最新形势，本书通过拓展构建实时灵活动态货币政策规则进行宏观经济的实时灵活动态预测以及分析货币政策实时灵活动态经济效应。

第3章
实时灵活动态金融状况指数
理论分析框架

3.1 实时灵活动态金融状况指数概念

Goodhart 和 Hofmann（2001）最早提出了金融状况指数的概念，是通过在货币状况指数中引入股价和房地产价格等金融资产价格拓展得到的。自 FCI 概念提出后，国内外学者对其进行了卓有成效的设计、测度、评价及应用研究，赋予了 FCI 更加丰富的内涵和外延。本书提出的"实时灵活动态金融状况指数"概念最早起源于 Goodhart 和 Hofmann（2001）的 FCI，是融合了栾惠德和侯晓霞（2015）提出和构建的"实时金融状况指数"，Montagnoli 和 Napolitano（2005）提出和构建的具有时变权重的"动态金融状况指数"① 和周德才、冯婷和邓姝姝（2015）提出和构建的具有灵活时变权重的"灵活动态金融状况指数"的结果。本书将参考其他学者提出的 FCI 的定义对新提出和构建的实时灵活动态金融状况指数概念进行溯源和界定。

3.1.1 金融状况指数概念

截至目前，虽然国内外研究 FCI 的文献超过 200 篇，其中不乏大量权威的中英文文献，但除了许涤龙和欧阳胜银（2014b）在论文《金融

---

① 国内，熊洁敏（2010）在博士论文《资产价格与我国广义货币政策选择》中最早提出了"动态金融状况指数"这个名词。

状况指数的理论设计及应用研究》和周德才在 2017 年出版的专著《中国灵活动态金融状况指数构建与应用研究》中对 FCI 概念进行了明确的界定外，其他学者很少就 FCI 概念进行正式定义。综观国内外学者的相关研究，我们发现学者们对 FCI 的翻译和具体看法并不统一，甚至存在较大差异。与此同时，一些学者还提出了一些新型 FCI 概念，是对传统 FCI 概念的创新和拓展。

（1）**界定 Financial Conditions Index 的翻译**

国内学者对"Financial Conditions Index"（FCI）的翻译有多种形式，比如金融状况指数、金融形势指数、金融条件指数、金融稳定状况指数等。截至目前，学者们对 FCI 的翻译还没有形成统一意见，还存在一些分歧和争议。

首先，学者们最早将 FCI 翻译为金融形势指数。王玉宝（2003）首次将 FCI 概念引进国内，翻译为金融形势指数，并使用基于总需求模型的 MLR 模型测度了中国 FCI。此后，许多学者沿用这一译法展开中国 FCI 研究，取得一些成果，主要有封北麟和王贵民（2006a），何平和吴义东（2007），李成、王彬和马文涛（2010），刁节文和章虎（2012），卞志村、孙慧智和曹媛媛（2012），巴曙松和韩明睿（2011），以及尚玉皇和郑挺国（2018）等的研究。

其次，更多学者将 FCI 翻译为金融状况指数。王玉宝（2005）首次将 FCI 翻译为金融状况指数，并使用基于菲利普斯曲线的 VAR 模型测度了中国 FCI。截至目前，国内学者对将 FCI 翻译为金融状况指数认可度最高，通过引进和创新，产生了较多的研究成果，代表性成果主要包括：封北麟和王贵民（2006b），陆军和梁静瑜（2007），李建军（2008a，2008b），戴国强和张建华（2009），李强（2009），肖奎喜和徐世长（2011），封思贤、蒋伏心、谢启超、张文正（2012），陆军、刘威和李伊珍（2011），封思贤、谢启超和张文正（2012），郭晔和杨娇（2012），文青（2013），余辉和余剑（2013），徐国祥和郑雯（2013），王烨等（2014），许涤龙和欧阳胜银（2014b），栾惠德和侯晓霞（2015），周德才、冯婷和邓姝姝（2015），肖强和司颖华（2015），邓创、滕立威和徐曼（2016），金春雨和吴安兵（2017a），周德才、邓姝姝和左玥（2018），周德才、朱志亮和贾青（2018），周德才、童飞杰和胡琛宇（2018），以及刘超、马玉洁和谢启伟（2019）等的研究。

再次，也有一些学者将 FCI 翻译为金融条件指数。王慧敏（2005）首次将 FCI 翻译为金融条件指数，并分别使用 OLS、VAR 模型和因子分析法三种方法构建了中国 FCI。虽然后来沿用这种翻译的文献不多，但也产生了一些成果，代表性成果主要包括：王维国、王霄凌和关大宇（2011），饶勋乾（2014），林睿和董纪昌（2015），高洁超和孟士清（2014），金春雨和吴安兵（2017b），刘元春和李楠（2018），以及崔百胜和高崧耀（2019）等的研究。

最后，也有学者将 FCI 翻译为金融稳定状况指数。王雪峰（2009）首次将 FCI 翻译为金融稳定状况指数，使用状态空间模型构建了中国 FCI。虽然后来沿用这种翻译的文献较少，但也产生了一定的成果，主要有郭红兵和杜金岷（2014）以及王晓博、徐晨豪和辛飞飞（2016）等的研究。

总之，虽然国内学者最早将 FCI 翻译为金融形势指数，后来又产生了金融状况指数、金融条件指数、金融稳定状况指数等多种翻译形式，但随着 FCI 研究的逐渐深入，金融状况指数的认可度越来越高，研究成果也最多，占到了 60% 以上。同时，考虑到国家社会科学基金和国家自然科学基金多个已经立项的项目都将 FCI 翻译为金融状况指数，因此本书也运用金融状况指数这一译法。

（2）界定金融状况指数内涵

虽然王维国、王霄凌和关大宇（2011）从功能角度对 FCI 提出了定义，即"综合反映货币政策执行情况或实施效果的统计指数"，但不同的学者对金融状况指数的功能定位存在明显差异。

综观国内外文献关于 FCI 的内涵界定，从功能角度来看，本书概括为"六器"。第一，FCI 是货币政策的指示器。FCI 能够反映货币政策的松紧状况，其上升和下降分别表示松和紧两种货币政策状况。第二，FCI 是金融市场周期的指示器。FCI 能够反映金融市场的周期波动状况，其上升和下降分别表示复苏和衰退的金融市场周期状况。第三，FCI 是宏观经济的预测器。FCI 包含宏观经济的未来信息，能够对产出和通货膨胀进行较好的预测。第四，FCI 是货币政策效果的评价器。FCI 的各个构成权重代表货币政策执行的效果，从而可以较好地衡量货币政策效果。第五，FCI 是货币政策的宏观经济效应的衡量器。FCI 是为数众多的金融市场指标的综合，能够较好地综合衡量货币政策的宏观经济效应。第六，FCI 是货币政策的信息容器。FCI 能够为货币政策框架体系提供有效信息，包括货币政策规则、最终目标、损失函数等。

虽然从功能角度来看，FCI 的内涵非常丰富，其实从本质上来看，金融状况指数的核心内涵有两个：第一，FCI 是货币政策的指示器；第二，FCI 是货币政策效果的评价器。FCI 的其他内涵都是间接内涵，都是建立在这两个直接内涵的基础之上的，因此本书把 FCI 定义为综合表征货币政策松紧状况和货币政策效果的一种加权平均指数，一般以货币政策的宏观经济效果为权重。

虽然有极少的金融机构和学者使用主观规定的权重对金融变量进行加权得到 FCI，但绝大多数学者和金融机构都以货币政策对宏观经济的效果为权重进行加权平均得到 FCI。因此，FCI 最基本的内涵是作为领先指标来评价货币政策的执行效果以及预测货币政策最终目标未来变动趋势，这对于缩短货币政策的时滞进而提高其执行效率是非常有意义的。

需要说明的是，由于绝大部分 FCI 的构成金融变量，比如利率、汇率、股价、房地产价格和货币供应量等，都需要进行标准化处理消除量纲的影响，因此 FCI 是一个相对数，不是一个绝对数，从而只能提供一个关于货币政策松紧状况和调整宏观经济效果的大致方向；同时，FCI 各构成金融变量一般都需要通过 HP 滤波去除趋势值，得到相对缺口值，因此 FCI 只能提供关于货币政策松紧的周期波动状况，而无法得出其波动值的具体数值。具体而言，当 FCI 大于 0 时，表明货币政策处于宽松状态，未来一段时期内经济将趋于繁荣；反之，当 FCI 小于 0 时，意味着紧缩性的货币政策在生效，未来一段时期内经济将面临衰退。

3.1.2 实时灵活动态金融状况指数概念

（1）其他学者提出的金融状况指数的新概念

在传统金融状况指数的基础上，为了突出自己研究的特色和创新性，国内外学者提出了一些新的 FCI 概念。这些新概念主要包括以下几个。

第一，新金融状况指数。从现有文献研究成果来看，新金融状况指数是指与构成金融变量较少且使用静态加权权重构建的传统金融状况指数不同的金融状况指数。Hatzius 等（2010）首次选择 45 个金融指标，使用主成分分析法，构建了多信息的金融状况指数，即新金融状况指数；类似研究还有，Brav 和 Butters（2012）选择 100 个指标构建了美国新金融状况指数，许涤龙、刘妍琼和郭尧琦（2014）选择 69 个指标构建了中国新金融状况指数。

第二，动态金融状况指数。从已有研究成果来看，动态金融状况指数是指其各个构成金融变量的权重，不是每期都一样，而是动态变化的，主要包括分布滞后型、时变系数型两种类型。分布滞后型动态 FCI 是指其权重系数包含本期和前几期金融市场对宏观经济的动态影响，时变系数型动态 FCI 是指其权重系数是时变的。本书认为时变系数型动态 FCI 是真正意义上的动态 FCI。熊洁敏（2010）首次提出和构建了分布滞后型动态 FCI，后来又有陆军、刘威和李伊珍（2011）构建了分布滞后型的中国动态 FCI；Montagnoli 和 Napolitano（2005）、孙慧智（2012）提出并构建了时变系数型动态 FCI，屈军和朱国华（2016）以及邓创、滕立威和徐曼（2016）使用 TVP-SV-VAR 模型对动态 FCI 进行了深化研究。

第三，实时金融状况指数。从已有研究成果来看，实时金融状况指数是指各个构成金融变量的加权权重来自日度等实时数据的金融状况指数。栾惠德和侯晓霞（2015）使用 MF-DFM 模型构建了首个实时金融状况指数，周德才、童飞杰和胡琛宇（2018）使用频率之比随机的 MF-

VAR 模型以另一种方式构建了中国实时金融状况指数，李欢（2016）也进行了类似研究。

第四，多机制门限金融状况指数。从已有研究成果来看，多机制门限金融状况指数是指各个构成金融变量的加权权重随着门限的变化而变化的金融状况指数。周德才、朱志亮和贾青（2018）使用新构建的门限变量随机的 MR-TVAR 模型，构建了中国首个多机制门限金融状况指数，类似还有朱志亮（2018）、涂敏（2020）等的研究。

第五，灵活动态金融状况指数概念。根据相关研究，灵活动态金融状况指数是指各个构成金融变量的加权权重是灵活、动态变化的一种金融状况指数。灵活动态变化是指系数演进机制时而变化、时而不变化，到底是变化还是不变化由样本数据本身决定，而不像传统金融状况指数事先人为规定权重是静态变化的，也不像动态金融状况指数那样事先人为规定权重时时刻刻都是动态变化的。周德才、冯婷和邓姝姝（2015）首次将 MI-TVP-SV-VAR 模型引入传统金融状况指数中，最早提出了灵活动态金融状况指数（FDFCI）的概念，并用数据构建和应用了中国首个灵活动态金融状况指数。周德才、方济民和涂敏（2022）通过引入全球金融因子，对该指数进行了推广，提出了广义灵活动态金融状况指数，并构建了中国首个广义灵活动态金融状况指数。类似的还包括赵瑞（2017），刘超、马玉洁和谢启伟（2019）等的研究。

（2）本书提出的实时灵活动态金融状况指数概念

鉴于目前的金融状况指数研究无法兼顾混频性、灵活性、动态性和实时性等特点，本书进一步提出了实时灵活动态金融状况指数。实时灵活动态金融状况指数是实时金融状况指数和灵活动态金融状况指数的有机结合，是指各个构成金融变量的加权权重是实时、灵活、动态变化的一种金融状况指数。实时、灵活、动态变化是指各构成金融变量的样本数据是日度等实时数据，估计权重的模型系数演进机制时而变化、时而不变化，到底是变化还是不变化由样本数据本身决定，而不像传统金融状况指数事先人为规定权重是静态变化的，也不像动态金融状况指数那样事先人为规定权重时时刻刻都是动态变化的。

3.2　金融状况指数的基本特征和存在的问题

3.2.1　金融状况指数的基本特征

金融状况指数不是凭空产生的，也不会凭空消失，是货币政策等金融监管政策是否需要对资产价格做出反应的研究讨论发展到一定阶段的产物，也是 FCI 能够灵敏及时反映宏观经济金融形势和货币政策执行效果的必然结果。综观国内外各界对 FCI 的研究，本书将 FCI 的基本特征总结如下。

（1）金融状况指数颁布具有权威性

虽然国内外学者对 FCI 进行了大量的研究，构建了各种各样的 FCI，但与其他金融指数相比，FCI 是最具有权威的金融指数之一。FCI 的权威性主要体现在以下几个方面。第一，编制 FCI 的机构具有权威性。目前权威的 FCI 是由加拿大、美国、新西兰等国家的中央银行，高盛、彭博社、花旗等国际大公司，以及 IMF、OECD 等国际组织编制的。第二，编制 FCI 的方法具有权威性。这些权威金融机构在编制 FCI 时会邀请众多的国际金融、经济、统计等领域的高水平专家，定期组织讨论与修订 FCI，采用当时国际上比较权威和前沿的编制方法对 FCI 进行改进。第三，编制 FCI 的类别具有可比性。高盛等金融机构编制多个国家的 FCI 并可以进行比较分析。

（2）金融状况指数发展具有动态性

自提出之日起，国内外各界根据当时的金融经济环境的变化对金融状况指数进行不断的调整和改进，提出了更加完善的编制方案，从而赋予了 FCI 发展的动态性，具体体现在以下几个方面。第一，FCI 纳入金融指标的动态性。FCI 在提出时只纳入了 4 个金融资产价格指标，发展到现在能够涵盖 100 个金融指标，包含的信息越来越丰富，逐步具有大数据信息特征，使得 FCI 的编制进入了大数据时代。第二，FCI 编制方法的动态性。学者在早期主要使用固定系统模型估计得到 FCI 的各个权重，FCI的编制方法显示了明显的静态性，无法刻画金融经济之间关系的动态性；后来学者们通过拓展引入时变系数模型和非线性模型等动态模型估计得到FCI的各个动态权重，使得FCI的编制方法具有较好的动态性，对金融经济之间关系的动态性进行了较好的刻画，但仍然无法刻画它们之间的非连续时变变化；为了解决这个问题，一些学者通过拓展构建了灵活动态模型对FCI的各个权重进行估计，创造性地提出了灵活动态FCI的编制方法，使得FCI能够有效刻画金融经济之间的非连续的时变变化，即灵活时变性。第三，FCI选取样本数的动态性。在早期，学者们使用同频数据模型编制FCI，使得金融经济样本数据在混频同频化的过程中出现信息的人为虚增或丢失，为了解决这个问题，现阶段一些学者提出了使用混频数据模型编制FCI的方法，使得FCI编制进入了混频时代。

（3）金融状况指数使用具有方便性

与GDP、CPI是对宏观经济重要变量经济增长和通货膨胀的整体衡量一样，金融状况指数将金融领域重要变量合成一个整体，从而方便、快捷地对一个经济体系的金融状况进行全面系统的分析，而不像传统做法一样对单个金融指标进行单个、零散的非系统和非全面的分析，也不需要费时费力地对所有金融变量进行分析，从而可以使用FCI对一个经济体的货币政策松紧状况及执行效果等进行方便快捷的判断，也可以较好地判断宏观经济与通货膨胀走势。根据某一时期FCI相对数值的大小，可以判断即期经济形势相对基期的冷热程度；根据对某一时期的FCI与前期FCI的比较，可以判断经济走势是继续维持现行状态还是出现转折。

（4）金融状况指数外表具有综合性

虽然从内涵来看，金融状况指数是一个表征货币政策松紧状况及其执行效果的整体指数，但从外表来看，FCI是一个综合性金融指数。这种综合性主要表现在以下几个方面。第一，FCI具有包含金融指标的综合性。FCI是由少则4个、多则超过100个金融指标综合而成的，具有明显的综合性。第二，FCI具有反映领域的综合性。FCI不仅能够反映货币价格、资产价格，是这两个领域金融变量的综合体，而且能够反映金融与经济关系或者说虚拟经济与实体经济关系的数量变量，比如货币供应量、信贷、非人力财富等金融资产数量，是这些金融资产数量的综合体。第三，FCI 具有功能上的综合性。FCI 具有上文所说的六种功能，是这些功能的综合体。

（5）金融状况指数反映具有灵敏性

长期以来，人们发现货币政策调控宏观经济存在时滞性，再加上经济体系本身的复杂性，使得灵敏观测货币政策执行效果存在一定困难，学者们对货币政策是否能真正显著影响宏观经济存在严重的分歧，有的甚至为此否认货币政策有用性，得出货币政策无效的结论。事实上，货币政策有效性是毋庸置疑的，即使长期可能是无效的，但至少在短期内经证实是有效的。如何设计或编制一个指标（或指数）全方位追踪货币政策执行效果，并提前反映经济产出和通货膨胀等货币政策最终目标的变化？而 FCI 恰好能够做到这一点。FCI 之所以能够做到这一点，主要在于其具有以下两个方面的灵敏性：第一，绝大多数学者研究发现FCI 是一个经济体的产出和通货膨胀等的领先指标和格兰杰因果关系指标，能够灵敏地感知货币政策最终目标的变化；第二，混频数据模型的进步已经把 FCI 的编制推进到日度等频率的实时 FCI，能够实时灵敏地反映货币政策最终目标的变化。

3.2.2 金融状况指数存在的问题

在金融状况指数被提出后，国内外学者对此进行了大量研究，截至目前，根据不完全统计，已经产生了 200 多篇中英文文献成果。虽然经过 20 多年的研究和发展，FCI 已经取得了长足的进展，各个方面也变得越来越完善，但世界上不存在尽善尽美的金融指数。如同其他综合性金融指数一样，FCI 在编制和应用的过程中逐渐暴露了一些缺陷和不足。本书对 FCI 这些缺陷和不足进行了分析，以便今后在研究和应用FCI 时更加准确和完善。

（1）金融状况指数缺乏模型的稳健性和独立性

根据国内外学者研究结论可知，金融状况指数缺乏模型的稳健性和独立性，具有很强的模型依赖性。FCI编制的理论模型有很多种，包括总需求模型、IS曲线和PC曲线、大型宏观经济模型等，编制的计量模型也有成百上千种，导致编制的各个构成金融变量的权重也千差万别，包括主观赋权的权重和客观估计的静态、动态、实时、灵活动态等权重，编制的结果也不尽相同。即使使用相同的模型和数据，编制结果也可能不尽相同，何况几乎每篇论文的模型和数据是不尽相同的。虽然各个学者进行FCI编制其结果是千差万别的，但这些FCI在相同的时段的总体走势是基本相同的，对货币政策松紧状况及执行效果的刻画是基本相同的，对经济产出和通货膨胀等货币政策的最终目标变化的领先或提前反映是基本相同的，也就是说这些FCI的功能是基本相同的。需要说明的是，VAR类模型不需要以经济理论模型为基础，可能导致使用VAR类模型来编制FCI，相对于其他模型而言，模型依赖性可能更加严重。

（2）金融状况指数缺乏跨期性和长期性

从Goodhart和Hofmann（2001）最早提出的FCI编制公式可知，金融状况指数各个构成金融变量的权重是使用固定系数模型对同期金融样本数据估计得到的，没有考虑跨期和长期影响。显然这是不合理的，因为货币政策从认识到执行到最终产出效果是有大小不一的时间差的，即存在时滞性。虽然后来学者也提出使用过去多期货币政策对其最终目标的影响来修正早期的同期权重，进行实时、动态甚至灵活动态赋权，但是由于选择的过去期数具有随意性、有限性和单独性，导致FCI的编制结果在克服缺乏跨期性和长期性的问题上已经取得了很大的进展，但仍存不完善之处。

（3）金融状况指数缺乏参数的稳定性和连续性

除了主观赋权法外，使用客观赋权法构建的金融状况指数，其各个构成金融变量的权重都需要经过统计模型或计量模型估计得到。为了模型估计的稳健性和连续性，一般要求样本数据的样本量大于需要估计系数的数量，但一旦样本数据的跨度过长，就很难保证模型系数的稳定性和连续性，因为这其中可能出现一些结构变化，甚至是时变结构变化。再加上估计 FCI 各个构成的金融变量权重的统计模型或计量模型也有成百上千种，包括 MLR 类、DFM 类、VAR 类等，每个模型在对权重进行估计时其估计系数也各不相同，在一定程度上导致 FCI 参数的不稳定性。于是一些学者提出使用贝叶斯方法和蒙特卡罗模拟（MCMC）等算法来估计上述模型，这在一定程度上较好地解决了这个问题，但仍然没有达到完善的地步。因此，在不同的历史时期如何定位不同的 FCI 的各个构成金融变量的权重，保证估计参数的稳健性，还需要深入深究。

（4）金融状况指数存在内生性和多重共线性问题

构建金融状况指数一般是从同一个经济体中的各个金融市场选择金融资产价格和数量等金融样本变量，由于各个金融市场相互之间，以及与实体经济之间存在千丝万缕的联系，因此，构建 FCI 的金融样本变量可能存在相关性过强的问题，主要表现为金融样本变量的非外生性问题和多重共线性问题。第一，FCI 构建选择的金融样本变量的非外生性问题。由于各个经济体的金融市场与其实体经济存在很强的线性或非线性关系，如果使用多元线性回归等模型对 FCI 各个构成金融变量的权重进行估计时，会导致模型设定的内生性问题。如果放任内生性问题存在而不去处理，这种计量模型在进行参数估计时会存在系统性偏误。第二，FCI 构建选取金融样本变量可能存在多重共线性问题。由于加入 FCI 中的各个金融市场的金融样本变量，比如股价、房地产价格等，可能会出现明显的趋同性，同时滞后变量的引入亦能在一定程度上引发变量间的线性相关性，这种多重共线性问题可能会导致估计 FCI 的各个构成金融变量的模型的参数估计、预测能力等存在估计失误问题。

3.3 实时灵活动态金融状况指数理论分析框架
——货币政策传导机制理论

金融状况指数一般是以货币政策工具变量对其最终目标变量作用效

果的大小为权重而构建的，因而FCI的指标选择及其权重大小是以货币政策的传导机制理论及其作用渠道为理论基础的，进而可从货币政策传导机制角度构建实时灵活动态金融状况指数的理论分析框架。货币政策传导机制是指中央银行等金融监管部门的政策冲击通过引起经济过程中各中介变量的反应，进而影响实际经济变量发生变化的方式与途径。

从国内外研究可知，货币政策传导机制可分为20世纪80年代之前的新古典主义货币政策传导机制和20世纪90年代之后的新凯恩斯主义货币政策传导机制两种。由于传统的新古典主义货币政策传导机制理论很难对货币政策的放大效应、时效性及支出效应的构成等做出全面的解释，才有新凯恩斯主义货币政策传导机制理论的产生和发展。新古典主义货币政策传导机制，即货币传导机制，主要是指中央银行等金融监管部门通过改变货币供给来影响利率、汇率等变量，进而影响总产出和总价格的整个传导过程，又分为凯恩斯主义和货币主义的货币政策传导机制，前者强调货币的价格——利率，而后者则强调货币的数量——货币供应量；新凯恩斯主义货币政策传导机制，即信用传导机制，主要是指中央银行等金融监管部门通过改变银行贷款影响实体经济的整个传导过程，主要包括银行信贷渠道和资产负债渠道。本节将从以上两大货币政策传导机制即货币机制和信用机制出发，构建实时灵活动态金融状况指数的理论基础。

3.3.1　货币供应量传导机制

货币供应量传导机制理论起源于新古典经济学。新古典经济学信奉供给创造自己需求的萨伊定理，认为货币是中性的，不影响实际产出而只对物价产生影响。在新古典经济学中，货币供应量传导机制理论包括费雪的现金交易说、剑桥学派的现金余额说。因此，本书把这些新古典经济学中的货币供应量传导机制理论概括为传统货币数量论传导机制。随着研究的深入开展，凯恩斯主义及之后的新凯恩斯主义发现由于价格和工资的黏性存在，货币供应量的变化不仅对物价有影响，而且对产出有影响。因此，本书把这些（新）凯恩斯主义经济学中的货币供应量传导机制理论概括为现代货币供应量传导机制。

（1）传统货币数量论传导机制

在新古典经济学中，传统货币数量论传导机制主要是指中央银行等金融监管部门通过控制货币数量的变化来决定通货膨胀水平。这就是著名的货币数量理论，主要包括现金交易说和现金余额说两种理论，其方程式分别为费雪交易方程式和剑桥方程式。

首先，现金交易说。现金交易说由欧文·费雪提出，认为人们需要货币并不是需要货币本身，而是因为货币可以用来交换商品和劳务，以满足人们的欲望。因此，在一定时期内社会的货币支出量与商品、劳务的交易量的货币总值一定相等。因此，费雪交易方程式具体如下：

$$P = MV/Y \qquad\qquad (3-1)$$

其中，P 是价格水平，M 是流通中的货币总量，V 是货币流通速度，Y 是商品和劳务的交易总量。该式表明当货币流通速度恒定时，价格水平由货币存量唯一决定。

其次，现金余额说。现金余额说由剑桥学派提出，认为个体持有货币的动机有两点：交易动机和投机动机，其中货币需求中用于交易的那部分正比于名义总收入，货币需求中用于价值储存的那部分也正比于名义总收入。将这两部分合在一起，可以得到货币需求正比于名义收入的结论。剑桥学派将该结论表达为如下的剑桥方程式：

$$P = \frac{1}{K} \cdot \frac{M_d}{Y} \qquad\qquad (3-2)$$

式中，P 表示物价水平，M_d 表示货币需求量，Y 表示总收入，K 表示 PY 与 M_d 的比，也就是一年中人们愿意以现金余额方式持有的货币量占商品交易量的比例。根据剑桥学派的分析，短期内 K 和 Y 是相对稳定的，因此一般物价水平同货币数量发生同方向、等比例变动。

（2）现代货币供应量传导机制

凯恩斯主义及之后的新凯恩斯主义认为货币是非中性的，实际经济变量一定会受到货币供应量等名义变量的影响。现代货币供应量传导机制主要是指中央银行等金融监管部门通过改变货币供应量等货币政策工具，同时在价格和工资黏性导致价格和工资来不及调整的情况下，影响企业投资，进而影响产出和通货膨胀的整个传导过程。经济中的实际变量对货币等名义变量发生变动时的反应时间或程度是不同的，即存在时滞性，会导致产量等实际变量在短期出现不同程度的波动，而不是与名义变量同幅度变化。

货币供应量传导渠道强调货币供应量短期对实际产出起作用。由于价格的适应性预期存在时滞，劳动力市场上的工资合同短期内来不及调整，货币供应量增加，短期会增加产出，但随着投资支出扩大，借贷需求增加，名义利率就会回升，投资和产量下降，商品供给减少，价格升高。传导过程直到新增的货币量全部被价格吸收为止，货币供求在更高的名义收入水平上重新恢复均衡。

3.3.2 利率传导机制

货币政策利率传导机制主要是指中央银行等金融监管部门通过货币政策工具改变利率，影响企业和居民的投资及储蓄成本，进而影响企业和居民的投资和消费，最终影响总产出和总价格的整个传导过程。利率传导机制是所有渠道中研究最早和发展较快的一个货币政策传导渠道，也一直被认为是最重要的传导渠道。凯恩斯的《通论》是真正意义上的利率传导机制理论奠定的标志，以此为基础形成了凯恩斯主义利率传导机制理论，其中凯恩斯主义的传导模式和 IS-LM 模型是核心内容，后来货币主义等多个学派对此提出不同的看法，因此，利率传导机制又分为凯恩斯主义和货币主义两种。根据出现的时间先后顺序，利率传导机制又可进一步分为传统利率传导渠道、泰勒规则传导渠道。

（1）传统利率传导渠道

根据传统凯恩斯主义学派的研究可知，货币政策利率传导机制的传统利率传导渠道主要是指中央银行通过改变货币供应量，导致实际利率发生相反的变化，进而导致投资因成本的变化发生相应的变化，最终影响总产出和总价格的传导过程。传统利率传导渠道包括传统投资传导渠道和传统储蓄传导渠道，下文以扩张性货币政策为例说明其具体传导过程，如图 3 - 1 所示。

①传统利率 - 投资传导渠道。货币供应量（↑）→实际利率（↓）→投资成本（↓）→投资（↑）→产出和通货膨胀（↑）。需要说明的是，在本传导渠道中，投资不仅包括企业的投资支出，而且包括居民对住宅和耐用消费品的支出。

②传统利率 - 储蓄传导渠道。货币供应量（↑）→实际利率（↓）→居民储蓄实际收益（↓）→居民储蓄（↓）→居民消费支出（↑）→产出和通货膨胀（↑）。

图 3 - 1　货币政策利率传导机制对产出和通货膨胀的传导过程

（2）泰勒规则传导渠道

货币政策的利率渠道对通货膨胀水平的调控效应在利率市场化程度较高的国家比较明显。Taylor（1993）通过对 G7 国家的实际利率与消费、投资关系进行实证分析发现在各种影响通货膨胀和产出的因素中，利率是唯一能够与它们保持长期稳定的相关关系的变量，调整实际利率应当成为货币当局的主要操作方式，并提出了著名的"泰勒规则"。泰勒规则是指当通货膨胀率高于其目标值，或者实际 GDP 高于其潜在水平时，货币当局应上调利率；反之，则应下调利率。

3.3.3　汇率传导机制

货币政策汇率传导机制主要是指中央银行等金融监管部门通过改变汇率，影响投资和储蓄成本，进而影响企业和居民的投资和消费，最终影响总产出和通货膨胀水平的整个传导过程。在开放经济条件下，汇率是一个重要的宏观经济变量和灵敏的指示器，但汇率的决定和变化又是一个很复杂的由各种因素相互作用的过程。蒙代尔和国际货币基金组织在弗莱明模型基础上，构建了 IS-LM-BP 模型，即蒙代尔 - 弗莱明模型，来解释货币政策汇率传导机制。下文以扩张性货币政策为例，说明货币政策汇率传导机制的一个简单的传导过程：货币供应量（↑）→本国利率（↓）→本币资产收益（↓）→外币资产收益（↑）→本币贬值（↓）→净出口（↑）→产出和通货膨胀水平（↑）。本书分别从对通货膨胀和产出的汇率传导机制展开分析。随着世界范围内各国经济国际化趋势的加强以及浮动汇率制度的确立，人们越来越关注货币政策通过汇率对实体经济所产生的影响。

（1）对通货膨胀的汇率传导机制

综合国内外众多学者的研究，如傅强、朱映凤和袁晨（2011），纪敏和伍超明（2008）等，本书总结发现货币政策对通货膨胀的汇率传导机制包含多种途径或渠道，各条途径在理论上对通货膨胀水平的最终影响结果不尽相同。以本币升值为例进行说明，具体见图3-2。①本币升值会导致进口商品（成品或终端产品）价格下跌，引发国内同类商品价格下跌；②本币升值会降低进口中间品的价格，以进口中间品为原材料的国内商品价格最终会因成本效应而随之下降；③在符合马歇尔－勒纳条件的前提下，本币升值会导致贸易收支恶化、本国净出口下降，净出口下降一方面会直接引起总需求下降而导致物价下跌，另一方面会通过货币工资机制降低居民收入与消费需求，从而降低物价水平；④本币升值会吸引境外资金流入境内，增加境内货币供应量，进而诱发需求上升并导致国内物价上涨。在上述途径中，第一条、第四条途径分

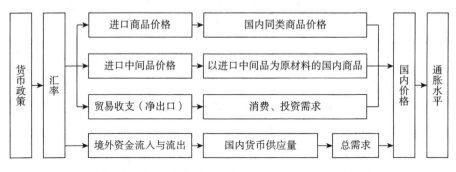

图3-2　货币政策汇率传导机制对通货膨胀的传导过程

别被称为汇率传导的直接渠道和货币渠道；第二条、第三条途径被统称为汇率传导的间接渠道。

（2）对产出的汇率传导机制

国内外学者研究分析认为汇率等资产的相对价格通过货币政策对实体经济产生影响，而资本账户开放和汇率市场化的逐步加深会使货币政策的汇率传导渠道更加畅通。具体而言，当中央银行实行扩张性的货币政策时，会导致实际利率水平下降、本币资产吸引力下降，带来本币汇率降低，引发净出口增加，进一步影响总产出，可将汇率传导渠道概括为"扩张性货币政策→利率下降→汇率下降→净出口增加→总产出增加"，具体见图 3-3。

图 3-3 货币政策汇率传导机制对产出的传导过程

3.3.4 信贷传导机制

货币政策信贷传导机制认为金融资产包括货币、债券和信贷，其中信贷是一类特色的金融资产，不能使用债券完全替代它。因此，货币政策信贷传导机制主要是指在信贷市场是不完全（如信息不对称、市场摩擦）的情况下，中央银行等金融监管部门通过改变货币供应量、利率等货币政策工具，使金融中介机构信贷规模、可得性及其风险等属性发生变化，影响企业和居民通过信贷进行的投资和消费，进而影响社会总投资和总消费，最终影响产出和通货膨胀水平的整个传导过程。

在世界金融危机发生之前，国内外货币政策信贷传导机制研究聚焦于利率变化通过信贷市场不完全（如信息不对称、市场摩擦）影响贷款供应，并具有放大效应，形成了货币政策信贷供给传导渠道理论；后来随着世界金融危机的爆发及其治理，国内外学者开始着重研究货币政策信贷传导机制的另外一个传导渠道，就是银行信贷决策的风险属性。因此，货币政策信贷传导机制可以分为信贷供给渠道和信贷风险渠道两个传导渠道，下文分别进行概述。

（1）信贷供给传导渠道

根据分析角度的不同，传统的货币政策信贷供给传导渠道又可以进一步分为信贷供给可能性渠道和信贷供给能力渠道两个具体的传导渠道。

①货币政策信贷供给可能性传导渠道。它主要是指中央银行通过货币政策工具改变利率，影响银行信贷供给的可能性——超额准备金，进而影响企业和居民的投资及消费，最终影响产出和通货膨胀的整个传导过程。下文以扩张性货币政策为例说明其具体传导过程：扩张性货币政策（↑）→银行准备金和存款（↑）→银行可供借贷资金（↑）→企业和居民信贷（↑）→投资支出和消费支出（↑）→产出和通货膨胀（↑）。货币政策信贷传导机制对产出和通货膨胀的传导过程具体见图3－4。

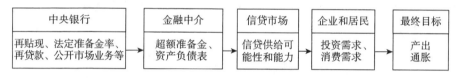

图3－4　货币政策信贷传导机制对产出和通货膨胀的传导过程

②货币政策信贷供给能力传导渠道。它又叫货币政策信贷传导机制的资产负债表渠道，主要是指在借款人和贷款人之间的信息不对称以及由此产生的代理问题转化成内部和外部融资成本之间差别的情况下，中央银行通过货币政策工具改变利率，导致借款人资产负债表的质量发生变化，影响外部融资成本，进而影响信贷规模和投资，最终影响产出和通货膨胀的整个传导过程。需要说明的是，金融加速器会放大这种效果。下文以扩张性货币政策为例说明其具体传导过程：扩张性货币政策（↑）→企业资产负债表质量（↑）→企业外部融资成本（↓）→企业信贷能力（↑）→企业信贷投资（↑）→产出和通货膨胀（↑）。

（2）信贷风险传导渠道

现代货币政策信贷风险传导渠道理论主要由 Nicoló 等（2010）、Dell'Ariccia 等（2010）等学者提出。该理论认为中央银行货币政策可以通过银行信贷决策的风险属性进行传导。国内外学者研究发现货币政策信贷风险传导渠道主要有以下四种。第一，金融机构追求高风险高收益资产传导渠道。金融中介机构拥有过多的安全金融资产导致的低收益会激励其追求更高风险的金融资产。第二，社会追求高风险高收益资产传导渠道。金融市场过低的利率会刺激人们寻找能够提供较高的长期收益的储蓄机构和养老金等金融中介的金融资产，由此导致进行更高风险的投资。第三，金融中介机构顺周期性杠杆传导渠道。金融中介机构在资产价格暴涨导致风险加权资产下降的情况下，为了维持固定的杠杆比率，会追求更高风险的资产，以期获得更高收益。第四，金融监管机构顺周期监管传导渠道。在金融中介机构资本结构恒定的前提下，中央银行对金融机构的监管采取的是随着其资本充足性的高低进行反向监管的方式，由于金融中介机构的资本具有内生性和顺周期性，从而宽松的货币政策会导致金融中介机构具有更高的杠杆率，并降低监管力度，最终产生高风险。

3.3.5　股价传导机制

货币政策股价传导机制是货币政策资产价格传导渠道之一，是指货币政策变化导致股价变化，进而影响企业和居民的资产和负债，最终影响产出和通货膨胀的传导过程。根据相关研究可知，货币政策股价传导渠道主要通过财富效应、托宾 Q 效应、流动性增强效应和资产负债表等效应来影响产出和通货膨胀。下文分别以股价上涨为例说明货币政策股价传导渠道的各个子传导渠道的传导过程。

（1）财富效应传导渠道

货币政策股价传导机制的财富效应传导渠道是指当扩张性货币政策导致股价上涨时，居民持有股票财富的名义额增加，居民的收入预期趋于乐观，边际消费倾向得到提高，消费支出随之增加，进而引起总需求上升、物价上涨的传导过程。

（2）托宾 Q 效应传导渠道

货币政策股价传导机制的托宾 Q 效应传导渠道是指当扩张性货币

政策导致股价上涨时，企业市场价值与重置成本的比值（即托宾 Q 比率）随之上升，投资新办企业的增值机会将大幅增加，增加的全社会投资支出带动了总需求上升和价格上涨的传导过程。

（3）**流动性增强效应传导渠道**

货币政策股价传导机制的流动性增强效应传导渠道是指当扩张性货币政策导致股价上涨时，居民预期未来发生财务困难的风险将降低，高价套现形成的流动性增加了居民在耐用品、房地产等方面的支出，最终扩大了总需求并刺激物价水平上涨的传导过程。

（4）**资产负债表传导渠道**

货币政策股价传导机制的资产负债表传导渠道，也称净资产渠道，是指由于市场不完全和信息不对称，扩张性货币政策将导致上市公司资产负债表改善，降低其资产负债比例，改善其融资条件，引起包括代理成本在内的融资成本下降，增强银行放贷意愿，造成上市公司和股民消费增加，进而引起总需求增加和物价上涨的传导过程。在这种渠道之下，货币政策通过影响上市公司和股民的授信能力放大货币政策的影响力。

总之，货币政策通过影响资产价格，经"托宾 Q 效应"和"财富效应"影响投资支出和消费支出，从而引起总需求变化。资产价格传导渠道可概括为："扩张性货币政策→资产价格上升→托宾 Q 增加/金融财富增加→投资/消费增加→产出增加"（见图 3 - 5）。

图 3 - 5　货币政策股价渠道对产出和通货膨胀的传导过程

3.3.6 房地产价格传导机制

货币政策房地产价格传导渠道主要是指中央银行运用利率、货币供应量等货币政策工具，通过直接和间接机制影响房地产价格，进而影响产出和通货膨胀的整个传导过程。在当前中国大环境下，房地产是人民财富存储及升值至关重要的资产，房地产价格渠道也起着重要的作用；而房地产是资金密集型产业，其供给和需求均离不开金融支持，货币政策对房地产价格的波动有着极其重要的作用。货币政策房地产价格传导机制包括直接和间接两种传导渠道，其中，直接传导渠道主要包括成本、预期两种具体的传导渠道，间接传导渠道则包括财富效应、托宾 Q 效应和资产负债表三种具体的传导渠道。

（1）成本传导渠道

货币政策房地产传导机制的成本传导渠道主要是指中央银行使用货币政策工具影响房地产价格，导致影响租房者的租赁成本和抵押贷款购房者的利息支出成本，最终影响产出和通货膨胀的传导过程。首先，房地产租赁成本传导渠道。如果房地产市场是一个有效市场，根据收入资本化模型，房价等于未来租金减去折旧后的贴现值，如果利率上升，则租金也需要相应上涨才能使模型成立，从而导致房地产租赁成本增加、房地产消费减少和房地产空置率上升，引起房地产投资下降，最终影响产出和通货膨胀。其次，房地产购买成本传导渠道。同理，利率上升，将使抵押购房者的利息成本支出增加，从而影响抵押购房者的消费支出，并最终影响产出和通货膨胀。

（2）预期渠道

货币政策房地产传导机制的预期传导渠道，又称为信心传导渠道和未兑现财富效应传导渠道，主要是指中央银行运用货币政策影响房地产价格变动，导致企业和居民对房地产价格的预测和信心发生相应变化，最终导致产出和物价水平变化的传导过程。具体来说，人口、地理位置和政府管制等多种因素导致城市化过程中城市的土地资源稀缺，人们对房地产价格有持续上涨的预期，如果预期可信，进而导致房地产所有者将房地产的暂时性收入转化为持久性收入，从而增强其消费信心，又通过对其他家庭产生的消费示范效应，带动其他家庭消费，最终影响产出和通货膨胀水平。

（3）财富效应传导渠道

货币政策房地产价格传导机制的财富效应传导渠道是指当扩张性货币政策导致当期房地产价格上涨时，居民持有房地产财富的名义额增加，提高其终身财富，居民的收入预期趋于乐观，边际消费倾向得到提高，消费支出随之增加，进而引起总需求上升、物价上涨的传导过程。

（4）托宾 Q 效应传导渠道

货币政策房地产价格传导机制的托宾 Q 效应传导渠道是指当扩张性货币政策导致房地产价格上涨时，其价格相对其重置成本的比值上升，与托宾 Q 理论一样，刺激了房地产的产出，最终导致总需求上升和价格上涨的传导过程。

（5）资产负债表传导渠道

货币政策房地产价格传导机制的资产负债表传导渠道主要是指由于市场不完全和信息不对称，扩张性货币政策将导致房地产企业资产负债表改善，降低其资产负债率，改善其融资条件，引起包括代理成本在内的融资成本下降，增强银行放贷意愿，使房地产企业投资和房地产购买者的消费增加，进而引起总需求增加和物价上涨的传导过程。在这种渠道之下，货币政策通过影响房地产企业和房地产购买者的授信能力放大了货币政策的影响力。

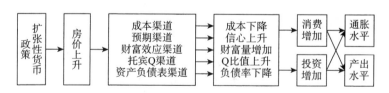

图 3 - 6　货币政策房地产价格渠道对产出和通货膨胀的传导过程

总之，上述分析表明：信贷水平、利率、汇率和资产价格（股价和房地产价格）等金融指标对通货膨胀水平有着不同程度的影响，影响方向甚至截然相反（如利率升高通常会抑制通货膨胀，而股价上涨、货币供应量增加则一般会抬高物价；本币升值可能会因境外资本流入刺激物价上涨，也可能会因出口困难引起总需求萎缩从而导致物价下跌）。正是存在这些差异，本书通过构建一个包含利率、汇率、股价等多变量的综合指标——FCI 来探讨其对通货膨胀趋势的影响。

3.4 实时灵活动态金融状况指数理论分析框架
——货币政策传导机制数理经济模型

综观对金融状况指数的研究，Goodhart 和 Hofmann（2001）首次提出使用 IS-PC 模型等货币政策传导机制数理经济模型作为构建 FCI 的理论模型，后来 Mayes 和 Virén（2001），Gauthier、Graham 和 Liu（2004），Doojav 和 Purevdor（2019），王慧敏（2005），卞志村、孙慧智和曹媛媛（2012），金春雨和吴安兵（2017b），熊洁敏（2010）等也进行了类似的研究。

3.4.1 介绍 IS-PC 模型

基于 Rudebusch 和 Svensson（1999）提出的后顾型投资储蓄（IS）-菲利普斯（PC）模型框架，Goodhart 和 Hofmann（2001）将金融状况指数的各个构成金融变量引入该模型，构建了编制 FCI 的 IS-PC 模型，具体公式如下：

$$y_t = \alpha_0 + \sum_{i=1}^{m_1} \alpha_{1i} y_{t-i} + \sum_{j=1}^{m_2} \alpha_{2j} rir_{t-j} + \sum_{k=1}^{m_3} \alpha_{3k} rex_{t-k} + \sum_{l=1}^{m_4} \alpha_{4l} rhp_{t-l} + \sum_{p=1}^{m_5} \alpha_{5p} rsp_{t-p} + \varepsilon_t$$

$$(3-3)$$

$$\pi_t = \beta_0 + \sum_{i=1}^{n_1} \beta_{1i} \pi_{t-i} + \sum_{j=1}^{n_2} \beta_{2j} y_{t-j} + \sum_{k=0}^{n_3} \alpha_{3k} dpo_{t-k} + \epsilon_t \qquad (3-4)$$

其中，y_t 是第 t 期的实际产出缺口，rir_t 是第 t 期的实际利率，rex_t 是第 t 期的实际有效汇率缺口，rhp_t 是第 t 期的实际房地产价格缺口，rsp_t 是第 t 期的实际股价缺口，π_t 是第 t 期的通货膨胀率，dpo_t 是第 t 期的世界油价环比增长率。

后来，王慧敏（2005）通过引入居民消费价格指数变量 $pcom_t$，对上述编制 FCI 的 IS-PC 模型进行了拓展，具体公式如下：

$$y_t = \alpha_0 + \sum_{i=1}^{m} \sum_{j=1}^{m_i} \lambda_{i,j} x_{t-j} + \sum_{k=1}^{p} \gamma_k y_{t-k} + \sum_{l=1}^{q} \theta_l pcom_{t-l} + \varepsilon_t \qquad (3-5)$$

$$\pi_t = \beta_0 + \sum_{i=1}^{n_1} \beta_{1i} \pi_{t-i} + \sum_{j=1}^{n_2} \beta_{2j} y_{t-j} + \sum_{k=0}^{n_3} \beta_{3k} dpo_{t-k} + \epsilon_t \qquad (3-6)$$

为了得到更一般的 PC 模型，陆军和梁静瑜（2007）对式（3-3）及式（3-4）进行了拓展，基于国民经济核算的收入 - 支出法进行推导，最终得到如下的 PC 模型：

$$\pi_t = \beta_0 + \sum_{i=1}^{t} \beta_{1i} rir_{t-i} + \sum_{i=1}^{t} \beta_{2i} rex_{t-i} + \sum_{i=1}^{t} \beta_{3i} rsp_{t-i} + \sum_{i=1}^{t} \beta_{4i} rl_{t-i} (rhp_{t-i}) + \epsilon_t \quad (3-7)$$

其中，rir_t 是第 t 期的实际利率，rex_t 是第 t 期的实际汇率；rsp_t 是第 t 期的实际股价，rl_t 是第 t 期的实际信贷，rhp_t 是第 t 期的实际房价。

总之，为了编制 FCI，国内外学者提出了投资储蓄曲线（IS）- 菲利普斯曲线（PC）模型，即 IS-PC 模型，并进行了拓展完善，作为编制 FCI 的理论分析框架。显然这些模型缺乏微观基础，需要进一步完善。

3.4.2 构建实时灵活动态金融状况指数的货币政策传导机制数理经济模型——NHNKIS-NHNKPC 模型

根据传统的 IS-PC 模型，结合 Clarida，Gali 和 Gertler（1999）提出的新凯恩斯混合 IS-PC 模型，即 HNKIS-HNKPC 模型，本书构建了拓展的新凯恩斯混合投资储蓄曲线（NHNKIS）- 菲利普斯曲线（NHNKPC）模型，即 NHNKIS-NHNKPC 模型，作为构建实时灵活动态金融状况指数货币政策传导机制的数理经济模型。

（1）构建拓展的新凯恩斯混合投资储蓄曲线模型

在本章第 3.3 节构建的实时灵活动态金融状况指数的货币传导机制理论分析框架的基础上，本书在 3.4 节把 Goodhart 和 Hofmann（2001）构建的 IS 模型与 Clarida，Gali 和 Gertler（1999）构建的新凯恩斯前瞻和后顾混合的 IS 模型相结合，即 HNK-IS 模型，构建了实时灵活动态金融状况指数的货币政策传导机制的数理经济模型之———拓展 NHNKIS 模型，具体公式如下：

$$y_t = \alpha_0 + \sum_{i_1=1}^{m_1} \alpha_{1i_1} y_{t-i_1} + \sum_{i_2=1}^{m_2} \alpha_{2i_2} E(y_{t+i_2}) + \sum_{i_3=1}^{m_3} \alpha_{3i_3} msg_{t-i_3} + \sum_{i_4=1}^{m_4} \alpha_{4i_4} cdg_{t-i_4} +$$

$$\sum_{i_5=1}^{m_5} \alpha_{5i_5} irg_{t-i_5} + \sum_{i_6=1}^{m_6} \alpha_{6i_6} erg_{t-i_6} + \sum_{i_7=1}^{m_7} \alpha_7 spg_{t-i_7} + \sum_{i_8=1}^{m_8} \alpha_{8i_8} hpg_{t-i_8} + \varepsilon_t \qquad (3-8)$$

其中，y_t 表示第 t 期的产出缺口，$E_t(y_{t+i_2})$ 表示在 t 期对 $t+i_2$ 期产出缺口的预期，y_{t-i_1} 表示第 $t-i_1$ 期的产出缺口，其他变量与式（3－3）相同，msg_t、cdg_t、irg_t、erg_t、spg_t、hpg_t 分别表示第 t 期的货币供应量缺口、信贷缺口、利率缺口、有效汇率缺口、股价缺口、房地产价格缺口。

（2）构建拓展的新凯恩斯混合菲利普斯曲线模型

目前在通货膨胀与货币政策研究领域有大量文献是以新凯恩斯混合菲利普斯曲线（Hybrid New Keynesian Phillips Curve，HNKPC）模型为基础展开分析的，这个模型是 Clarida，Gali 和 Gertler（1999）在关于通货膨胀预期和货币政策分析的一篇重要文献中提出来的，其通过允许部分企业使用后顾规则设定价格，在价格黏性和微观经济基础上构建起菲利普斯曲线。HNKPC 有下面的表达式：

$$\pi_t = \alpha_f E_t(\pi_{t+1}) + \alpha_b \pi_{t-1} + \alpha_{mc} mc_t \qquad (3-9)$$

其中，π_t 表示第 t 期的通货膨胀率；$E_t(\pi_{t+1})$ 表示在 t 期对 $t+1$ 期通货膨胀的预期；π_{t-1} 表示第 $t-1$ 期的通货膨胀，即通货膨胀惯性；mc_t 是第 t 期的偏离稳态实际边际成本值，定义为实际边际成本对稳态实际边际成本的偏离；α_f（$0 \leqslant \alpha_f \leqslant 1$）衡量第 t 期的人们对未来通货膨胀的理性预期对即期通货膨胀的影响程度；α_b（$0 \leqslant \alpha_b \leqslant 1$）衡量第 t 期的通货膨胀惯性对当期通货膨胀的作用效果；α_{mc}（$\alpha_{mc} > 0$）衡量边际成本对即期通货膨胀的影响程度。

考虑生产者的生产函数为：

$$y_t = TP_t(F_t) L_t^{\alpha_1} K_t^{\alpha_2}, \alpha_1, \alpha_2 > 0 \qquad (3-10)$$

其中，L_t 为劳动投入；K_t 为资本投入；F_t 是金融变量；α_1、α_2 分别为劳动投入、资本投入的替代弹性；$TP_t(F_t)$ 为生产技术，根据 Pagano（1993）等的研究，它受到包括金融增长和金融发展在内的国内金融变量 F_t 的影响。

生产者考虑其成本最小化问题，即在式（3－10）的约束下，最小化为：

$$\left(\frac{W_t}{P_t}L_t\right)^{\alpha_1}(IR_tK_t)^{\alpha_2} \tag{3－11}$$

其中，W_t 为工资总水平，P_t 为价格总水平，IR_t 是贷款利率。

求解上述最优化问题可以得到生产者的边际成本：

$$MC_t = \left[\frac{1}{A_t(F_t)}\right]\left(\frac{W_t}{P_t}\right)^{\alpha_1}IR\,\alpha_{2t} \tag{3－12}$$

将式（3－12）进行对数线性化处理，再求一阶导数，并用小写字母表示相应的变量得：

$$mc_t = \alpha_1 w_t - \alpha_1 p_t + \alpha_2 ir_t - tp_t(f_t) \tag{3－13}$$

其中，w_t 是工资增长率；p_t 是价格变化率；ir_t 是利率变化率；$tp_t(f_t)$ 是技术进步率。

根据费雪交易方程式可知：

$$MS \times V = P \times Y \tag{3－14}$$

其中，MS 表示流通中的货币供应量；V 为货币流通速度；P 为物价水平；Y 为全社会的交易总量，即国民收入。将交易方程的变量进行动态化处理，并取自然对数，然后求一阶导数得：

$$ms_t + v_t = p_t + y_t \tag{3－15}$$

其中，ms_t 表示货币供应量增长率；v_t 表示货币流通速度变化率（一般为零）；p_t 表示价格变化率；y_t 表示经济增长率。

将式（3－15）代入式（3－13）得：

$$mc_t = \alpha_1 w_t - \alpha_1(ms_t - y_t) + \alpha_2 ir_t - tp_t(f_t) \tag{3－16}$$

根据现代货币政策传导机制理论，货币政策等金融变量可以通过货币供应量、利率、汇率、信贷、股价、房价等传导机制和传导渠道影响消费、投资和净出口。因此，本书将国民收入决定公式改造如下：

$$y_t = C_t(F_t) + I_t(F_t) + XM_t(F_t, ER_t) \qquad (3-17)$$

其中，$C_t(F_t)$ 是消费；$I_t(F_t)$ 是投资；$XM_t(F_t, ER_t)$ 是净出口。它们都受到货币政策等金融变量 F_t 的影响，其中净出口还受到汇率 ER_t 的影响。

借鉴 Pagano（1993）的做法，令 $\varphi(F_t)S_t(F_t) = I_t(F_t)$，其表示储蓄 $S_t(F_t)$ 向投资 $I_t(F_t)$ 的转化受到金融体系的资金转化效率 $\varphi(F_t)$ 的影响，以及金融变量 F_t 的资源配置效率的影响，将 $\varphi(F_t)S_t(F_t) = I_t(F_t)$ 代入式（3-17）得到：

$$y_t = C_t(F_t) + \varphi(F_t)S_t(F_t) + XM_t(F_t, ER_t) \qquad (3-18)$$

对（3-18）式左右两边求微分并除以 Y_t 得：

$$y_t(f_t) = c_t(f_t) + \varphi(f_t)s_t(f_t) + xm_t(f_t, er_t) \qquad (3-19)$$

其中，$c_t(f_t)$ 是消费率，$s_t(f_t)$ 是储蓄率，$xm_t(f_t, er_t)$ 是净出口率。它们也都受到金融变量 f_t 的影响。需要说明的是本书将变量本身用大写字母表示，其增长率一般用小写字母表示。

将式（3-19）代入式（3-16）中得到：

$$mc_t = \alpha_1 w_t - \alpha_1 [ms_t - c_t(f_t) - \varphi(f_t)s_t(f_t) - xm_t(f_t, er_t)] + \alpha_2 ir_t - tp_t(f_t) \qquad (3-20)$$

将式（3-20）代入式（3-9）中，就得到了扩展的新凯恩斯混合菲利普斯模型：

$$\pi_t = \alpha_f E_t \pi_{t+1} + \alpha_b \pi_{t-1} + \alpha_w w_t + \alpha_m ms_t + \alpha_c [c_t(f_t) + \varphi(f_t)s_t(f_t)] +$$
$$xm_t(f_t, er_t) + \alpha_r ir_t - tp_t(f_t) \qquad (3-21)$$

其中，$\alpha_w = \alpha_c \alpha_1$，$\alpha_m = -\alpha_{mc}\alpha_1$，$\alpha_c = \alpha_{mc}\alpha_1$，$\alpha_r = \alpha_{mc}\alpha_2$。

从式（3-13）可以看出，通货膨胀除了受传统因素影响外，还受货币供应量、利率、汇率、信贷、股价、房价等金融变量的影响。

在本章第 3.3 节构建的实时灵活动态金融状况指数的货币传导机制

理论分析框架的基础上，将第 3.4 节推导得到的拓展新凯恩斯混合菲利普斯（NHNKPC）模型与 Goodhart 和 Hofmann（2001）为编制金融状况指数提出的 PC 模型相结合，本书推导得到了适用于编制实时灵活动态金融状况指数的拓展 NHNKPC 模型，具体公式如下：

$$\pi_t = \beta_0 + \sum_{j_1=1}^{n_1} \beta_{1j_1} \pi_{t-j_1} + \sum_{j_2=1}^{n_2} \beta_{2j_2} E_t(\pi_{t+j_2}) + \sum_{j_3=1}^{n_3} \beta_{3j_3} y_{t-j_3} + \sum_{j_4=1}^{n_4} \beta_{4j_4} msg_{t-j_4} + \sum_{j_5=1}^{n_5} \beta_{5j_5} cdg_{t-j_5} +$$

$$\sum_{j_6=1}^{n_6} \beta_{6j_6} irg_{t-j_6} + \sum_{j_7=1}^{n_7} \beta_{7j_7} erg_{t-j_7} + \sum_{j_8=1}^{n_8} \beta_{8j_8} spg_{t-j_8} + \sum_{j_9=1}^{n_9} \beta_{9j_9} hpg_{t-j_9} + \epsilon_t \qquad (3-22)$$

其中，π_{t-j_1} 是第 $t-j_1$ 期通货膨胀率；$E_t(\pi_{t+j_2})$ 是在第 t 期对第 $t+j_2$ 期的通货膨胀预期；y_{t-j_3} 是第 $t-j_3$ 期的产出缺口；msg_{t-j_4} 是第 $t-j_4$ 期的货币供应量缺口；cdg_{t-j_5} 是第 $t-j_5$ 期的信贷缺口；irg_{t-j_6} 是第 $t-j_6$ 期的利率缺口；erg_{t-j_7} 是第 $t-j_7$ 期的汇率缺口；spg_{t-j_8} 第 $t-j_8$ 期的股价缺口；hpg_{t-j_9} 是 $t-j_9$ 期的房价缺口；ϵ_t 是第 t 期的误差项。

3.5　本章小结

本章第 3.1 节对实时灵活动态金融状况指数概念进行溯源，在此基础上提出相应概念并进行界定。本节主要做了以下 3 项工作。第一，Financial Conditions Index 的翻译界定。实时灵活动态金融状况指数起源于金融状况指数，而英文"Financial Conditions Index"主要译成金融形势指数、金融状况指数、金融条件指数、金融稳定状况指数等，本书采用金融状况指数的译法。第二，金融状况指数的内涵界定。本书将金融状况指数的内涵界定为 FCI 是货币政策的指示器、金融市场周期的指示器、宏观经济的预测器、货币政策效果的评价器、宏观经济效应的衡量器、货币政策的信息容器。第三，本书在国内外首次提出"实时灵活动态金融状况指数"，并将其界定为构成金融变量的加权权重是实时、灵活、动态变化的一种金融状况指数。

第 3.2 节对金融状况指数的基本特征和存在的问题进行了总结分析。第一，总结发现金融状况指数具有颁布具有权威性、发展具有动态性、使用具有方便性、外表具有综合性、反映具有灵敏性 5 个基本特征。第二，分析发现金融状况指数具有缺乏模型的稳健性和独立性、缺乏跨期性和长期性、缺乏参数的稳定性和连续性、存在内生性和多重共线性问题等基本问题。

第 3.3 节对实时灵活动态金融状况指数的理论分析框架之一——货币政策传导机制进行构建研究。本书通过总结分析发现货币政策传导机制主要包含了货币供应量、利率、汇率、信贷、股价、房地产价格 6 个传导路径和渠道。

第 3.4 节对实时灵活动态金融状况指数的理论分析框架之二——货币政策传导机制的数理经济模型进行构建研究。从本书构建的实时灵活动态金融状况指数的货币政策传导机制出发，在 Goodhart 和 Hofmann（2001）提出的投资储蓄曲线（IS）-菲利普斯曲线（PC）模型，即 IS-PC 模型的基础上，构建拓展了新凯恩斯混合投资储蓄曲线（NHNKIS）-新凯恩斯混合菲利普斯曲线（NHNKPC）模型，即 NHNKIS-NHNKPC 模型，赋予了其微观基础和价格黏性特征。

第4章
基于混频损失函数的实时灵活动态
金融状况指数的统计计量模型

4.1 基于混频损失函数的实时灵活动态金融状况
指数的混频损失函数

从对国内外学者以往的研究总结来看，金融状况指数通常情况下都是单目标函数，即仅选择产出缺口或通货膨胀缺口中的一个变量作为货币政策最终目标的损失函数。由于中国货币政策最终目标需要促进经济增长和保持物价稳定，采用传统的单目标函数，就难以兼顾。为了解决上述难题，本书在混频动态因子模型（MF-DFM 模型）的基础上，构建了适用于中国货币政策最终目标的混频损失函数。通过对产出（y）和通货膨胀（π）的缺口值抽取结构公因子将其作为目标函数，并实证测度了该混频损失函数值。参照周德才、童飞杰和胡琛宇（2018）的研究，本书使用调整过后的适合季、月混频数据且符合中国国情的 MF-DFM 模型，构建了符合中国实际的混频损失函数。

4.1.1 构建混频损失函数的一般形式

$$\begin{bmatrix} y_t^q \\ \pi_t^m \end{bmatrix} = \alpha + \begin{bmatrix} \frac{1}{3}\beta_1(f_t + f_{t-1} + f_{t-2}) \\ \beta_2 f_t \end{bmatrix} + \begin{bmatrix} \frac{1}{3}(u_{1t} + u_{1t-1} + u_{1t-2}) \\ u_{2t} \end{bmatrix} \qquad (4-1)$$

$$\Phi_f(L)f_t = v_{1t}, \Phi_u(L)u_t = v_{2t}, 其中：\begin{bmatrix} v_{1t} \\ v_{2t} \end{bmatrix} \sim NID \begin{bmatrix} \sigma_1^2 & 0 \\ 0 & \sigma_2^2 \end{bmatrix} \qquad (4-2)$$

其中，β_1 和 β_2、Φ_f 和 Φ_u 分别是两个方程的系数；f_t 是抽取的公因子，即混频损失函数；u_{1t} 和 u_{2t}、v_{1t} 和 v_{2t} 分别是两个方程的误差项；σ_1^2 和 σ_2^2 是式（4-2）的方差。

4.1.2 构建混频损失函数的状态空间形式

基于 MF-DFM 模型的算法，将上述模型改写成 P 阶滞后的状态空间形式。

（1）量测方程：

$$Y_t = \alpha + HS_t \tag{4-3}$$

（2）状态方程：

$$S_t = u + F_1 S_{t-1} + F_2 S_{t-2} + \cdots + F_p S_{t-p} + G v_t, v_t \sim NID(0, \sum{}_v) \tag{4-4}$$

其中，Y_t 是可观测的变量向量，本书指 GDP 和 CPI；α 和 H 是量测方程的截距项和系数项；S_t 是不可观测的状态变量，由 f_t 和 u_{1t}、u_{2t} 及其滞后阶数构成；F_i 和 v_t 分别是状态方程的系数项和误差项，v_t 服从均值为 0、方差为 $\sum_v$ 的正态分布；G 是 v_t 的控制矩阵，$G=1$（状态为本期）或 0（状态为滞后期）。

4.2 基于混频损失函数的实时灵活动态金融状况指数测度的计量模型

4.2.1 传统混频数据模型存在的问题及解决方法

（1）传统混频数据模型存在的问题

自 Mariano 和 Murasawa（2010）提出和使用适用于季、月混频数据的 MF-VAR 模型并构建了美国混频经济景气指数后，国内外一些学者应用该模型构建了一些国家的金融和经济类指数，如 Camacho（2013），周德才、燕洪和钟佳敏（2017）。虽然 MF-VAR 模型有效克服了同频

VAR 模型固有的不足，但其或多或少存在以下问题。

①不适用于频率之比随机的混频数据。Mariano 和 Murasawa（2010），Camacho（2013），周德才、燕洪和钟佳敏（2017）等学者提出并应用的 MF-VAR 模型只适用于季、月混频数据这类频率之比固定的混频样本数据，不适用于月、日混频数据这类频率之比随机的混频样本数据。显然，季、月混频数据与月、日混频数据最大的区别在于两个数据的频率之比不同，由于 1 个季度包含 3 个月，显然季、月混频数据的频率固定为 1：3，但由于每个月的实际天数不固定，为 28～31 天不等，导致月、日混频数据的频率之比是随机的，这个问题给构建适用于月、日混频数据的 MF-VAR 模型带来很大的困难和挑战。

②没有对低频变量进行存量变量和流量变量的明显区分，容易出现处理上的失误。因为在使用状态空间算法进行卡尔曼滤波处理时，一般低频流量变量是由高频状态变量当期值及其滞后值的累计数或平均数决定，而低频存量变量是由高频状态变量在低频期内的最后 1 个值决定的。

③存在信息含量少的问题。该模型因维度诅咒只能包含少量变量，存在较严重的信息缺失，在进行宏观经济实证研究中容易出现"价格之谜"或"斜率之谜"。

④缺乏时变性。混频样本数据可能存在众多的时变结构变化，而传统的 MF-VAR 等固定系数混频模型可能无法有效刻画基于混频样本数据的多种时变结构变化。

⑤缺乏灵活性。混频样本数据结构变化并不是连续固定或连续时变的，而是非连续固定或非连续时变的，从这个角度看，传统的 MF-VAR 模型缺乏灵活性。

（2）解决传统混频数据模型问题的办法

①第一个、第二个问题的解决方法。为了解决传统混频数据模型的第一个问题，即频率之比随机和第二个问题，即样本变量未区分存量变量和流量变量问题，Aruoba，Diebold 和 Scotti（2009）构建了适用于月、日混频样本数据的 MF-DFM 模型，提出将月度等低频变量划分为

流量和存量两类，并进一步提出月度的流量变量由日度的状态变量的当期值及其该月实际天数 −1 个滞后值决定，而月度存量变量由日度状态变量在该月内的实际最后 1 天的值决定。当然，Aruoba、Diebold 和 Scotti（2009）构建的 MF-DFM 模型也存在不足，即没有考虑变量的相互关系以及系数的时变性和灵活性。

②第三个问题的解决方法。为了解决传统混频数据模型存在的第三个问题，即信息含量少的问题，Bernanke、Boivin 和 Eliasz（2005）首次提出 FAVAR 模型，其核心贡献是引入因子增广项（FA），即构建 FAVAR 模型，通过因子增广来降低 VAR 模型的维度，使 VAR 模型能够包含大量的变量，且又不受维度诅咒的困扰。FAVAR 模型也存在一点不足，就是每个因子的结构意义不明确，往往需要通过对因子载荷进行分析才能推测出大致的结论。基于此，Belviso 和 Milani（2005）通过拓展提出了 SFAVAR 模型，依据原始变量不同的经济意义对其进行分类，并提取公因子，从而得出结论，即使用单一公因子的方式能很好地解决这个问题。当然，FAVAR 模型、SFAVAR 模型等模型虽然较好地解决了传统 VAR 模型信息含量不足的问题，但也存在缺乏混频性、实时性、时变性和灵活性等不足。

③第四个、第五个问题的解决方法。为了解决传统混频数据模型的第四个问题（即缺乏时变性问题）和第五个问题（即缺乏灵活性问题），Cogley 和 Sargent（2005）等学者首先考虑了 VAR 模型系数的时变特征，将 VAR 模型扩展为时变参数 VAR 模型（即 TVP-VAR 模型），Sims 和 Zha（2006）等学者考虑了误差项协方差的时变性，将 VAR 模型扩展为随机方差 VAR 模型（即 SV-VAR 模型），Primicerri（2005）等学者则在 VAR 模型中加入时变参数和随机方差，将 VAR 模型扩展为带有随机方差的时变参数 VAR 模型（即 TVP-SV-VAR 模型），通过上述努力，学者们解决了 VAR 模型缺乏时变性的问题。针对缺乏灵活性的问题，Koop、Leon-Gonzalez 和 Strachan（2009）在 TVP-SV-VAR 模型中引入混频创新项（MI），拓展得到 MI-TVP-SV-VAR 模型，该模型不必人为设定参数变化的模式，即不事先设定参数是渐近变化的还是突然

变化的，而是从数据中估计出参数变化的具体模式，减少了过度参数化的问题，使得 VAR 模型具有灵活性。

4.2.2　频率之比随机的 MF-MI-TVP-SV-SFAVAR 模型及其优点分析

（1）频率之比随机的 MF-MI-TVP-SV-SFAVAR 模型

在前人的基础上，本书将 Mariano 和 Murasawa（2010）提出的频率之比固定的 MF-VAR 模型，Aruoba，Diebold 和 Scotti（2009）提出的频率之比随机的 MF-DFM 模型，Belviso 和 Milani（2005）提出的 SFAVAR 模型，以及 Koop，Leon-Gonzalez 和 Strachan（2009）提出的 MI-TVP-SV-VAR 模型的优点相结合，通过深入拓展，提出了频率之比随机的混频混合创新时变系数随机方差结构因子增广自回归模型（MF-MI-TVP-SV-SFAVAR 模型）。

（2）频率之比随机的 MF-MI-TVP-SV-SFAVAR 模型的优点分析

本书提出的频率之比随机的 MF-MI-TVP-SV-SFAVAR 模型具有以下优点。

①适用于频率之比随机的混频样本数据。本书通过将 Mariano 和 Murasawa（2010）提出的频率之比固定的 MF-VAR 模型，以及 Aruoba，Diebold 和 Scotti（2009）提出的频率之比随机的 MF-DFM 模型相结合，构建了频率之比随机的 MF-MI-TVP-SV-SFAVAR 模型，使得该模型可用于估计年、季、月和日等频率之比随机的混频样本数据之间的相互关系。

②为了避免错误估计，事先将低频样本变量区分为存量变量和流量变量两种类型。本书提出的频率之比随机的 MF-MI-TVP-SV-SFAVAR 模型不仅将低频样本变量区分为存量变量和流量变量两种类型，而且将流量变量进一步区分为比例流量变量和数量流量变量。为了避免估计错误，每种类型的低频样本变量都使用不同混频方法进行估计，从而避免了估计错误，也就是说，低频存量变量使用相应的每个低频期中包含的高频期数的最后一个高频状态变量值进行估计；比例流量变量使用相应

的每个低频期中包含的全部高频期数的状态变量的平均数来估计，而数量流量变量则使用相应的每个低频期中包含的全部高频期数的状态变量的累计数来估计。

③能够容纳丰富的信息。为了解决传统混频数据模型存在的维度诅咒问题，本书以 Belviso 和 Milani（2005）提出的 SFAVAR 模型为基础，提出了频率之比随机的 MF-MI-TVP-SV-SFAVAR 模型，通过结构公因子对样本数据进行降维，从而容纳大量的信息，在一定程度上解决了宏观经济实证研究中容易出现"价格之谜"或"斜率之谜"的问题。

④具有多种时变性。为了解决传统混频数据模型缺乏时变性的问题，本书以 Primicerri（2005）提出的 TVP-SV-VAR 模型为基础，提出了频率之比随机的 MF-MI-TVP-SV-SFAVAR 模型，通过对该模型的系数项、方差项、协方差项等赋予时变性，使得该模型能够刻画混频样本数据的多种时变结构变化。

⑤具有多种灵活性。为了解决传统混频数据模型缺乏灵活性的问题，本书以 Koop，Leon-Gonzalez 和 Strachan（2009）提出的 MI-TVP-SV-VAR 模型为基础，将其应用于频率之比固定的 MF-VAR 模型中，并进一步拓展为频率之比随机的情况，构建了频率之比随机的 MF-MI-TVP-SV-SFAVAR 模型，通过对该模型的系数项、方差项、协方差项等赋予非连续变化的混合创新项，使得该模型能够刻画混频样本数据的多种灵活结构变化。

4.2.3 提取 MF-MI-TVP-SV-SFAVAR 模型的结构公因子

为了使 FCI 能涵盖更多的经济信息，本书采用结构公因子实现对 FCI 的构建。首先使用 Hatzius 等（2010）提出的非平衡数据因子分析法抽取结构公因子 SF，SF 是含有特定经济意义的结构公因子。其设定方式如下：

$$
\begin{bmatrix} X_t^1 \\ X_t^2 \\ \vdots \\ X_t^n \end{bmatrix} = \begin{bmatrix} \lambda_1^{SF} & 0 & \cdots & 0 \\ 0 & \lambda_2^{SF} & \cdots & 0 \\ \vdots & \vdots & \vdots & \vdots \\ 0 & 0 & 0 & \lambda_n^{SF} \end{bmatrix} \begin{bmatrix} SF_t^1 \\ SF_t^2 \\ \vdots \\ SF_t^n \end{bmatrix} + \begin{bmatrix} e_t^1 \\ e_t^2 \\ \vdots \\ e_t^n \end{bmatrix} \tag{4-5}
$$

其中，X_t^i（$i=1$，2，$\cdots$，n）是具有不同经济意义的第 i 个金融指标集，是 $N_i \times 1$ 维可观测向量，且 $\sum N_i = N$；SF_t^i 是从金融指标集中抽取的 $K_i \times 1$ 维的不可观测的潜在结构公因子向量，$\sum K_i = K$，且对 $\forall i \in \{1$，2，$\cdots$，$n\}$，都有 $K_i < N_i$；λ_i^{SF} 为 $N_i \times K_i$ 维结构公因子载荷矩阵。为简单起见，假定对每类经济变量仅提取一个结构公因子，因此 $K_i = 1$。

4.2.4　构建 MF-MI-TVP-SV-SFAVAR 模型

（1）构建 MF-MI-TVP-SV-SFAVAR 模型的一般形式

MF-MI-TVP-SV-SFAVAR 模型在实时分析频率之比随机的混频样本数据方面有其优势。本书抽取的结构公因子序列存在频率和性质上的差异，涉及三种类别的结构公因子，包括 N_1 个月度流量结构公因子、N_2 个月度存量结构公因子以及 N_3 个日度结构公因子，$N = N_1 + N_2 + N_3$，将其依次定义为 $\{SF_{t,1}^m\}_{t=-\infty}^{\infty}$、$\{SF_{t,2}^m\}_{t=-\infty}^{\infty}$ 和 $\{SF_t^{d-}\}_{t=-\infty}^{\infty}$，其中 m 代表月度变量，$d-$ 代表含缺失值的日度变量。

根据 Aruoba，Diebold 和 Scotti（2009）的分析，月度流量变量分为数量流量变量和比例流量变量两类，数量流量变量是观测期内实际天数发生额的累计数，比例流量变量是观测期内实际天数发生额的平均数，设实际天数随机变量为 M（$28 \leqslant M \leqslant 31$），则有：

$$
SF_{t,1}^{md} = \begin{cases} \displaystyle\sum_{i=1}^{M} SF_{t-i+1,1}^d \ or \ \frac{1}{M}\sum_{i=1}^{M} SF_{t-i+1,1}^d & \text{当第 } t \text{ 期的} SF m_{t,1} \text{可观测时} \\ 0 & \text{当第 } t \text{ 期的} SF m_{t,1} \text{不可观测时} \end{cases} \tag{4-6}
$$

其中，$SF_{t,1}^{md}$ 是用 0 补齐缺失值后的日度流量结构公因子，md 代表月日转换；$SF_{t-i+1,1}^d$ 是月度流量结构公因子对应的日度状态变量。

根据 Aruoba，Diebold 和 Scotti（2009）的分析，存量变量是某一指定时点上的结存数，因此月度存量结构公因子是日度状态变量在该月的月末值，则有：

$$SF_{t,2}^{md} = \begin{cases} SF_{t,2}^{d} & \text{当第 } t \text{ 期的 } SF_{t,2}^{m} \text{ 可观测时} \\ 0 & \text{当第 } t \text{ 期的 } SF_{t,2}^{m} \text{ 不可观测时} \end{cases} \qquad (4-7)$$

对于日度数缺失值，则有：

$$SF_{t,3}^{d+} = \begin{cases} SF_{t,3}^{d} & \text{当第 } t \text{ 期的 } SF_{t,3}^{d-} \text{ 可观测时} \\ 0 & \text{当第 } t \text{ 期的 } SF_{t,3}^{d-} \text{ 不可观测时} \end{cases} \qquad (4-8)$$

其中，$SF_{t,3}^{d+}$ 是用 0 补全转换而成的日度结构公因子，$d+$ 代表日日转换。

设 $SF_t^{mf} = [SF_{t,1}^{md}, SF_{t,2}^{md}, SF_{t,3}^{d+}]'$ 服从一个 VAR（p）过程，则有：

$$SF_t^{mf} = A_0 + A_1 SF_{t-1}^{mf} + A_2 SF_{t-2}^{mf} + \cdots + A_p SF_{t-p}^{mf} + e_t \qquad (4-9)$$

（2）MF-MI-TVP-SV-SFAVAR 模型的状态空间形式

假设模型的滞后阶数为 1 阶，则模型的状态空间形式如下：

①量测方程：

$$SF_t^{mf} = M_t Z_t + e_t \qquad (4-10)$$

②状态方程：

$$Z_t = \beta_{0,t} + \beta_t Z_{t-1} + V_t \qquad (4-11)$$

$$\beta_t = \beta_{t-1} + K_{1t} \delta_{\beta,t} \qquad (4-12)$$

$$h_t = h_{t-1} + K_{2t} \delta_{h,t} \qquad (4-13)$$

$$\alpha_t = a_{t-1} + K_{3t} \delta_{a,t} \qquad (4-14)$$

其中：SF_t^{mf} 是前文提取的不可观测的结构金融公因子；M_t 是状态向量 Z_t 的系数矩阵；$e_t \sim iid. N(0, H_t)$ 是量测方程误差项，且 $H_t = A_t^{-1} \sum_{u,t} \sum_{u,t}' (A-1_t)'$；$\beta_{0,t}$ 是状态方程的时变常数项；β_t 是状态方程

的时变参数项；$V_t \sim iid. N（0，Q_t）$是误差项。式（4 – 12）是系数项，用来估计不可观察向量β_t的状态方程；式（4 – 13）是用来估计不可观察向量h_t的状态方程，即模型的随机对数波动项；式（4 – 14）是用来估计不可观察向量α_t的状态方程，即模型的随机同期相关项，K_{1t}、K_{2t}和K_{3t}都是混合创新项，且都只能取 0 或 1，分别决定模型的系数项、对数波动项和同期相关项的演进方式是不是灵活动态的；V_t，$\delta_{\beta,t}$，$\delta_{h,t}$，$\delta_{\alpha,t}$是误差项，它们都相互独立且服从正态分布。

总之，式（4 – 5）到式（4 – 14）组成了频率之比随机的 MF-MI-TVP-SV-SFAVAR 模型。显然，当 MF-MI-TVP-SV-SFAVAR 模型的系数和方差都为常数时，就退化为 MF-SFAVAR 模型。因此，MF-SFAVAR 模型是 MF-MI-TVP-SV-SFAVAR 模型的特例。

4.2.5　估计 MF-MI-TVP-SV-SFAVAR 模型

参考 Kim（2014）进行的卡尔曼滤波相关估计，使用卡尔曼滤波与平滑方法对 MF-MI-TVP-SV-SFAVAR 模型系数进行估计。

4.3　基于混频损失函数的实时灵活动态金融状况指数的统计加权模型

借鉴 Goodhart 和 Hofmann（2001）构建传统时滞 FCI 的同频加权方法和程序，本书构建了基于实时灵活动态 FCI 的实时灵活动态加权方法和程序。

4.3.1　构建基于混频损失函数的实时灵活动态金融状况指数的实时灵活动态加权方法

在构建基于混频损失函数的实时灵活动态金融状况指数（RTFD-FCI）时，本书首先利用 MF-MI-TVP-SV-SFAVAR 模型进行估计，得到日度状态变量 SF_t^d 及其实时灵活动态广义脉冲响应函数值，将它们代入式（4 – 15），就可以得到基于 RTFD-FCI 的实时灵活动态加权方法：

$$RTFD\text{-}FCI_t^d = \sum_{i=1}^{N} w_{it}^d SF_{it}^d, w_{ijt}^d = \frac{\sum_{j=1}^{K} |\Phi_{ijt}^d|}{\sum_{i=1}^{N} |\sum_{j=1}^{K} \Phi_{ijt}^d|} \qquad (4-15)$$

其中，$RTFD\text{-}FCI_t^d$ 是日度的 RTFD-FCI；w_{it}^d 是第 i 个金融指标的实时灵活动态的日度权重系数，$i=1, 2, \cdots, N$，N 是金融指标数量，w_{it}^d 是由 MF-MI-TVP-SV-SFAVAR 模型估计出来的 RTFD-FCI 各个构成金融变量的权重系数，且 $\sum_{i=1}^{N} |w_{it}^d| = 1$；$SF_{it}^d$ 是第 i 个金融指标在第 t 时期的状态值，通过状态方程估计得到；Φ_{ijt}^d 是 MLF 对来自第 i 个金融状态变量一个标准差信息冲击的第 j 个日度的实时灵活动态的广义脉冲响应函数值，$j=1, 2, \cdots, K$，K 是实时灵活动态广义脉冲响应函数的期数。

4.3.2 构建基于 RTFD-FCI 的实时灵活动态加权程序

第一步，将整理测算得到的混频损失函数和分类抽取的金融结构公因子，组成月、日混频样本数据（SF_t^{mf}）。

第二步，通过 MF-MI-TVP-SV-SFAVAR 模型对整合后的数据进行估计，得到它们之间实时灵活动态广义脉冲响应函数值（Φ_{ijt}^d）；利用构成 RTFD-FCI 各个金融状况变量的日度广义脉冲函数累计值在全部累计值中的比值，计算各个构成金融变量的权重系数（w_{it}^d）。

第三步，将各个金融变量的实时灵活动态权重代入式（4-15）中，得到实时灵活动态时变金融状况指数（$RTFD\text{-}FCI_t^d$）。

第四步，将日度 RTFD-FCI 按照月度和季度进行算术平均，就可得到月度和季度的 RTFD-FCI。

4.4 本章小结

为了在后文能更好地构建及应用基于混频损失函数的中国实时灵活动态金融状况指数，本章主要构建了以下几个统计计量模型。

第一，新构建了货币政策双重最终目标混频损失函数。使用调整过的适合季、月混频数据且符合中国国情的 MF-DFM 模型，构建了符合中国实际的混频损失函数。

第二，新构建了频率之比随机的 MF-MI-TVP-SV-SFAVAR 模型。针对传统计量存在的频率之比固定、未区分存量变量和流量变量、信息含量少、缺乏灵活性和时变性等问题，本书拓展了传统的混频 VAR（MF-VAR）等模型，构建了 MF-MI-TVP-SV-SFAVAR 模型，该模型具有频率之比随机、区别存量和流量变量、信息含量丰富、具有灵活性和时变性等优点。

第三，新构建了中国实时灵活动态金融状况指数的统计加权模型以及中国 RTFD-FCI 的统计加权方法和程序。

第5章
基于混频损失函数的中国实时金融状况指数测度及检验[①]

5.1　中国货币政策双重最终目标的混频损失函数测度及检验

根据第 4 章构建的金融状况指数的混频损失函数（MLF）模型，本章以季度 GDP 实际同比增长率缺口（GDPg）和月度居民消费价格指数缺口（CPIg）作为产出和通货膨胀的代表变量，组成季、月混频数据，实证测度了中国货币政策双重最终目标的混频损失函数，本部分简化为产出缺口（GDPg）和通货膨胀缺口（CPIg）。

5.1.1　中国货币政策双重最终目标混频损失函数测度

货币政策最终目标损失函数，也被称为中央银行最终目标损失函数。国内外一些学者对此进行了一些理论研究和实证测度，如王晋斌、李南（2013），周德才、李晓璇和李佩琳（2020）等，其中关键的是如何测算产出缺口和通货膨胀缺口。

（1）测算中国产出缺口和通货膨胀缺口

①测算中国产出缺口。产出缺口是实际产出与潜在产出之差，测度潜在产出的方法主要有趋势估计法（如 HP 滤波、BK 滤波、CF 滤波等）、生产函数法以及动态随机一般均衡法等，本书以 Goodhart 和 Hof-

---

① 本章是本书已发表的阶段性成果的实证部分，并把混频样本数据更新到了2020年9月30日。

mann（2001）、潘敏和缪海斌（2012）的研究成果为基础，使用 HP 滤波的方法对中国产出缺口进行测算。

②测算中国通货膨胀缺口。通货膨胀缺口是实际通货膨胀率与通货膨胀目标值之差，其中测度通货膨胀目标值的方法主要有趋势估计法和依据政府公布的通货膨胀目标值，本书采用 Goodhart 和 Hofmann（2001）的做法，使用 HP 滤波的方法对中国通货膨胀缺口进行测算。

（2）中国货币政策双重最终目标混频损失函数值测度

基于第 4 章新构建的混频损失函数模型，本章选择由季度产出缺口和月度通货膨胀缺口组成的季、月混频样本数据，使用 MF-DFM 模型，测度中国货币政策双重最终目标 MLF，具体结果见图 5 – 1。为了便于比较，把季度 GDPg 设成一个季度内三个月的值都相同的月度数据。由图 5 – 1 可知，本研究测度的中国 MLF 与 GDPg 和 CPIg 走势几乎相同，中国 MLF 一般介于 GDPg 和 CPIg 两个折线的中间。这些都说明了本研究测度的中国货币政策双重最终目标 MLF 能较好地反映产出和通货膨胀的周期变化的共同成分，是一个合理的衡量货币政策双重最终目标的综合指标，也是一个能够有效刻画宏观经济周期变化的综合指标。

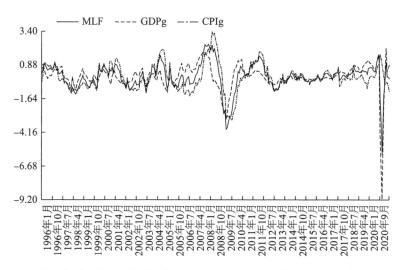

图 5 – 1　中国货币政策双重最终目标混频损失函数及与产出缺口和通货膨胀缺口对比

5.1.2 中国货币政策双重最终目标混频损失函数检验

本章使用相关性分析法和交叉谱法进一步检验中国货币政策双重最终目标 MLF 与产出缺口和通货膨胀缺口之间的相关性和一致性，以求进一步验证 MLF 的优势。

（1）相关性分析法检验

本章使用皮尔逊相关系数法（Pearson）、斯皮尔曼等级相关系数法（Spearman）以及肯德尔（Kendall）秩相关系数法对新构建的中国货币政策双重最终目标的混频损失函数与产出缺口和通货膨胀缺口之间的相关性进行检验，检验结果具体见表5－1。由表 5－1 可知，MLF 与 GDPg 之间的 Pearson、Spearman 和 Kendall 相关系数都在 1% 的显著性水平上显著，分别高达 0.734、0.607 和 0.454；同时 MLF 与 CPIg 之间的三个相关系数也都在 1% 的显著性水平上显著，分别高达 0.734、0.768 和 0.601。这些检验表明本书新构建的 MLF 与 GDPg 和 CPIg 之间存在高度的相关性，再次证明了 MLF 是一个合理有效的测度中国货币政策双重最终目标的综合指标。

表 5 –1   MLF 与 GDPg 和 CPIg 的相关性分析检验结果

相关系数		GDPg			CPIg		
		相关系数	统计量	P 值	相关系数	统计量	P 值
MLF	Pearson	0.734***	18.572	0.000	0.734***	18.572	0.000
	Spearman	0.607***	13.103	0.000	0.768***	20.594	0.000
	Kendall	0.454***	19947	0.000	0.601***	26434	0.000

注：*** 表示在 1% 的显著性水平上显著。

（2）交叉谱法检验

本章使用窗宽为 45 的帕曾窗、重叠度为 0.2 的交叉谱法对中国货币政策双重最终目标的混频损失函数与产出缺口和通货膨胀缺口之间的一致性进行检验，检验结果具体见表 5 － 2。由表 5 － 2 可知，MLF 与

GDPg 之间的一致性在所有频率上的最大值和平均值分别高达 0.931 和 0.490；同时 MLF 与 CPIg 之间的一致性在所有频率上的最大值和平均值分别高达 0.966 和 0.874。这些检验表明本研究新构建的 MLF 与 GDPg 和 CPIg 之间存在高度的一致性，再次证明了 MLF 是一个合理有效的测度中国货币政策双重最终目标的综合指标。

5.2 用于构建 RT-FCI 的 MF-SFAVAR 模型的具体形式

5.2.1 数据的选择和处理

（1）混频样本数据的选择

根据实时金融状况指数的构建原理以及既有的文献成果，本章选取中国新增贷款类、货币供应类、房价类、利率类、股价类、汇率类共计 6 类 30 个变量，其中前三类指标均为月度变量，样本区间为 1996 年 1 月至 2020 年 9 月，后三类指标均为日度变量，样本时间为 1996 年 1 月 1 日至 2020 年 9 月 30 日。由于这些数据的早期年月的数据以及一些特殊日期存在一些数据缺失，因此这些样本数据构成了一个不平衡的混频样本数据。数据来自锐思、万得等数据库，样本数据选取结果具体见表 5 - 3。需要说明的是，表 5 - 3 中少量数据通过计算得到：首先，房价类中的 4 个销售均价都是使用当月房地产销售额/当月房地产销售面积得到，考虑这 4 个数据的早期数据出现负值以及明显的奇异值，本章使用累计均价进行替换，并对一些奇异值进行了插值处理；其次，广义货币供应量 M3 是根据该变量的金融学定义，在广义货币供应量 M2 的基础上，加上金融债券、商业票据和大额可转让定期存单得到的；最后，利率全部加 100，变成本利和形式。

表 5 - 2　MLF 与 GDPg 和 CPIg 的交叉谱法检验结果

频率	0.000	0.063	0.126	0.188	0.251	0.314	0.377	0.440	0.503	0.565	0.628	0.691	0.754
时间跨度	297.0	148.5	99.0	74.3	59.4	49.5	42.4	37.1	33.0	29.7	27.0	24.8	22.8
一致性 MLF 和 GDPg	0.931	0.908	0.878	0.869	0.876	0.888	0.901	0.913	0.917	0.883	0.794	0.736	0.691
MLF 和 CPIg	0.900	0.914	0.929	0.937	0.942	0.943	0.942	0.932	0.894	0.773	0.706	0.761	0.795
频率	0.817	0.880	0.942	1.005	1.068	1.131	1.194	1.257	1.319	1.382	1.445	1.508	1.571
时间跨度	21.2	19.8	18.6	17.5	16.5	15.6	14.9	14.1	13.5	12.9	12.4	11.9	11.4
一致性 MLF 和 GDPg	0.590	0.391	0.147	0.079	0.112	0.267	0.491	0.622	0.652	0.643	0.625	0.595	0.557
MLF 和 CPIg	0.790	0.753	0.697	0.641	0.638	0.783	0.885	0.911	0.899	0.870	0.842	0.834	0.862
频率	1.634	1.696	1.759	1.822	1.885	1.948	2.011	2.073	2.136	2.199	2.262	2.325	2.388
时间跨度	11.0	10.6	10.2	9.9	9.6	9.3	9.0	8.7	8.5	8.3	8.0	7.8	7.6
一致性 MLF 和 GDPg	0.538	0.495	0.438	0.423	0.452	0.495	0.522	0.497	0.399	0.299	0.243	0.215	0.205
MLF 和 CPIg	0.908	0.934	0.943	0.946	0.947	0.952	0.959	0.966	0.964	0.957	0.950	0.942	0.929
频率	2.450	2.513	2.576	2.639	2.702	2.765	2.827	2.890	2.953	3.016	3.079	3.142	平均值
时间跨度	7.4	7.2	7.1	6.9	6.8	6.6	6.5	6.3	6.2	6.1	5.9	5.8	
一致性 MLF 和 GDPg	0.219	0.302	0.530	0.579	0.400	0.267	0.176	0.099	0.050	0.070	0.076	0.021	0.490
MLF 和 CPIg	0.905	0.863	0.852	0.861	0.856	0.870	0.882	0.890	0.897	0.897	0.874	0.843	0.874

表5－3　不平衡混频样本数据选取

指标	频	样本区间		指标	频	样本区间
新增人民币贷款	月	1996.1~2020.9	利率类	隔夜同业拆借利率	日	1996.7.2~2020.9.30
新增外币贷款	月	2002.1~2020.9		14天同业拆借利率	日	1996.1.3~2020.9.30
新增人民币中长期贷款	月	1996.1~2020.9		21天同业拆借利率	日	1996.1.8~2020.9.30
社会融资规模增量	月	2002.1~2020.9		60天同业拆借利率	日	1996.1.3~2020.9.30
新增人民币短期贷款	月	1999.1~2020.9		90天同业拆借利率	日	1996.1.3~2020.9.30
广义货币供应量M2	月	1996.1~2020.9	汇率类	美元汇率	日	1996.1.1~2020.9.30
准货币（M2－M1）	月	1996.1~2020.9		欧元汇率	日	1999.1.4~2020.9.30
狭义货币供应量M1	月	1996.1~2020.9		英镑汇率	日	1996.1.1~2020.9.30
广义货币供应量M3	月	1996.1~2020.9		澳元汇率	日	1996.1.1~2020.9.30
流通中货币M0	月	1996.1~2020.9		新西兰元汇率	日	1996.6.12~2020.9.30
国房景气指数	月	1996.1~2020.9	股价类	上证综合指数	日	1996.1.2~2020.9.30
住宅销售均价	月	1996.1~2020.9		深证成分指数	日	1996.1.2~2020.9.30
商业营业用房销售均价	月	1996.1~2020.9		沪深300指数	日	2002.1.4~2020.9.30
商品房销售均价	月	1996.1~2020.9		上证180指数	日	1996.7.1~2020.9.30
办公楼销售均价	月	1996.1~2020.9		创业板指数	日	2010.6.1~2020.9.30

行标签：新增贷款类、货币供应类、房价类、利率类、汇率类、股价类

（2）混频样本数据的处理

采纳栾惠德和侯晓霞（2015）的做法，本章选择名义金融指标来构建中国RT-FCI。对选取的6类30个金融指标做以下处理。①季节性调整。采用X－12的方法对月度变量进行季节性调整，日度数据不做调整。②对数化处理。除了有负数的样本数据外，对原始的日度样本数据、经季节性调整后的月度样本数据都进行了对数化处理，以消除时间序列中可能存在的异方差现象。③缺口值计算。采用HP滤波法计算样本数据的缺口值。④标准化处理。对全部样本数据进行了标准化处理，以去除变量的量纲影响。

5.2.2　货币政策传导渠道结构公因子抽取

把收集到的30个金融指标，根据不同的货币政策传导机制，分成

了新增贷款类、货币供应类、房价类、利率类、汇率类、股价类 6 类，每个类别的金融状况样本数据都使用 Hatzius 等（2010）提出的非平衡数据因子分析法进行唯一结构公因子的多次抽取，然后根据它们与混频损失函数的相关性取其中较大者。通过抽取，分别得到了新增贷款、货币供应、房价、利率、汇率、股价 6 个货币政策传导机制的结构公因子，分别记为 CLsf、MSsf、HPsf、IRsf、ERsf、SPsf。

5.2.3 混频结构公因子数据的处理和检验

（1）混频结构公因子数据的处理

本书对由混频损失函数和新增贷款、货币供应、房价、利率、汇率、股价 6 个结构公因子组成的 7 个结构数据进行处理，以便组成月、日混频数据。在 7 个结构数据中，前 4 个是月度数据，后 3 个是日度数据，按照前文提出的方法，通过补 0 的方式补齐 4 个月度数据的缺失值。这样就构建了一个样本区间为 1996 年 1 月 1 日至 2020 年 9 月 30 日，样本长度为 9040 个的月、日混频样本数据。基于这 7 个新组成的月、日混频样本结构数据，使用新构建的 MF-SFAVAR 模型对它们进行实证分析。

（2）单位根检验

为了避免实证分析中有可能出现的伪回归现象，需要检验时间序列是否为平稳的时间序列，即是否存在单位根。因此，在估计 MF-SFA-VAR 模型之前，首先采用 ADF 单位根检验方法对 7 个变量进行单位根检验，检验的最终结果具体见表 5 - 4。由表 5 - 4 可知，根据 ADF 单位根检验结果，混频损失函数和新增贷款、货币供应、房价、利率、汇率、股价都在 1% 的显著性水平上拒绝有单位根的原假设，说明 7 个变量都是平稳时间序列。其次，使用 PP 检验方法对 7 个变量进行单位根检验。由表 5 - 4 可知，根据 PP 单位根检验结果，混频损失函数和新增贷款、货币供应、房价、利率、汇率、股价也都在 1% 的显著性水平上拒绝有单位根的原假设，说明 7 个变量都是平稳时间序列。因此，可以使用 MF-SFAVAR 模型对它们进行实证分析。

表 5 - 4　单位根检验结果

变量	ADF 检验					PP 检验				
	(C, T, P)	T 统计量	临界值	P 值	结论	(C, P)	T 统计量	临界值	P 值	结论
MLF	(0, 0, 1)	- 6.298	- 2.565	0.000	平稳	(0, 1)	- 4.496	- 2.565	0.000	平稳
CLsf	(0, 0, 1)	- 3.707	- 2.565	0.000	平稳	(0, 1)	- 4.784	- 2.565	0.000	平稳
MSsf	(0, 0, 1)	- 5.079	- 2.565	0.000	平稳	(0, 1)	- 4.275	- 2.565	0.000	平稳
HPsf	(0, 0, 1)	- 3.261	- 2.565	0.000	平稳	(0, 1)	- 3.599	- 2.565	0.000	平稳
IRsf	(0, 0, 1)	- 6.480	- 2.565	0.000	平稳	(0, 1)	- 5.176	- 2.565	0.000	平稳
ERsf	(0, 0, 1)	- 4.718	- 2.565	0.000	平稳	(0, 1)	- 4.687	- 2.565	0.000	平稳
SPsf	(0, 0, 1)	- 3.846	- 2.565	0.000	平稳	(0, 1)	- 3.958	- 2.565	0.000	平稳

（3）最优滞后阶数的确定

本章使用 Eviews 中 VAR 模型的 Lag Order Selection Criteria 进行检验，确定模型的最优滞后阶数，具体结果见表 5 - 5。根据 SC 标准和 HQ 标准，VAR 模型最优滞后阶数都是 2 阶，根据 AIC、FPE 标准，VAR 模型最优滞后阶数都是 4 阶。因此，将 VAR 模型最优滞后阶数确定为 4 阶。

表 5 - 5　最优滞后阶数检验

Lag	LogL	LR	FPE	AIC	SC	HQ
1	94315.2	NA	0.000	- 20.892	- 20.854	- 20.879
2	118325.8	47946.7	0.000	- 26.203	- 26.126 *	- 26.177 *
3	118401.6	151.4	0.000	- 26.209	- 26.093	- 26.170
4	118464.2	124.8	9.75e - 21 *	- 26.212 *	- 26.058	- 26.159
5	118499.3	69.8	0.000	- 26.209	- 26.016	- 26.143
6	118537.6	76.4	0.000	- 26.206	- 25.975	- 26.128
7	118573.9	72.1	0.000	- 26.204	- 25.933	- 26.112
8	118601.6	55.0 *	0.000	- 26.199	- 25.890	- 26.094

5.2.4 构建并估计 MF-SFAVAR 模型的具体形式

（1）构建 MF-SFAVAR 模型的量测方程的具体形式

本章选择了由混频损失函数和新增贷款、货币供应、房价、利率、汇率、股价 6 个货币政策传导机制结构公因子组成的月、日混频样本数据，其中混频损失函数、新增贷款、货币供应、房价是月度数据，利率、汇率、股价是日度数据。为了表示数据频率和时间的变化，将上述 7 个变量分别表示为：MLF_t^m、$CLsf_t^m$、$MSsf_t^m$、$HPsf_t^m$、$IRsf_t^{d^-}$、$ERsf_t^{d^-}$、$SPsf_t^{d^-}$。为了使月度数据与日度数据的样本长度一样，用 0 对上述 4 个月度数据的缺失值进行补充，分别记为 MLF_t^{md}、$CLsf_t^{md}$、$MSsf_t^{md}$、$HPsf_t^{md}$；同时用 0 对上述 3 个日度数据的缺失值进行补充，分别记为 $IRsf_t^{d^+}$、$ERsf_t^{d^+}$、$SPsf_t^{d^+}$。

根据前文构建的 MF-SFAVAR 模型，在基于状态方程进行卡尔曼滤波时，月度流量变量是使用多个日度状态变量进行滤波的。因为每个月份的最长天数是 31 天，所以每个月度流量变量最多需要使用 31 个日度状态变量（通过状态方程估计得到）进行卡尔曼滤波，这些日度状态变量由日度变量的当期值和 30 阶滞后值组成，总数记为 $\bar{M} = N_1 \times 31$。在实际计算中，根据每个月的实际天数不同，对日度状态变量的实际需要个数（M）通过对实际不存在的日期的日度状态变量系数取 0 进行相应调整。本章在实证分析时选择了 MLF_t^{md} 和 $CLsf_t^{md}$ 2 个月度比例流量变量，都等于该月内实际天数 M（$28 \leqslant M \leqslant 31$）个日度流量变量（通过状态方程估计得到）的算术平均数，可知这 2 个月度流量变量最多需要 $31 \times 2 = 62$ 个状态变量进行卡尔曼滤波；同时，选择 $MSsf_t^{md}$ 和 $HPsf_t^{md}$ 2 个月度存量变量以及 $IRsf_t^{d^+}$、$ERsf_t^{d^+}$ 和 $SPsf_t^{d^+}$ 3 个日度变量，这 5 个变量都等于该期限内日度状态变量最后 1 日的值，可知它们本身及滞后 1 阶共需要 $5 \times 2 = 10$ 个状态变量进行卡尔曼滤波。因此，这 7 个变量合计需要 72 个状态变量进行卡尔曼滤波。由于我们的样本数据都进行了标准化处理，故量测方程不需要设截距项，从而 MF-SFAVAR 模型的量测方程的具体形式为：

$$
\underbrace{\begin{bmatrix} MLF_t^{md} \\ CLsf_t^{md} \\ MSsf_t^{md} \\ HPsf_t^{md} \\ IRsf_t^{d+} \\ ERsf_t^{d+} \\ SPsf_t^{d+} \end{bmatrix}}_{SF_t^{mf}} = \underbrace{\begin{bmatrix} \begin{bmatrix} h_{1t} & 0 \\ 0 & h_{2t} \end{bmatrix} & 0_{2\times5} & \begin{bmatrix} h_{1t} & 0 \\ 0 & h_{2t} \end{bmatrix} & 0_{2\times5} & \begin{bmatrix} h_{1t} & 0 \\ 0 & h_{2t} \end{bmatrix}E_{1\times29} \\ 0_{5\times2} & \begin{bmatrix} h_{3t} & \cdots & 0 \\ \vdots & \ddots & \vdots \\ 0 & \cdots & h_{7t} \end{bmatrix} & 0_{5\times2} & 0_{5\times5} & 0_{5\times58} \end{bmatrix}}_{H_t} \times
$$

$$
\underbrace{\begin{bmatrix} SF_t^d \\ SF_{t-1}^d \\ MLF_{t-L}^d \\ CL_{t-L}^d \end{bmatrix}}_{Z_t} + \underbrace{\begin{bmatrix} e_{1t} \\ e_{2t} \\ e_{3t} \\ e_{4t} \\ 0 \\ 0 \\ 0 \end{bmatrix}}_{e_t} \qquad (5-1)
$$

其中，$SF_t^d = [\, MLF_t^d,\ CLsf_t^d,\ MSsf_t^d,\ HPsf_t^d,\ IRsf_t^d,\ ERsf_t^d,\ SPsf_t^d\,]'$ 是与 7 个样本变量对应的当期状态变量，SF_{t-1}^d 是 SF_t^d 滞后 1 阶状态变量向量；$MLF_{t-L}^d = [\, MLF_{t-2}^d,\ \cdots,\ MLF_{t-30}^d\,]'$ 是与 MLF_t^{md} 对应的滞后 2 ~ 30 阶的状态变量向量；$CL_{t-L}^d = [\, CL_{t-2}^d,\ \cdots,\ CL_{t-30}^d\,]'$ 是与 CL_t^{md} 对应的滞后 2 ~ 30 阶的状态变量向量；$e_t \sim N\,(\,0_{7\times1},\ R_t\,)$，其中，$R_{i,t} = 0$（当第 i 个变量在第 t 期可观测时）或 1（当不可观测时）。

方程中 H_t 的系数意义解释如下。第一，2 个月度比例流量变量 MLF_t^{md} 和 $CLsf_t^{md}$ 的系数 $h_{i,t}$（$i = 1$，2）说明。从前文可知，月度比例流量变量等于对应的该月内实际天数的日度状态变量的算术平均数。设一个月的实际天数为 M，则有 $h_{i,t} = 1/M$（当第 i 个月度流量变量在第 t 期可观测时）或 0（当不可观测时），其中，$i = 1$，2。第二，2 个月度存量变量 $MSsf_t^{md}$ 和 $HPsf_t^{md}$ 以及 3 个日度存量变量 $IRsf_t^{d+}$、$ERsf_t^{d+}$ 和 $SPsf_t^{d+}$

的系数 $h_{i,t}$（$i=3$，$\cdots$，7）说明。根据前文可知，存量变量等于对应的该期限内日度状态变量的最后 1 日的值，则有 $h_{i,t}=1$（当第 i 个存量变量在第 t 期可观测时）或 0（当不可观测时），其中，$i=3$，$\cdots$，7。第三，示性函数 $E_{1\times29}$。它是一个 1×29 的行向量，其中第 1 个元素到第 $M-1$ 个元素为 1，其余为 0。

（2）构建 MF-SFAVAR 模型的状态方程的具体形式

本章把 MF-SFAVAR 模型的状态方程的滞后阶数设为 1 阶，其他滞后阶数以此类推，则模型状态方程的具体形式如下：

$$
\underbrace{\begin{bmatrix} SF_t^d \\ SF_{t-1}^d \\ MLF_{t-L}^d \\ CL_{t-L}^d \end{bmatrix}}_{Z_t} = \underbrace{\begin{bmatrix} a_{7\times1}^0 \\ 0_{7\times1} \\ 0_{29\times1} \\ 0_{29\times1} \end{bmatrix}}_{A_0} + \underbrace{\begin{bmatrix} \begin{bmatrix} a_{7\times7}^1 & 0_{7\times7} & 0_{7\times29} & 0_{7\times29} \end{bmatrix} \\ \begin{bmatrix} I_{7\times7} & 0_{7\times7} & 0_{7\times29} & 0_{7\times29} \end{bmatrix} \\ \begin{bmatrix} 0_{1\times7} & I_{1\times7}^1 & 0_{1\times29} & 0_{1\times29} \\ 0_{28\times7} & 0_{28\times7} & I_{28\times29} & 0_{28\times29} \end{bmatrix} \\ \begin{bmatrix} 0_{1\times7} & I_{1\times7}^2 & 0_{1\times29} & 0_{1\times29} \\ 0_{28\times7} & 0_{28\times7} & 0_{28\times29} & I_{28\times29} \end{bmatrix} \end{bmatrix}}_{A_1} \underbrace{\begin{bmatrix} SF_{t-1}^d \\ SF_{t-2}^d \\ LF_{t-L-1}^d \\ CL_{t-L-1}^d \end{bmatrix}}_{Z_{t-1}} + \underbrace{\begin{bmatrix} v_{7\times1} \\ 0_{7\times1} \\ 0_{29\times1} \\ 0_{29\times1} \end{bmatrix}}_{V_t} \quad (5-2)
$$

其中：A_0 是截距项，其中 $a_{7\times1}^0=\begin{bmatrix} a_1^0, & a_2^0, & \cdots, & a_7^0 \end{bmatrix}$ 是非 0 截距项；A_1 是状态方程的系数矩阵，其中 $a_{7\times7}^1=\begin{bmatrix} a_{11}^1 & \cdots & a_{17}^1 \\ \vdots & \ddots & \vdots \\ a_{71}^1 & \cdots & a_{77}^1 \end{bmatrix}$；$V_t\sim N$

$\left(0_{72\times1}, \begin{bmatrix} Q_{7\times7}^1 & 0_{7\times65} \\ 0_{65\times7} & 0_{65\times65} \end{bmatrix}\right)$ 是状态方程的误差项，其中，$v_{7\times1}=\begin{bmatrix} v_{1t}, \end{bmatrix}$

$v_{2t},\cdots,v_{7t}\end{bmatrix}$ 是非 0 的误差项，$Q_{7\times7}^1$ 是主对角线元素全部非 0 的对角矩阵；$I_{m\times n}$ 是 $m\times n$ 维的单位矩阵；$I_{1\times7}^1$ 和 $I_{1\times7}^2$ 分别是 1 元素在第 1 列和第 2 列的单位行向量。

（3）实证估计用于构建 RT-FCI 的 MF-SFAVAR 模型

基于新构建的由式（5-1）和式（5-2）构成的状态空间形式的 MF-SFAVAR 模型，使用 Matlab 2016 运行新撰写的 MF-SFAVAR 模型程序，得到模型的估计结果，并计算得到实时广义脉冲响应函数值。限于篇幅，我们没有把参数的估计结果列出来。

5.2.5　实时广义脉冲响应函数分析

基于 MF-SFAVAR 模型，本章测算了 6 个货币政策传导机制结构公因子对混频损失函数的实时广义脉冲响应函数值。考虑到基于日度数据测度的实时广义脉冲响应函数收敛于 0 的速度比季度和月度样本数据要缓慢得多，我们打破了传统上脉冲响应函数期数一般设为 40 期（即 40 个月或者季度）的惯例，测算了 730 期（即 2 年）的实时广义脉冲响应函数值，具体见图 5 – 2。根据图 5 – 2，对实时广义脉冲响应函数值分析如下。

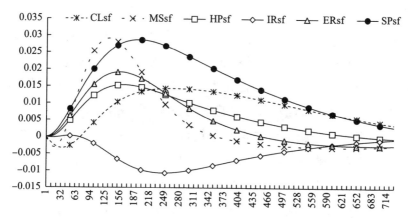

**图 5 – 2　混频损失函数对 6 个货币政策传导机制结构公因子的
实时广义脉冲响应函数值**

（1）混频损失函数对来自新增贷款结构公因子一个标准差冲击的实时广义脉冲响应函数值分析。由图 5 – 2 可知，MLF 对来自 CLsf 的冲击响应函数值在第 1 期开始快速下降，在第 33 期下降到最小值 – 0.003343，从第 34 期开始较快上升，在第 253 期达到最大值 0.014395，然后缓慢下降，逐步趋于 0；从数值来看，全部函数值在前期有少量的负值，其余全部为正值，累计值高达 6.275，在 6 个结构公因子中占比为 18.83%。这些说明了货币政策通过新增贷款传导渠道对宏观经济具有较显著的正向综合效应。

（2）混频损失函数对来自货币供应结构公因子一个标准差冲击的实时广义脉冲响应函数值分析。由图 5 - 2 可知，MLF 对来自 MSsf 的冲击响应函数值在第 1 期开始有一个快速的下降，在第 16 期达到最小值 - 0.003095，从第 18 期开始较快上升，在第 131 期达到最大值 0.029141，从第 133 期迅速下降，然后逐步趋于 0；从数值来看，全部函数值有正有负，累计值达到 3.691，在 6 个结构公因子中占比为 11.08%。这些说明了货币政策通过货币供应传导渠道对宏观经济具有较显著的正向综合效应。

（3）混频损失函数对来自房价结构公因子一个标准差冲击的实时广义脉冲响应函数值分析。由图 5 - 2 可知，MLF 对来自 HPsf 的冲击响应函数值在第 1 ~ 6 期有一个快速的下降，在第 6 期达到最小值 - 0.00011，从第 8 期开始快速上升，在第 162 期达到最大值 0.015384，接着缓慢下降，最终逐步趋于 0；从数值来看，全部函数值有正有负，累计值达到 4.769，在 6 个结构公因子中占比为 14.31%。这些说明了货币政策通过房价传导渠道对宏观经济具有较显著的正向综合效应。

（4）混频损失函数对来自利率结构公因子一个标准差冲击的实时广义冲击脉冲响应值分析。由图 5 - 2 可知，MLF 对来自 IRsf 的实时广义冲击脉冲响应值从第 1 ~ 55 期有一个微幅波动，接着从第 56 期开始快速下降，在第 245 期达到最小值 - 0.010637，从第 247 期开始缓慢上升，最终趋于 0；从数值来看，全部实时广义脉冲响应函数值除了有少量的正值外其余基本上为负值，累计值为 - 3.532，在 6 个结构公因子中占比为 10.60%。这些说明了货币政策通过利率传导渠道对宏观经济具有较显著的负向综合效应。

（5）混频损失函数对来自汇率结构公因子一个标准差冲击的实时广义脉冲响应函数值分析。由图 5 - 2 可知，MLF 对来自 ERsf 的实时广义脉冲响应函数值从第 1 期开始就呈现快速上升走势，在第 154 期达到最大值 0.019166，从第 155 期开始缓慢下降，最终趋于 0；从数值来看，实时广义脉冲响应函数值基本上为正值，全部函数值累计达到 3.880，在 6 个结构公因子中占比为 11.65%。这些说明了货币政策通过汇率传导渠道对宏观经济具有很显著的正向综合效应。

（6）混频损失函数对来自股价结构公因子一个标准差冲击的实时广义脉冲响应函数值分析。从图 5 - 2 来看，MLF 对来自 SPsf 的实时广义脉冲响应函数值从第 1 期开始就呈现快速上升走势，在第 193 期达到最大值 0.02874，然后从第 195 期开始缓慢下降，最终趋于 0；从数值来看，实时广义脉冲响应函数值基本为正值，全部函数值累计达到 11.170，在 6 个结构公因子中占比为 33.53%。这些说明了货币政策通过股价传导渠道对宏观经济具有很显著的正向综合效应。

总之，通过对上述 6 个货币政策传导渠道结构公因子的综合效应进行比较分析，本书进一步得出以下结论：第一，从综合效应规模来看，货币政策的股价、新增贷款、房价三大传导渠道对宏观经济具有相对更高的综合效应，其他渠道相对较低；第二，从综合效应的方向来看，货币政策利率渠道具有总体负向的综合效应，其余渠道对宏观经济则具有总体正向的综合效应；第三，从综合效应的波动来看，货币供应、股价两大传导渠道波动较大，其他传导渠道则相对稳定。

5.3　测度基于混频损失函数的中国实时金融状况指数

根据 MF-SFAVAR 模型的估计结果，本书将包含从 1 期到 1 ~ 730 期等不同期数的实时广义脉冲响应函数累计值代入式（4 - 15），进行了 730 次日度中国实时金融状况指数及其实时权重系数的测度试验，结果发现基于 1 ~ 67 期的实时广义脉冲响应函数累计值构建的 RT-FCI 与混频损失函数的相关性最好（记为 RT-FCI1），同时也发现基于 1 ~ 147 期的实时广义脉冲响应函数累计值构建的 RT-FCI 与产出缺口的相关性最好（记为 RT-FCI2），以及基于 1 ~ 61 期的实时广义脉冲响应函数累计值构建的 RT-FCI 与通货膨胀缺口的相关性最好（记为 RT-FCI3）。之所以选择不同的实时广义脉冲响应函数的期数来构建中国实时金融状况指数，是因为货币政策传导到混频损失函数、产出缺口和通货膨胀缺口所花费的时间是各不相同的，即时滞是不相同的。因此，本章通过测度得到了 3 个日度中国实时金融状况指数及其实时权重系数。本节只简单分析和检验了 RT-FCI1，下一节着重分析和检验 RT-FCI2 和 RT-FCI3。

5.3.1 分析实时权重系数

因此，为了说明 6 大货币政策传导渠道结构公因子对中国宏观经济的综合影响，本节使用前文构建的 FCI 的实时加权公式，选择 1~67 期的实时广义脉冲响应函数累计值，测算了货币政策对混频损失函数传导效应最好的中国实时金融状况指数的实时权重，具体见图 5-3。由图 5-3 可知，6 大货币政策传导渠道结构公因子在中国实时金融状况指数中的实时权重，根据绝对值从大到小顺序排列，分别为股价（0.314）、汇率（0.234）、房价（0.176）、新增贷款（0.143）、货币供应（0.132）和利率（0.001）。通过对这些实时权重进行比较分析，得出以下结论。第一，从权重规模来看，股价（0.314）、汇率（0.234）、房价（0.176）的权重明显较大，说明货币政策通过这三大传导渠道对宏观经济的综合影响相对较强，而新增贷款（0.143）、货币供应（0.132）和利率（0.001）的权重则相对较小，说明它们的综合影响相对较弱。第二，从权重分类来看，货币供应、新增贷款 2 个数量型结构公因子的权重绝对值之和是 0.275，说明在实时调控宏观经济的情况下，实时数量型货币政策与实时价格型货币政策一样对宏观经济调控起到了重要作用。第三，实时推进金融市场的全面改革开放是提升中国货币政策对宏观经济综合影响的较好途径。这表现在中国改革开放较早和较好的股票市场、外汇市场和房地产市场对宏观经济的综合影响较大，而改革开放较晚和较弱的货币市场、信贷市场和利率市场的综合影响较小。

5.3.2 基于混频损失函数的中国实时金融状况指数的分析和比较

（1）基于混频损失函数的中国实时金融状况指数趋势分析

将 RT-FCI1 和 MLF 两个日度变量绘制到图形中进行比较，具体见图 5-4。由图 5-4 可知，由于世界金融危机、欧债危机和新冠肺炎疫

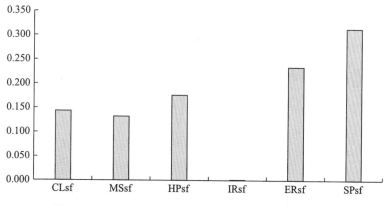

图 5 - 3　中国实时金融状况指数的实时权重系数绝对值

情对金融市场产生冲击，本书构建的中国 RT-FCI1 分别在 2008～2009 年、2011～2012 年、2020～2021 年三个时间段有较大的波动，而其他时间段呈小幅波动的状态。总体而言，中国 RT-FCI1 呈现平稳波动走势，较好地表征了多年来中国金融市场状况一直比较平稳、没有出现金融危机的良好局面，也与中国人民银行一直实行以稳健货币政策为主的政策措施相吻合，这说明本书构建的中国 RT-FCI1 是一个能够较好地反映金融市场状况的综合指标。

（2）中国实时金融状况指数与货币政策混频损失函数比较

通过对图 5 - 4 进行分析，得出以下结论。第一，从走势来看，本书新构建的 RT-FCI1 和 MLF 的走势基本相同。第二，从领先性来看，虽然有很小一部分时段二者重合，但绝大部分时段 RT-FCI1 领先于 MLF。特别是在一些重要时刻，如 2008 年的世界金融危机、2011 年欧债危机以及 2020 年新冠肺炎疫情冲击期间，RT-FCI1 都领先于 MLF 很多天，给出了转折的信号。第三，从稳定性来看，RT-FCI1 的波动幅度比 MLF 要小得多，更加稳定。这些也说明了本书构建的中国 RT-FCI1 是一个较好的货币政策最终目标的先行指标。

（3）基于混频损失函数的中国 RT-FCI1 检验

本章将使用相关性分析法和交叉谱法检验基于混频损失函数的中国 RT-FCI1 与货币政策双重最终目标的 MLF 之间的相关性和一致性，以

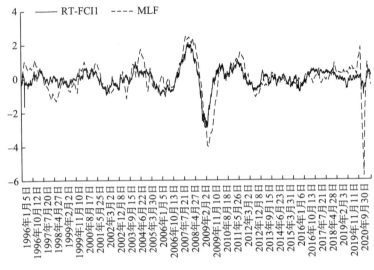

图5-4 中国实时金融状况指数与混频损失函数对比

求进一步验证新构建的 RT-FCI 的优势。本节只是简单检验了 RT-FCI1，将在第4节进行更全面的实证检验和比较。

①相关性分析法检验。使用皮尔逊相关系数法、斯皮尔曼等级相关系数法以及肯德尔秩相关系数法对新构建的中国 RT-FCI1 与 MLF、GDPg 和 CPIg 之间的相关性进行检验，检验结果具体见表5-6。由表5-6可知，RT-FCI1 与 MLF、GDPg、CPIg 之间的皮尔逊相关系数、斯皮尔曼等级相关系数和肯德尔秩相关系数都在1%的显著性水平上显著。这些检验表明本书新构建的中国 RT-FCI1 与 MLF、GDPg 和 CPIg 之间存在高度的相关性，再次证明了 RT-FCI1 是一个与中国货币政策双重最终目标高度相关的综合指标，可以作为货币政策的操作指标，进而说明了该指数的合理性和有效性。

表5-6 RT-FCI1 与 MLF、GDPg、CPIg 的相关性分析检验结果

RT-FCI1	MLF			GDPg			CPIg		
	相关系数	统计量	P 值	相关系数	统计量	P 值	相关系数	统计量	P 值
Pearson	0.7226 ***	99.3531	0.0000	0.4517 ***	4.9859	0.0000	0.6342 ***	14.0886	0.0000
Spearman	0.6366 ***	78.4683	0.0000	0.3534 ***	3.7202	0.0003	0.5579 ***	11.5459	0.0000

续表

RT-FCI1	MLF			GDPg			CPIg		
	相关系数	统计量	P 值	相关系数	统计量	P 值	相关系数	统计量	P 值
Kendall	0.4588 ***	1.9E + 07	0.0000	0.2488 ***	1.2E + 03	0.0003	0.4039 ***	1.8E + 04	0.0000

注: *** 表示在 1% 的显著性水平上显著。

②交叉谱法检验。本章分别使用窗宽为 1400、15 和 60 的帕曾窗以及重叠度分别为 0.1 和 0.2 的交叉谱法对基于混频损失函数的中国 RT-FCI1 与 MLF、GDPg 和 CPIg 之间的一致性进行检验，并与标准 FCI1 进行比较，检验结果具体见表 5 - 7。第一，各指数与 MLF 的一致性检验及比较。RT-FCI1 与 MLF 之间的一致性最大值为 0.8486，比 FCI1 低 0.0285，平均值为 0.2040，比 FCI1 高 0.0076，说明它们之间的一致性相差不大。第二，各指数与 GDPg 的一致性检验及比较。RT-FCI1 与 GDPg 之间的一致性最大值为 0.9267，比 FCI1 高 0.0219，平均值为 0.5017，比 FCI1 高 0.0347，说明 RT-FCI1 在一定程度上优于 FCI1。第三，各指数与 CPIg 的一致性检验及比较。RT-FCI1 与 CPIg 之间的一致性最大值为 0.9772，比 FCI1 高 0.0062，平均值为 0.3511，比 FCI1 低 0.0141，说明它们之间的一致性相差不大。总之，本书新构建的中国实时金融状况指数与宏观经济活动具有高度的一致性，且略优于标准金融状况指数，说明了它是一个反映宏观经济活动的合理和有效的指标。

表 5 - 7 RT-FCI1 与 MLF、GDPg 和 CPIg 一致性的交叉谱检验结果

交叉谱	窗宽	重叠度	频率	长度	样本个数	最大值	平均值
RT-FCI1 与 MLF	1400	0.1	0.0112	5000	9036	0.8486	0.2040
FCI1 与 MLF	1400	0.1	0.0112	5000	8980	0.8771	0.1964
RT-FCI1 与 GDPg	15	0.2	0.000	50	99	0.9267	0.5017
FCI1 与 GDPg	15	0.2	0.000	50	99	0.9048	0.4670
RT-FCI1 与 CPIg	60	0.1	0.2513	150	297	0.9772	0.3511
FCI1 与 CPIg	60	0.1	0.2513	150	295	0.9710	0.3652

5.4　基于混频损失函数的中国实时金融
状况指数检验和比较

为了验证新构建的基于混频损失函数的中国 RT-FCI 的优势，本章将从领先性、一致性、相关性、因果关系和预测能力 5 个方面对 RT-FCI 进行全面系统的检验，并与传统的基于同频数据模型，即 VAR 模型构建的延时金融状况指数（DT-FCI）进行了比较。为了便于检验和比较该指数对季度 GDPg 和月度 CPIg 的领先性和预测能力，以及与季度 GDPg 和月度 CPIg 的一致性、相关性和因果关系，将新构建的中国 RT-FCI 通过求算术平均数的方法分别转换成季度和月度形式。

5.4.1　基于混频损失函数的中国实时金融状况指数及对产出和通货膨胀的领先性检验和比较

（1）基于走势图的领先性检验和比较

①基于走势图的中国 RT-FCI2 与 GDPg 的领先性检验和比较。将前文得到的季度与产出缺口相关性最大的基于混频损失函数的中国 RT-FCI2 和 DT-FCI2 以及 GDPg 绘制在图 5 - 5 中。由图 5 - 5 可知，整体来看，中国 RT-FCI2、DT-FCI2 与 GDPg 基本同步，缺乏明显的领先性，但从一些重要时期来看，如 2008 ~ 2009 年世界金融危机期间，中国 RT-FCI2、DT-FCI2 和 GDPg 分别在 2008 年第 4 季度、2009 年第 1 季度、2009 年第 1 季度下降到转折点，中国 RT-FCI2、DT-FCI2 分别比 GDPg 领先 1 个和 0 个季度，又如在 2011 ~ 2012 年欧债危机期间，中国 RT-FCI2、DT-FCI2 和 GDPg 分别在 2012 年第 1 季度、2012 年第 2 季度、2012 年第 2 季度下降到局部转折点，中国 RT-FCI2、DT-FCI2 分别比 GDPg 领先 1 个和 0 个季度。总之，从走势图来看，中国 RT-FCI2 整体上领先 GDPg 0 ~ 1 个季度，并在领先性上优于 DT-FCI2。

②基于走势图的中国 RT-FCI3 与 CPIg 的领先性检验和比较。将前文得到的月度与 CPIg 相关性最大的基于混频损失函数的中国 RT-FCI3

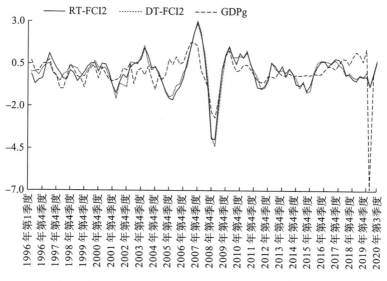

图 5 - 5　RT-FCI2、DT-FCI2 和 GDPg 对比

和 DT-FCI3 以及 CPIg 绘制在图 5 - 6 中。由图 5 - 6 可知，整体来看，中国 RT-FCI3、DT-FCI3 明显领先于 CPIg，且在一些重要时期领先性更加明显。首先，在 2006 年至 2008 年上半年的经济过热期间，中国 RT-FCI3、DT-FCI3 和 CPIg 分别在 2007 年 11 月、12 月和 2008 年 2 月上升到局部极大值转折点，中国 RT-FCI3、DT-FCI3 分别比 CPIg 领先 3 个和 2 个月，中国 RT-FCI3 比 DT-FCI3 多领先 1 个月。其次，在 2018 年下半年至 2019 年的世界金融危机爆发期间，中国 RT-FCI3、DT-FCI3 和 CPIg 分别在 2009 年 2 月、2 月和 7 月下降到局部极小值转折点，中国 RT-FCI3、DT-FCI3 都比 CPIg 领先 5 个月，中国 RT-FCI3 与 DT-FCI3 的领先优势相同。总之，从走势图来看，中国 RT-FCI3 领先于 CPIg 1 ~ 5 月，并在领先性上优于 DT-FCI3。

（2）基于 K-L 信息量法的领先性检验和比较

前文的利用走势图检验领先性的方法虽然比较直观，但不够精确，因此我们将使用 K-L 信息量法对中国 RT-FCI、DT-FCI 与 GDPg、CPIg 之间的领先滞后性做出精确检验判断，检验结果具体见表 5 - 8。

①基于 K-L 信息量法的中国 RT-FCI2 与 GDPg 的领先性检验和比

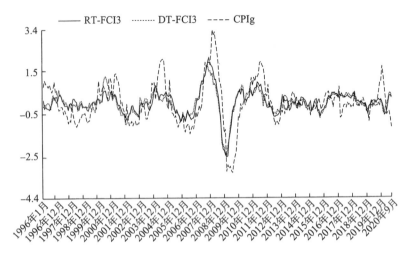

图 5 - 6　**RT-FCI3、DT-FCI3 与 CPIg 对比**

较。使用 K-L 信息量法，对中国 RT-FCI2、DT-FCI2 和 GDPg 之间的领先滞后关系进行检验，检验结果见表 5 - 8。由表 5 - 8 可知，中国 RT-FCI2、DT-FCI2 领先和滞后 GDPg 的阶数分别为 5 阶和 2 阶。该检验再次表明了本书新构建的基于混频损失函数的中国实时金融状况指数领先于产出缺口，其领先性优于延时金融状况指数。

表 5 - 8　**K-L 信息量法检验结果**

检验指标 基准指标	RT-FCI2		DT-FCI2		RT-FCI3		DT-FCI3	
	K-L	L	K-L	L	K-L	L	K-L	L
GDPg/CPIg	3.52E + 14	- 5	2.64E + 14	2	2.02E + 14	- 4	7.45E + 13	- 1

注：K-L 表示信息量；L 表示领先滞后阶数，负数表示领先，正数表示滞后，0 表示一致。

　　②基于 K-L 信息量法的中国 RT-FCI3 与 CPIg 的领先性检验和比较。使用 K-L 信息量法，对中国 RT-FCI3、DT-FCI3 和 CPIg 之间的领先滞后关系进行检验，检验结果见表 5 - 8。中国 RT-FCI3、DT-FCI3 领先 CPIg 的阶数分别为 4 阶和 1 阶。该检验再次表明了本书新构建的基于混频损失函数的中国实时金融状况指数领先于通货膨胀缺口，其领先性优于延时金融状况指数。

5.4.2　基于混频损失函数的中国实时金融状况指数及对产出和通货膨胀的一致性检验和比较

（1）基于走势图的一致性检验和比较

①基于走势图的中国 RT-FCI2 与 GDPg 的一致性检验和比较。由图 5-5 可知，中国 RT-FCI2、DT-FCI2 和 GDPg 走势基本一致，具有较高的一致性，且中国 RT-FCI2 的走势与 DT-FCI2 几乎一样，与 GDPg 的一致性不存在明显的差异。鉴于从图形走势中无法辨别出中国 RT-FCI2、DT-FCI2 与 GDPg 的一致性的差异程度，下文将进一步通过交叉谱法检验和比较它们之间的一致性。

②基于走势图的中国 RT-FCI3 与 CPIg 的一致性检验和比较。由图 5-6 可知，中国 RT-FCI3、DT-FCI3 和 CPIg 走势基本一致，具有很高的一致性，且中国 RT-FCI3 的走势与 DT-FCI3 几乎一样，与 CPIg 的一致性不存在明显的差异。鉴于从图形走势中无法分辨出中国 RT-FCI3、DT-FCI3 与 CPIg 的一致性的差异程度，下文也将进一步通过交叉谱法检验和比较它们之间的一致性。

（2）基于交叉谱法的一致性检验和比较

①基于交叉谱法的中国 RT-FCI2 与 GDPg 的一致性检验和比较。本章使用帕曾窗窗宽为 30、重叠度为 0.2 的交叉谱法实证检验了季度的中国 RT-FCI2 与 GDPg 的一致性，检验结果见表 5-9。由表 5-9 可知，中国 RT-FCI2 与 GDPg 在所有频率上的一致性的最大值是 0.926，平均值是 0.438，都大于 DT-FCI2 与 GDPg 的数值。这说明了本书新构建的基于混频损失函数的中国实时金融状况指数与产出缺口存在高度的一致性，并在一致性上优于延时金融状况指数。

②基于交叉谱法的 RT-FCI3 与 CPIg 的一致性检验和比较。本章使用帕曾窗窗宽为 58、重叠度为 0.2 的交叉谱法实证检验了月度的基于混频损失函数的中国 RT-FCI3 与 CPIg 的一致性，检验的具体情况见表 5-9。RT-FCI3 与 CPIg 在所有频率上的一致性的最大值是 0.979，平均值是 0.332，都大于 DT-FCI3 与 CPIg 的数值。这说明了本书新构建的基于混

频损失函数的中国实时金融状况指数与通货膨胀缺口存在高度的一致
性，并在一致性上优于延时金融状况指数。

表 5 - 9　RT-FCI2、DT-FCI2、RT-FCI3、DT-FCI3 与 GDPg、CPIg 的
一致性交叉谱检验

交叉谱	样本量	窗宽	重叠度	长度	最大值	平均值
RT-FCI2 与 GDPg	106	30	0.2	50	0.926	0.438
DT-FCI2 与 GDPg	106	30	0.2	50	0.873	0.359
RT-FCI3 与 CPIg	295	58	0.2	150	0.979	0.332
DT-FCI3 与 CPIg	295	58	0.2	150	0.971	0.281

5.4.3　基于混频损失函数的中国实时金融状况指数与产出和通货膨胀的相关性检验和比较

（1）基于跨期相关系数法的相关性检验和比较

①基于跨期相关系数法的中国 RT-FCI2 与 GDPg 的相关性检验和比较。
从前文的分析可知，中国 RT-FCI2、DT-FCI2 与 GDPg 具有高度的一致性，
意味着它们之间具有较高的相关性。为此，本章使用跨期相关系数法检验
中国 RT-FCI2、DT-FCI2 与 GDPg 的相关性，检验结果见表5 - 10。由表 5 -
10 可知，RT-FCI2、DT-FCI2 与 GDPg 的跨期相关系数都在第 0 期达到最大
值，分别为 0.482、0.497，在最大跨期相关性上中国 RT-FCI2 弱于 DT-
FCI2；RT-FCI2、DT-FCI2 与 GDPg 的平均跨期相关系数分别为 0.253 和
0.251，在平均跨期相关性上中国 RT-FCI2 略优于 DT-FCI2。总之，本书新
构建的基于混频损失函数的中国实时金融状况指数与产出缺口具有较高的
相关性，且在跨期相关性上与延时金融状况指数不相上下。

②基于跨期相关系数法的中国 RT-FCI3 与 CPIg 的相关性检验和比
较。从前文的分析可知，中国 RT-FCI3、DT-FCI3 与 CPIg 之间具有高度
的一致性，意味着它们之间具有较高的相关性。为此，本章使用跨期相
关系数法检验中国 RT-FCI3、DT-FCI3 与 CPIg 之间的相关性，检验结果
见表 5 - 10。由表 5 - 10 可知，RT-FCI3、DT-FCI3 与 CPIg 跨期相关系

数分别在第 3 期、第 4 期达到最大值，分别为 0.796、0.780，在最大跨期相关性上中国 RT-FCI3 优于 DT-FCI3；RT-FCI3、DT-FCI3 与 CPIg 的平均跨期相关系数分别为 0.723 和 0.710，在平均跨期相关性上中国 RT-FCI3 也优于 DT-FCI3。总之，本书新构建的基于混频损失函数的中国实时金融状况指数与通货膨胀缺口具有很高的相关性，且在跨期相关性上明显优于延时金融状况指数。

表 5 - 10 中国 RT-FCI、DT-FCI 与 GDPg、CPIg 的跨期相关系数

领先期	0	1	2	3	4	5	6	7	8	均值
RT-FCI2 与 GDPg	0.482	0.281	0.016	0.244	0.347	0.321	0.228	0.108	0.054	0.253
DT-FCI2 与 GDPg	0.497	0.259	0.012	0.234	0.340	0.319	0.245	0.103	0.039	0.251
RT-FCI3 与 CPIg	0.660	0.733	0.776	0.796	0.788	0.749	0.685	0.600	0.495	0.723
DT-FCI3 与 CPIg	0.588	0.668	0.732	0.768	0.780	0.763	0.723	0.662	0.581	0.710

（2）基于相关性分析法的相关性检验和比较

①基于相关性分析法的中国 RT-FCI2 与 GDPg 的相关性检验和比较。本章使用皮尔逊相关系数法、斯皮尔曼等级相关系数法和肯德尔秩相关系数法对 RT-FCI2 与 GDPg 进行检验和比较，具体结果见表 5 - 11。由表 5 - 11 可知，中国 RT-FCI2 与 GDPg 的皮尔逊、斯皮尔曼和肯德尔的相关系数都在 1% 的显著性水平上显著，分别达到 0.482、0.405 和 0.294，但在相关性大小上与 DT-FCI2 相差不大。总之，本书新构建的基于混频损失函数的中国实时金融状况指数与产出缺口之间存在显著的相关性，且不劣于延时金融状况指数。

②基于相关性分析法的中国 RT-FCI3 与 CPIg 的相关性检验和比较。同样使用皮尔逊相关系数法、斯皮尔曼等级相关系数法和肯德尔秩相关系数法对 RT-FCI3 与 CPIg 进行检验和比较，具体结果见表 5 - 11。由表 5 - 11 可知，中国 RT-FCI3 与 CPIg 的皮尔逊、斯皮尔曼和肯德尔的相关

系数都在 1% 的显著性水平上显著，分别达到 0.660、0.578 和 0.418，且在相关性上明显优于 DT-FCI3。总之，本书新构建的基于混频损失函数的中国实时金融状况指数与通货膨胀缺口之间存在显著的相关性，且优于延时金融状况指数。

表 5 – 11 中国 RT-FCI2/RT-FCI3、DT-FCI2/DT-FCI3 与
GDPg 的相关性检验结果

相关系数		RT-FCI2/RT-FCI3			DT-FCI2/DT-FCI3		
		相关系数	统计量	P 值	相关系数	统计量	P 值
GDPg	Pearson	0.482 ***	5.420	0.000	0.497 ***	5.634	0.000
	Spearman	0.405 ***	4.369	0.000	0.416 ***	4.500	0.000
	Kendall	0.294 ***	1425	0.000	0.291 ***	1413	0.000
CPIg	Pearson	0.660 ***	15.041	0.000	0.588 ***	12.431	0.000
	Spearman	0.578 ***	12.112	0.000	0.529 ***	10.675	0.000
	Kendall	0.418 ***	18129	0.000	0.379 ***	16431	0.000

注：*** 表示在 1% 的显著性水平上显著。

5.4.4 基于混频损失函数的中国实时金融状况指数与产出和通货膨胀的格兰杰因果关系检验和比较

（1）中国 RT-FCI2 与 GDPg 的格兰杰因果关系检验和比较

本章使用格兰杰因果关系法检验中国 RT-FCI2 与 GDPg 的格兰杰因果关系，同时与 DT-FCI2 进行比较，具体结果见表 5 – 12。由表 5 – 12 可知，在对原假设为 FCI 不是 GDPg 的格兰杰原因的检验中，滞后 1 ~ 7 期的中国 RT-FCI2 分别在 1%、5%、10% 的显著性水平上拒绝原假设，滞后 8 期的中国 RT-FCI2 则不能拒绝原假设，这说明滞后 1 ~ 7 期的中国 RT-FCI2 是 GDPg 的格兰杰原因；滞后 2 ~ 4 期的中国 DT-FCI2 分别在 1%、10% 的显著性水平上拒绝原假设，而滞后 1 期和滞后 5 ~ 8 期的中国 DT-FCI2 则不能拒绝原假设，这说明滞后 2 ~ 4 期的中国 DT-FCI2 是 GDPg 的格兰杰原因。在对原假设为 GDPg 不是 FCI 的格兰杰原因的检验中，滞后 1 ~ 8 期的中国 GDPg 都不能拒绝原假设，这说明中国 GDPg 不是 RT-

FCI2 的格兰杰原因；滞后 1～8 期的中国 GDPg 也都不能拒绝原假设，这说明中国 GDPg 也不是 DT-FCI2 的格兰杰原因。总之，在与产出缺口的因果关系上，本书新构建的基于混频损失函数的中国实时金融状况指数存在对产出缺口的单向格兰杰因果关系，且优于延时金融状况指数。

表 5-12 RT-FCI2、DT-FCI2 与 GDPg 的格兰杰因果关系检验

原假设	期数	1			2			3			4		
	指数	F	P	C	F	P	C	F	P	C	F	P	C
FCI 不是 GDPg 原因	RT-FCI	3.13	0.08	A	7.46	0.00	A	5.75	0.00	A	3.60	0.01	A
	DT-FCI	2.15	0.15	R	5.25	0.01	A	4.56	0.01	A	2.41	0.06	A
GDPg 不是 FCI 原因	RT-FCI	0.07	0.79	R	0.74	0.48	R	1.25	0.30	R	1.37	0.25	R
	DT-FCI	0.95	0.33	R	0.12	0.89	R	0.34	0.80	R	1.13	0.35	R
原假设	期数	5			6			7			8		
	指数	F	P	C	F	P	C	F	P	C	F	P	C
FCI 不是 GDPg 原因	RT-FCI	2.76	0.02	A	2.23	0.05	A	1.79	0.10	A	1.62	0.13	R
	DT-FCI	1.86	0.11	R	1.59	0.16	R	1.26	0.28	R	1.26	0.28	R
GDPg 不是 FCI 原因	RT-FCI	1.09	0.37	R	0.63	0.70	R	0.86	0.54	R	0.97	0.47	R
	DT-FCI	0.92	0.47	R	0.70	0.65	R	0.49	0.84	R	0.92	0.50	R

注：F 是 F 统计量；P 是对应的概率值；C 是结论；A 表示拒绝，R 表示接受，下同。

（2）中国 RT-FCI3 与 CPIg 的格兰杰因果关系检验和比较

本章使用格兰杰因果关系法检验中国 RT-FCI3 与 CPIg 的格兰杰因果关系，同时与 DT-FCI3 进行比较，具体结果见表 5-13。由表 5-13 可知，在对原假设为 FCI 不是 CPIg 的格兰杰原因的检验中，滞后 1～8 期的中国 RT-FCI3 分别在 1% 的显著性水平上拒绝原假设，这说明滞后 1～8 期的中国 RT-FCI3 是 CPIg 的格兰杰原因；滞后 1～8 期的中国 DT-FCI3 也在 1% 的显著性水平上拒绝原假设，这说明滞后 1～8 期的中国 DT-FCI3 是 CPIg 的格兰杰原因。在对原假设为 CPIg 不是 FCI 的格兰杰原因的检验中，滞后 1～7 期和 8 期的中国 CPIg 分别在 1% 和 5% 的显著性水平上拒绝原假设，这说明滞后 1～8 期的中国 CPIg 是 RT-FCI3 的格兰杰原因；滞后 1～3 期和滞后 4～6 期的中国 CPIg 分别在 1% 和 5%

的显著性水平上拒绝原假设，而滞后 7~8 期则不能拒绝原假设，这说明滞后 1~6 期的中国 CPIg 也是 DT-FCI3 的格兰杰原因。总之，本书新构建的基于混频损失函数的中国实时金融状况指数和通货膨胀缺口之间存在双向格兰杰因果关系，且优于延时金融状况指数。

表 5 - 13　RT-FCI3、DT-FCI3 与 CPIg 的格兰杰因果关系检验

原假设	期数	1			2			3			4		
	指数	F	P	C	F	P	C	F	P	C	F	P	C
FCI 不是 CPIg 原因	RT-FCI	63.22	0.00	A	31.35	0.00	A	19.61	0.00	A	14.27	0.00	A
	DT-FCI	54.27	0.00	A	29.08	0.00	A	17.73	0.00	A	12.93	0.00	A
CPIg 不是 FCI 原因	RT-FCI	11.91	0.00	A	10.16	0.00	A	5.82	0.00	A	4.80	0.00	A
	DT-FCI	9.69	0.00	A	5.28	0.01	A	5.03	0.00	A	2.70	0.03	A
原假设	期数	5			6			7			8		
	指数	F	P	C	F	P	C	F	P	C	F	P	C
FCI 不是 CPIg 原因	RT-FCI	10.34	0.00	A	8.33	0.00	A	6.54	0.00	A	5.11	0.00	A
	DT-FCI	9.28	0.00	A	7.33	0.00	A	5.65	0.00	A	4.11	0.00	A
CPIg 不是 FCI 原因	RT-FCI	3.82	0.00	A	2.78	0.01	A	2.58	0.01	A	2.16	0.03	A
	DT-FCI	2.40	0.04	A	2.15	0.05	A	1.60	0.14	R	1.16	0.33	R

5.4.5　基于混频损失函数的中国实时金融状况指数对产出和通货膨胀的预测能力检验和比较

（1）中国 RT-FCI2 对 GDPg 的预测能力检验和比较

本书在 Gauthier，Graham 和 Liu（2004）提出的循环回归方程式中引入自回归项，构建循环自回归方程式，使用该方程式，选择新构建的季度中国 RT-FCI2 作为外生变量对 GDPg 进行预测，并与 DT-FCI2 进行比较，以判断其优劣，预测结果如表 5 - 14 所示。预测公式如下：

$$GDPg_t = \alpha_0 + \sum_{i=1}^{p} \alpha_i GDPg_{t-i} + \beta_1 RT\text{-}FCI2_{t-k}^q + u_t \tag{5-3}$$

其中，$RT\text{-}FCI2_{t-k}^q$ 表示提前 k 期的季度中国 RT-FCI2，$k = 0$，1，2，…，7。

从前文的格兰杰因果关系检验结果可知，滞后 1~7 期的中国 RT-FCI2 是 GDPg 的格兰杰原因，因此引入 0~7 期中国 RT-FCI2 的 ARX 模型对 GDPg 进行样本内循环预测，即 AR（1）+ RT-FCI2模型，并与 AR 和 AR（1）+ DT-FCI2 两个基准模型进行比较，预测结果具体见表 5 – 14，得出以下结论。

第一，AR（1）+ RT-FCI2模型的预测系数部分显著。由表 5 – 14 可知，从预测系数的显著性来看，提前 0 期、1 期、4 期和 5 期的 AR（1）+ RT-FCI2模型的预测系数分别在1%、5%和10%的显著性水平上显著，而提前 1 期、5 期和 7 期的 AR 模型的预测系数在 1% 和 10% 的显著性水平上显著，提前 0 期、4 期和 5 期的 AR（1）+ DT-FCI2模型分别在1%、10%和5%的显著性水平上显著。显然，AR（1）+ RT-FCI2模型在预测系数的显著性上比 AR 和 AR（1）+ DT-FCI2 两个基准模型更具优势。

第二，AR（1）+ RT-FCI2模型的预测效果最优。由表 5 – 14 可知，提前 0~7 期的 AR（1）+ RT-FCI2模型对 GDPg 样本内预测的调整的拟合优度 $\bar{R}^2$ 的最大值、最小值和平均值分别为 0.240、0.055 和 0.112，而提前 1~7 期的 AR 模型的调整的拟合优度 $\bar{R}^2$ 则分别只有 0.066、0.000 和 0.028，AR（1）+ DT-FCI2模型的调整的拟合优度 $\bar{R}^2$ 则分别为 0.250、0.044 和 0.105。因此，AR（1）+ RT-FCI2模型不仅显著改善了 AR 模型的预测效果，而且基本上优于 AR（1）+ DT-FCI2模型。

第三，AR（1）+ RT-FCI2模型的预测误差最小。由表 5 – 14 可知，提前 0~7 期的 AR（1）+ RT-FCI2模型对 GDPg 样本内预测的预测误差评价指标（RMSE）最大值、最小值和平均值分别低到 0.989、0.860 和 0.942，而提前 1~7 期的 AR 模型的均方根误差 RMSE 最大值、最小值和平均值则分别为 1.008、0.959 和 0.993，AR（1）+ DT-FCI2模型的均方根误差 RMSE 最大值、最小值和平均值则分别为 0.989、0.854 和 0.945。因此，AR（1）+ RT-FCI2模型不仅显著缩小了 AR 模型的预测误差，而且基本上优于 AR（1）+ DT-FCI2模型。

总之，本书新构建的中国实时金融状况指数对产出缺口有较好的预测能力，并优于延时金融状况指数。

表 5－14　RT-FCI2、DT-FCI2 对 GDPg 的预测能力检验

提前期	AR				AR (1) + RT-FCI2				AR (1) + DT-FCI2			
	系数	P 值	$\bar{R}^2$	RMSE	系数	P 值	$\bar{R}^2$	RMSE	系数	P 值	$\bar{R}^2$	RMSE
0	\	\	\	\	0.500	0.001	0.240	0.860	0.510	0.002	0.250	0.854
1	0.274	0.000	0.066	0.959	0.266	0.064	0.104	0.919	0.229	0.128	0.091	0.942
2	0.107	0.194	0.002	0.997	0.011	0.954	0.056	0.969	0.008	0.963	0.056	0.969
3	-0.014	0.921	0.000	1.008	-0.269	0.194	0.104	0.948	-0.252	0.254	0.089	0.950
4	-0.268	0.104	0.031	0.991	-0.346	0.032	0.138	0.933	-0.337	0.057	0.124	0.940
5	-0.281	0.067	0.036	0.993	-0.307	0.027	0.116	0.947	-0.300	0.028	0.104	0.948
6	-0.221	0.117	0.018	1.004	-0.207	0.170	0.081	0.970	-0.233	0.111	0.080	0.966
7	-0.297	0.055	0.042	0.997	-0.067	0.732	0.055	0.989	-0.057	0.783	0.044	0.989

注：$\bar{R}^2$ 是调整的拟合优度，RMSE 为均方根误差，下同。

（2）中国 RT-FCI3 对 CPIg 的预测能力检验和比较

同样，本章构建了循环自回归方程式，也使用 AR（1）+ RT-FCI 模型对 CPIg 进行预测，并与 DT-FCI 进行比较，以判断其优劣，预测结果如表 5 - 15 所示。预测公式如下：

$$CPIg_t = \alpha_0 + \sum_{i=1}^{P} \alpha_i \, CPIg_{t-i} + \beta_1 RT\text{-}FCI3_{t-j}^m + u_t \tag{5-4}$$

其中，$RT\text{-}FCI3_{t-j}^m$ 表示提前 j 期的月度中国 RT-FCI，$j = 0$，1，2，…，8。

从前文的格兰杰因果关系检验结果可知，滞后 1 ~ 8 期的中国 RT-FCI3 是 CPIg 的格兰杰原因，因此引入 0 ~ 8 期中国 RT-FCI3 的 ARX 模型对 CPIg 进行样本内循环预测，即 AR（1）+ RT-FCI3 模型，并与 AR 和 AR（1）+ DT-FCI3 两个基准模型进行比较，预测结果具体见表 5 - 15，得出以下结论。

第一，AR（1）+ RT-FCI3 模型的预测系数显著。由表 5 - 15 可知，从预测系数的显著性来看，提前 1 ~ 8 期的 AR（1）+ RT-FCI3 模型的全部预测系数在 1% 和 5% 的显著性水平上显著，AR 和 AR（1）+ DT-FCI3 两个基准模型全部预测系数也都在 1% 和 5% 的显著性水平上显著。显然，这三个模型在预测系数的显著性方面没有明显差异。

第二，AR（1）+ RT-FCI3 模型的预测效果最优。由表 5 - 15 可知，提前 0 ~ 8 期的 AR（1）+ RT-FCI3 模型对 CPIg 样本内预测的调整的拟合优度 $\bar{R}^2$ 的最大值、最小值和平均值分别为 0.857、0.849 和 0.853，而提前 1 ~ 8 期的 AR 模型的调整的拟合优度 $\bar{R}^2$ 的最大值、最小值和平均值则分别只有 0.848、0.035 和 0.395，AR（1）+ DT-FCI3 模型的调整的拟合优度 $\bar{R}^2$ 的最大值、最小值和平均值则分别为 0.853、0.848 和 0.851。因此，AR（1）+ RT-FCI3 模型不仅显著改善了 AR 模型的预测效果，而且全面优于 AR（1）+ DT-FCI3 模型。

第三，AR（1）+ RT-FCI3 模型的预测误差最小。由表 5 - 15 可知，提前 0 ~ 8 期的 AR（1）+ RT-FCI3 模型对 CPIg 样本内预测的均方根误差

表 5 – 15 RT-FCI3、DT-FCI3 对 CPIg 的预测能力检验

提前期	AR				AR (1) + RT-FCI3				AR (1) + DT-FCI3			
	系数	P 值	$\bar{R}^2$	RMSE	系数	P 值	$\bar{R}^2$	RMSE	系数	P 值	$\bar{R}^2$	RMSE
0	╲	╲	╲	╲	0.181	0.006	0.851	0.384	0.167	0.010	0.852	0.383
1	0.921	0.000	0.848	0.389	0.303	0.000	0.857	0.376	0.144	0.002	0.850	0.385
2	0.842	0.000	0.709	0.538	0.256	0.000	0.854	0.381	0.209	0.000	0.853	0.381
3	0.749	0.000	0.562	0.660	0.281	0.000	0.854	0.380	0.189	0.001	0.851	0.382
4	0.651	0.000	0.426	0.756	0.330	0.000	0.857	0.377	0.225	0.000	0.853	0.382
5	0.542	0.000	0.295	0.839	0.272	0.000	0.853	0.382	0.190	0.001	0.851	0.385
6	0.431	0.000	0.186	0.904	0.225	0.003	0.851	0.385	0.169	0.011	0.850	0.387
7	0.316	0.000	0.099	0.940	0.236	0.006	0.852	0.385	0.162	0.025	0.849	0.388
8	0.192	0.000	0.035	0.984	0.161	0.034	0.849	0.389	0.137	0.028	0.848	0.389

RMSE 最大值、最小值和平均值分别为 0.389、0.376 和 0.382，而提前 1~8 期的 AR 模型的均方根误差 RMSE 最大值、最小值和平均值则分别为 0.984、0.389 和 0.751，AR（1）+DT-FCI3模型的均方根误差 RMSE 最大值、最小值和平均值则分别为 0.389、0.381 和 0.385。因此，AR（1）+RT-FCI3模型不仅显著缩小了 AR 模型的预测误差，而且全面优于 AR（1）+DT-FCI3模型。

总之，本书新构建的中国实时金融状况指数对通货膨胀缺口有较好的预测能力，并优于延时金融状况指数。

5.5　本章小结

为了充分利用实时混频数据信息，减少人造同频延时数据导致的信息丢失或虚增，我们构建了货币政策双重最终目标混频损失函数，并使用 MF-DFM 模型估计由产出缺口和通货膨胀缺口两个货币政策最终目标构成的混频损失函数，同时筛选由新增贷款、货币供应、房价、利率、汇率和股价 6 个货币政策传导渠道共 30 个金融变量构成的不平衡样本数据，再次使用 MF-DFM 模型分别选取了 6 个货币政策传导渠道结构公因子，基于由货币政策的 1 个混频损失函数和 6 个传导渠道结构公因子构成的日、月混频数据，使用拓展得到的 MF-SFAVAR 模型，构建了中国 RT-FCI，并实证检验了其对产出缺口和通货膨胀缺口的领先性、预测能力，及与产出和通货膨胀的一致性、相关性和因果关系，同时将其与传统的 DT-FCI 进行了比较。

第一，本书构建并估计的混频损失函数较好地刻画了产出和通货膨胀的共同成分，是一个合理的货币政策双重最终目标综合指标。本书构建的混频损失函数不仅与产出和通货膨胀有着基本相同的走势，而且它们之间的一致性和相关性也非常高，因此它不仅是一个合理的宏观经济周期变化综合指标，而且是一个良好的测量货币政策双重最终目标的综合指标。

第二，与延时金融状况指数相比，实时金融状况指数对产出和通货膨胀具有更优的领先性、一致性、相关性、因果关系和预测能力。通过实证检验发现，本书构建的中国 RT-FCI 无论在对产出和通货膨胀的领先性、预测能力上，还是在与产出和通货膨胀的一致性、相关性、因果关系上，都明显优于 DT-FCI。因此，基于混频损失函数的中国实时金融状况指数是一个合理的能够实时刻画中国金融状况的综合指标。

第三，从 RT-FCI 的实时广义脉冲响应函数和实时权重可知，中国货币政策总体上是价格和数量结合型的，全面改革开放较早、较充分的数量型货币政策传导渠道与较晚、较不充分的价格型渠道，对调控宏观经济的综合效应呈现明显分异，因此实时推进金融市场的全面改革开放是提升货币政策对宏观经济传导效果的有效途径。

第6章
基于混频损失函数的中国实时灵活动态
金融状况指数测度及检验

基于与第5章完全相同的1996年1月1日至2020年9月30日的不平衡混频样本数据，以及第5章测度的中国货币政策双重最终目标混频损失函数，本书使用新构建的 MF-MI-TVP-SV-SFAVAR 模型，测度及检验基于混频损失函数的中国实时灵活动态金融状况指数。

6.1 构建 MF-MI-TVP-SV-SFAVAR 模型的具体形式

6.1.1 样本数据选择、处理及检验

与第5章完全相同，本章也选取混频损失函数（MLF）和新增贷款（CLsf）、货币供应（MSsf）、房价（HPsf）、利率（IRsf）、汇率（ERsf）、股价（SPsf）6个货币政策传导渠道结构公因子组成的7个混频样本数据，这些数据也是经过与第5章完全相同的处理得到的。由第5章的单位根检验可知，这7个样本数据拒绝了单位根的原假设，说明它们是平稳时间序列，可以用于 MF-MI-TVP-SV-SFAVAR 模型的估计；由第5章的最优滞后阶数检验可知，基于 AIC 标准的最优滞后阶数是4阶，因此本章也选择滞后4阶作为 MF-MI-TVP-SV-SFAVAR 模型的最优滞后阶数。

6.1.2 构建 MF-MI-TVP-SV-SFAVAR 模型的具体形式

（1）构建 MF-MI-TVP-SV-SFAVAR 模型的量测方程的具体形式

本书选择了由1个混频损失函数和新增贷款、货币供应、房价、利

率、汇率、股价 6 个货币政策传导机制结构公因子组成的月、日混频样本数据，其中混频损失函数、新增贷款、货币供应、房价是月度数据，利率、汇率、股价是日度数据。为了能够表示数据频率和时间的变化，将上述 7 个变量分别表示为：MLF_t^m、$CLsf_t^m$、$MSsf_t^m$、$HPsf_t^m$、$IRsf_t^{d-}$、$ERsf_t^{d-}$、$SPsf_t^{d-}$。为了使月度数据与日度数据的样本长度一样，使用第 4 章的式（4-6）和式（4-7）的月、日频率转换公式，用 0 对上述 4 个月度数据的缺失值进行补充，分别记为 MLF_t^{md}、$CLsf_t^{md}$、$MSsf_t^{md}$、$HPsf_t^{md}$；同时使用第 4 章的式（4-8）的日日频率转换公式，用 0 对上述 3 个日度数据的缺失值进行补充，分别记为 $IRsf_t^{d+}$、$ERsf_t^{d+}$、$SPsf_t^{d+}$。

按照前文构建的 MF-MI-TVP-SV-SFAVAR 模型，在基于状态空间模型进行卡尔曼滤波时，月度流量变量是使用多个日度状态变量进行滤波的。因为每个月份的最长天数是 31 天，所以每个月度流量变量最多需要使用 31 个日度状态变量（通过状态方程估计得到）进行卡尔曼滤波，这些日度状态变量是由日度变量的当期值和 30 阶滞后值组成的，总数记为 $\bar{M} = N_1 \times 31$。在实际计算中，根据每个月的实际天数不同，对日度状态变量的实际需要个数（M）通过对实际不存在日期的日度状态变量系数取 0 值进行相应调整。在实证分析时选择了 MLF_t^{md} 和 $CLsf_t^{md}$ 2 个月度比例流量变量，都等于该月内实际天数 M（$28 \leq M \leq 31$）个日度流量变量（通过状态方程估计得到）的算术平均数，可知这 2 个月度流量变量最多需要 $31 \times 2 = 62$ 个状态变量进行卡尔曼滤波；同时还选择 $MSsf_t^{md}$ 和 $HPsf_t^{md}$ 2 个月度存量变量，以及 $IRsf_t^{d+}$、$ERsf_t^{d+}$ 和 $SPsf_t^{d+}$ 3 个日度存量变量，这 6 个存量变量都等于变量该期限内日度状态变量最后 1 日的值，可知它们本身及滞后 1 阶共需要 $6 \times 2 = 12$ 个状态变量进行卡尔曼滤波。因此，这 7 个变量合计共需 74 个状态变量进行卡尔曼滤波。由于本章的样本数据都进行了标准化处理，故量测方程不需要设截距项，从而 MF-MI-TVP-SV-SFAVAR 模型的量测方程的具体形式如下：

$$
\underbrace{\begin{bmatrix} MLF_t^{md} \\ CLsf_t^{md} \\ MSsf_t^{md} \\ HPsf_t^{md} \\ IRsf_t^{d+} \\ ERsf_t^{d+} \\ SPsf_t^{d+} \end{bmatrix}}_{SF_t^{mf}} = \underbrace{\begin{bmatrix} \begin{bmatrix} h_{1t} & 0 \\ 0 & h_{2t} \end{bmatrix} & 0_{2\times6} & \begin{bmatrix} h_{1t} & 0 \\ 0 & h_{2t} \end{bmatrix} & 0_{2\times6} & \begin{bmatrix} h_{1t} & 0 \\ 0 & h_{2t} \end{bmatrix} E_{1\times29} \\ 0_{6\times2} & \begin{bmatrix} h_{3t} & \cdots & 0 \\ \vdots & \ddots & \vdots \\ 0 & \cdots & h_{7t} \end{bmatrix} & 0_{6\times2} & 0_{6\times6} & 0_{6\times68} \end{bmatrix}}_{H_t} \times
$$

$$
\underbrace{\begin{bmatrix} SF_t^d \\ SF_{t-1}^d \\ MLF_{t-L}^d \\ CL_{t-L}^d \end{bmatrix}}_{Z_t} + \underbrace{\begin{bmatrix} e_{1t} \\ e_{2t} \\ e_{3t} \\ e_{4t} \\ 0 \\ 0 \\ 0 \end{bmatrix}}_{e_t} \qquad (6-1)
$$

其中，$SF_t^d = [MLF_t^d, CLsf_t^d, MSsf_t^d, HPsf_t^d, IRsf_t^d, ERsf_t^d, SPsf_t^d]'$ 是与 7 个样本变量对应的当期状态变量，SF_{t-1}^d 是 SF_t^d 滞后 1 阶状态变量向量；$MLF_{t-L}^d = [MLF_{t-2}^d, \cdots, MLF_{t-30}^d]'$ 是与 MLF_t^{md} 对应的滞后 2 ~ 30 阶的状态变量向量；$CL_{t-L}^d = [CL_{t-2}^d, \cdots, CL_{t-30}^d]'$ 是与 CL_t^{md} 对应的滞后 2 ~ 30 阶的状态变量向量；$e_t \sim N(0_{7\times1}, R_t)$，其中，$R_{i,t} = 0$（当第 i 个变量在第 t 期可观测时）或 1（当不可观测时）。

关于式（6-1）中 H_t 的系数意义解释如下。第一，2 个月度比例流量变量 MLF_t^{md} 和 $CLsf_t^{md}$ 的系数 $h_{i,t}$（$i=1$，2）说明。由前文可知，月度比例流量变量等于对应的该月内实际天数的日度状态变量的算术平均数。设一个月的实际天数为 M，则有，$h_{i,t} = 1/M$（当第 i 个月度流量变量在第 t 期可观测时）或 0（当不可观测时），其中，$i=1$，2。第二，2 个月度存量变量 $MSsf_t^{md}$ 和 $HPsf_t^{md}$ 以及 3 个日度存量变量 $IRsf_t^{d+}$、$ERsf_t^{d+}$ 和 $SPsf_t^{d+}$ 的系数 $h_{i,t}$（$i=3$，$\cdots$，7）说明。由前文可知，存量变量等于对应的该期限内日度状态变量的最后 1 日的值，则有 $h_{i,t}=1$ （当第 i 个存量变量在第 t 期可观测时）或 0 （当不可观测时），其中，$i=3$ ，$\cdots$ ，7。第三，示性函数 $E_{1\times 29}$。它是一个 1×29 的行向量，其中第 1 个元素到第 $M-1$ 个元素为 1，其余为 0。

（2）构建 MF-MI-TVP-SV-SFAVAR 的状态方程的具体形式

本章把 MF-MI-TVP-SV-SFAVAR 模型的状态方程的滞后阶数设为 1 阶，其他滞后阶数以此类推，则模型的状态方程的具体形式如下：

$$
\underbrace{\begin{bmatrix} SF_t^d \\ SF_{t-1}^d \\ MLF_{t-L}^d \\ CL_{t-L}^d \end{bmatrix}}_{Z_t} = \underbrace{\begin{bmatrix} a_{t,7\times 1}^0 \\ 0_{7\times 1} \\ 0_{29\times 1} \\ 0_{29\times 1} \end{bmatrix}}_{A_{t,0}} + \underbrace{\begin{bmatrix} \begin{bmatrix} a_{t,7\times 7}^1 & 0_{7\times 7} & 0_{7\times 29} & 0_{7\times 29} \end{bmatrix} \\ \begin{bmatrix} I_{7\times 7} & 0_{7\times 7} & 0_{7\times 29} & 0_{7\times 29} \end{bmatrix} \\ \begin{bmatrix} 0_{1\times 7} & I_{1\times 7}^1 & 0_{1\times 29} & 0_{1\times 29} \\ 0_{28\times 7} & 0_{28\times 7} & I_{28\times 29} & 0_{28\times 29} \end{bmatrix} \\ \begin{bmatrix} 0_{1\times 7} & I_{1\times 7}^2 & 0_{1\times 29} & 0_{1\times 29} \\ 0_{28\times 7} & 0_{28\times 7} & 0_{28\times 29} & I_{28\times 29} \end{bmatrix} \end{bmatrix}}_{A_{t,1}} \underbrace{\begin{bmatrix} SF_{t-1}^d \\ SF_{t-2}^d \\ MLF_{t-L-1}^d \\ CL_{t-L-1}^d \end{bmatrix}}_{Z_{t-1}} + \underbrace{\begin{bmatrix} v_{t,7\times 1} \\ 0_{7\times 1} \\ 0_{29\times 1} \\ 0_{29\times 1} \end{bmatrix}}_{V_t}
$$

$$(6-2)$$

其中，$A_{t,0}$ 是时变截距项，其中 $a_{t,7\times 1}^0 = \begin{bmatrix} a_{t,1}^0, & a_{t,2}^0, & \cdots, & a_{t,7}^0 \end{bmatrix}$ 是非 0 截距项；$A_{t,1}$ 是状态方程的时变系数矩阵，其中 $a_{t,7\times 7}^1 = \begin{bmatrix} a_{t,11}^1 & \cdots & a_{t,17}^1 \\ \vdots & \ddots & \vdots \\ a_{t,71}^1 & \cdots & a_{t,77}^1 \end{bmatrix}$；$V_t \sim N\left(0_{72\times 1}, \begin{bmatrix} Q_{t,7\times 7}^1 & 0_{7\times 66} \\ 0_{66\times 7} & 0_{66\times 66} \end{bmatrix}\right)$ 是状态方程的误差项，其中 $v_{t,7\times 1} = \begin{bmatrix} v_{t,1}, & v_{t,2,\cdots}, & v_{t,7} \end{bmatrix}$ 是非 0 的误差项，$Q_{t,7\times 7}^1$ 是主对角线元素全部非 0 的对角矩阵的随机方差协方差矩阵；$I_{m\times n}$ 是 $m\times n$ 维的单位矩阵；$I_{1\times 7}^1$ 和 $I_{1\times 7}^2$ 分别是 1 元素在第 1 列和第 2 列的单位行向量。

6.2　MF-MI-TVP-SV-SFAVAR 模型估计

本章基于新构建的由式（6－1）和式（6－2）构成的状态空间形式的 MF-MI-TVP-SV-SFAVAR 模型，使用 Matlab 2016 运行新撰写的 MF-

MI-TVP-SV-SFAVAR 模型程序，得到模型的估计结果，并计算得到实时灵活动态广义脉冲响应函数值。限于篇幅没有把时变参数的估计结果列出来。在估计时，由于运算量特别大，把有效的重复抽样次数设为5000 次，需要舍去重复抽样次数的20%，即1000 次；把各个参数的初始值直接进行赋值，大部分赋值为0，因此不需要留出训练样本进行训练得到初始值。

6.2.1 MF-MI-TVP-SV-SFAVAR 模型的实时灵活时变参数演进方式分析

由模型构建以及模型的具体形式可得，β_t、h_t、a_t 的演进方式是由K_1、K_2、K_3决定的，实证结果表明，$\sum K_1 = 1078.02$，$\sum K_2 = 9001.92$，$\sum K_3 = 1035.69$。这三个数据说明了实际有效的9036 个样本点中，VAR 系数β_t发生了约1078 次结构变化，h_t 发生了约9002 次结构变化，a_t 发生了约1036次结构变化。实证结果表明，在每个时点上，β_t、h_t 和a_t 发生结构变化的后验期望概率分别为 $E(p_1 \mid data) = 0.1233$、$E(p_2 \mid data) = 0.9911$、$E(p_3 \mid data) = 0.1190$。结果显示每个参数在各时点发生改变的概率还是较高的，尤其是K_2，这会直接引起变化的幅度越来越小，从而令整个参数的演进过程是渐进变化的。

6.2.2 MF-MI-TVP-SV-SFAVAR 模型抽样样本稳定性检验

抽样过程中的概率分布具备稳定性是样本准确反映事后概率分布情况的重要前提条件，所以在进行模型估计前要对抽样样本做稳定性检验。本章主要是通过检验抽样样本的 CD 统计量和 IF 统计量是否收敛于后验分布来判定样本的稳定性以及马尔科夫链模拟效果，同时对样本均值、标准差和置信区间做了相关的测算。

CD 统计量，全称为 Geweke 收敛诊断值，其被用于检测后验分布是不是预模拟得到的马尔科夫链的收敛结果。所以可以通过观察 CD 统计量的均值是否处于抽样结果的 95% 的置信区间内，以此作为判断的标准，若置于区间之内则为收敛，否则为发散。无效影响因子 IF 统计量表示得到不相关样本需要的抽样次数，是后验样本均值方差和不相关序列样本均值方差的比值，样本有效性与 IF 值成反比。具体检验结果见表 6-1，由表 6-1 可以得出：第一，观察到的 CD 统计量的最大值为0.2409，在 5% 的临界值（1.96）之内，则收敛于后验分布的零假设成立；第二，观察到的 IF 统计量的最大值为 254.5283，小于 255，说明至少可以得到不相关样本的个数为 $5000/255 \approx 19$ 个，表明对于 MF-MI-TVP-SV-SFAVAR 模型的后验推断用上述 5000 次抽样得到的样本是足够的。综上所述，MF-MI-TVP-SV-SFAVAR 模型的估计兼具稳定性和有效性，可进一步考察和分析其对变量之间的动态影响。

表 6-1　参数估计结果及检验

参数	均值	标准差	95% 的置信区间	CD 统计量	IF 统计量
$Q1$	0.0106	0.0001	[0.0105 0.0107]	0.0000	1.0333
$Q2$	0.0106	0.0001	[0.0105 0.0107]	0.2409	1.5270
$S1$	0.0016	0.0001	[0.0015 0.0018]	0.0000	84.6708
$S2$	0.0019	0.0001	[0.0019 0.0022]	0.0000	85.2990
$W1$	0.0317	0.0155	[0.0076 0.0472]	0.0000	254.5283
$W2$	0.2106	0.1242	[0.0141 0.3617]	0.0000	253.5834

6.2.3　实时灵活动态广义脉冲响应函数分析

基于 MF-MI-TVP-SV-SFAVAR 模型，本章分析了半年内（即 1~182期）混频损失函数对来自新增贷款、货币供应、房价、利率、汇率、股价 6 个货币政策传导渠道单位冲击的实时灵活动态广义脉冲响应函数值，混频损失函数对这 6 个变量的单位信息冲击的广义脉冲响应函数是实时灵活动态的，因此实时灵活动态广义脉冲响应函数变化路径呈立体三维椎体形状，如图 6-1 至图 6-6 所示。

（1）混频损失函数对新增贷款的实时灵活动态广义脉冲响应分析

通过货币政策信贷传导机制理论可知，新增贷款对宏观经济的影响一般是正向的，即贷款对于混频损失函数的影响也是正向的，用图6-1来分析实时灵活动态脉冲响应函数是否符合货币政策理论。从图6-1中可以得出以下结论。第一，总体视角分析。MLF对来自CLsf一个标准冲击的实时灵活动态广义脉冲响应值均值为0.0069，标准差为0.0073，波动范围为[-1.5052, 4.3925]，因此，新增贷款对宏观经济的影响总体上是正向的，且波动不大，从而是一个较稳定的正向货币政策传导机制渠道。第二，样本期视角的分析。从样本期视角来看，每个样本日的182个广义脉冲响应函数值都有正有负，多数为正，波动不一；同时所有9036个样本日的182个广义脉冲响应函数值的走势各不相同，既有上升走势，也有下降走势，体现了它的灵活性。第三，脉冲期视角的分析。从不同的广义脉冲响应函数期数来看，每期广义脉冲响应函数的9036个样本日的数值呈现"一个大山峰+多个小山峰"的走势，呈现实时灵活动态特征。综上，本章求得的混频损失函数对于新增贷款的标准冲击的广义脉冲响应分析是符合经典的货币政策理论，且具有实时性和灵活动态性的。

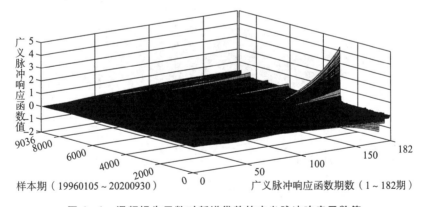

图6-1　混频损失函数对新增贷款的广义脉冲响应函数值

（2）混频损失函数对货币供应的实时灵活动态广义脉冲响应分析

根据货币政策货币供应传导机制理论可知，货币供应的扩张和收缩，在经过一定时间的反应后，会对宏观经济产生同向的影响，也会引起混频损失函数相应的变化。为此，用图6-2来分析实时灵活动态广义脉冲响应函数是否符合货币政策理论。从图 6-2 中我们可以得出以下结论。第一，总体视角分析。MLF 对来自 MSsf 一个标准冲击的实时灵活动态广义脉冲响应值均值为 0.1029，标准差为 0.0387，波动范围为 [-5.8296, 14.0696]，因此，货币供应对宏观经济的影响总体上是正向的，且波动较大，从而是一个不太稳定的正向货币政策传导机制渠道。第二，样本期视角的分析。从样本期视角来看，每个样本日的 182 个广义脉冲响应函数值都有正有负，多数为正，波动不一；同时所有 9036 个样本日的 182 个广义脉冲响应函数值的走势各不相同，既有上升走势，也有下降走势，体现了它的灵活性。第三，脉冲期视角的分析。从不同的广义脉冲响应函数期数来看，每期广义脉冲响应函数的 9036 个样本日的数值呈现多个倒 U 形分布走势，具有实时灵活动态特征。综上，本章求得的混频损失函数对于来自货币供应的标准冲击的广义脉冲响应分析是符合经典的货币政策理论，且具有实时性和灵活动态性的。

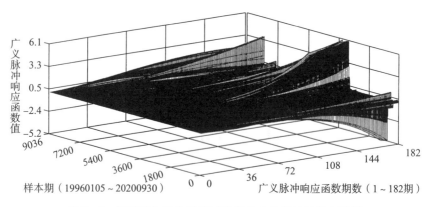

图 6-2　混频损失函数对货币供应的广义脉冲响应函数值

（3）混频损失函数对房价的实时灵活动态广义脉冲响应分析

根据货币政策房价传导机制理论可知，房价的上涨或下降会导致宏观经济产生同向变化，即会引起混频损失函数相应的变化。为此，用图 6-3 来分析实时灵活动态广义脉冲响应函数是否符合货币政策理论。从图 6-3 中我们可以得出以下结论。①第一，总体视角分析。

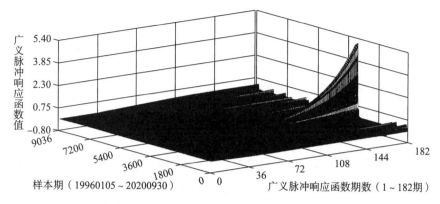

图6-3　混频损失函数对房价的广义脉冲响应函数值

MLF对来自HPsf一个标准冲击的实时灵活动态广义脉冲响应值均值为0.0230，标准差为0.0119，波动范围为［-0.7054，5.3503］，因此，房价对宏观经济的影响总体上是正向的，且波动较小，从而是一个较稳定的正向货币政策传导机制渠道。第二，样本期视角的分析。从样本期视角来看，每个样本日的182个广义脉冲响应函数值绝大多数为正数，且绝大多数最后都能收敛到0，但也有小部分后期是发散的；同时所有9036个样本日的182个广义脉冲响应函数值的走势各不相同，既有上升走势，也有下降走势，体现了它的灵活性。第三，脉冲期视角的分析。从不同的广义脉冲响应函数期数来看，每期广义脉冲响应函数的9036个样本日的数值呈现"一个大山峰＋多个小山峰"的走势，具有实时灵活动态特征。综上，本章求得的混频损失函数对于来自房价的标准冲击的广义脉冲响应分析是符合经典的货币政策理论，且具有实时性和灵活动态性的。

（4）混频损失函数对利率的实时灵活动态广义脉冲响应分析

根据货币政策利率传导机制理论可知，利率的上涨或下降一般会导致宏观经济产生反向变化，即会引起混频损失函数同样的反向变化。为此，用图6-4来分析实时灵活动态广义脉冲响应函数是否符合货币政策理论。从图6-4中我们可以得出以下结论。第一，总体视角分析。MLF对来自IRsf一个标准冲击的实时灵活动态广义脉冲响应值均值为

0.0020，标准差为 0.0026，波动范围为[- 1.5038，0.7525]，因此，利率
对宏观经济的影响总体上是正向的，且波动非常小，从而是一个非常稳
定的正向货币政策传导机制渠道。第二，样本期视角的分析。从样本期
视角来看，每个样本日的 182 个广义脉冲响应函数值绝大多数为正数，且
绝大多数最后都能收敛到 0，但也有小部分后期是发散的；同时所有 9036
个样本日的 182 个广义脉冲响应函数值的走势各不相同，既有上升走势，
也有下降走势，体现了它的灵活性。第三，脉冲期视角的分析。从不同
的广义脉冲响应函数期数来看，每期广义脉冲响应函数的 9036 个样本日
的数值呈现早期有明显下行趋势，但其他期间都是明显上行的走势，具
有实时灵活动态特征。综上，本章求得的混频损失函数对于来自利率的
标准冲击的广义脉冲响应分析是违背经典的货币政策理论，且具有实时
性和灵活动态性的。这个研究结论与"徐高之谜"（徐高，2008）是一致
的，说明是符合中国实际情况的。

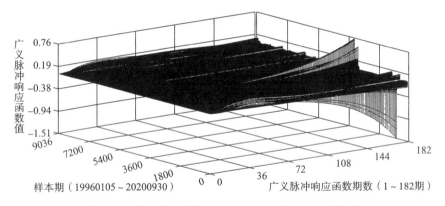

图 6 - 4　混频损失函数对利率的广义脉冲响应函数值

（5）混频损失函数对汇率的实时灵活动态广义脉冲响应分析

根据货币政策汇率传导机制理论可知，汇率会导致宏观经济发生多
种变化，最终结果是复杂的，即会引起混频损失函数同样复杂的变化。
为此，用图 6 - 5 来分析实时灵活动态广义脉冲响应函数是否符合货币
政策理论。从图 6 - 5 中我们可以得出以下结论。第一，总体视角分析。
MLF 对来自 ERsf 一个标准冲击的实时灵活动态广义脉冲响应值均值为

－5.0629e－04，标准差为0.0028，波动范围为［－2.6501，0.8496］，因此，汇率对宏观经济的影响总体上是正向的，且波动非常小，从而是一个非常稳定的极小正向货币政策传导机制渠道。第二，样本期视角的分析。从样本期视角来看，每个样本日的182个广义脉冲响应函数值早期和晚期基本为正值，中间基本为负值；同时所有9036个样本日的182个广义脉冲响应函数值的走势各不相同，既有上升走势，也有下降走势，体现了它的灵活性。第三，脉冲期视角的分析。从不同的广义脉冲响应函数期数来看，每期广义脉冲响应函数的9036个样本日的数值呈现中期有明显的正负上下波动的发展趋势，但其他时间都是明显的上行走势，具有实时灵活动态特征。综上，本章求得的混频损失函数对于来自汇率的标准冲击的广义脉冲响应分析是基本符合经典的货币政策理论，且具有实时性和灵活动态性的。

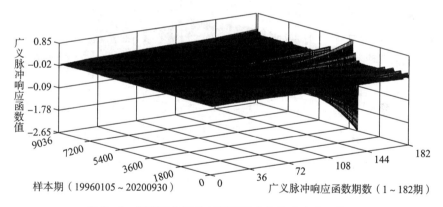

图6-5　混频损失函数对汇率的广义脉冲响应函数值

（6）混频损失函数对股价的实时灵活动态广义脉冲响应分析

根据货币政策股价传导机制理论可知，股价变动会导致宏观经济发生多种变化，最终结果是不确定的，即会引起混频损失函数发生同样不确定性的变化。为此，用图6-6来分析实时灵活动态广义脉冲响应函数是否符合货币政策理论。从图6-6中我们可以得出以下结论。第一，总体视角分析。MLF对来自SPsf一个标准冲击的实时灵活动态广义脉冲响应值均值为－0.0031，标准差为0.0036，波动范围为［－0.5985，

1.0744]，因此，股价对宏观经济的影响总体上是负向的，且波动非常小，从而是一个非常稳定的极小负向货币政策传导机制渠道。第二，样本期视角的分析。从样本期视角来看，早期和晚期样本日的182个广义脉冲响应函数值基本为负数，中期基本为正值；同时所有9036个样本日的182个广义脉冲响应函数值的走势各不相同，既有上升走势，也有下降走势，体现了它的灵活性。第三，脉冲期视角的分析。从不同的广义脉冲响应函数期数来看，每期广义脉冲响应函数的9036个样本日的数值呈现上下正负周期波动的趋势，具有实时灵活动态特征。综上，本章求得的混频损失函数对于来自股价的标准冲击的广义脉冲响应分析是基本符合经典的货币政策理论，且具有实时性和灵活动态性的。

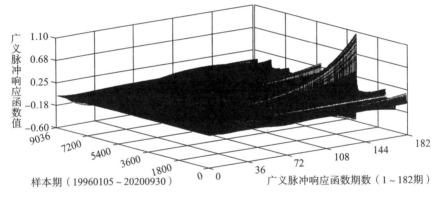

图6-6 混频损失函数对来自股价的广义脉冲响应函数值

6.3 基于混频损失函数的中国实时灵活动态 金融状况指数测度及简单检验

根据 MF-MI-TVP-SV-SFAVAR 模型的估计结果，将包含从1期到1~182期等不同期数的实时灵活动态广义脉冲响应函数累计值代入式（4-15），进行了182次日度中国 RTFD-FCI 及其实时灵活动态权重系数的测度试验，结果发现基于1~25期的实时灵活动态广义脉冲响应函数累计值构建的 RTFD-FCI 与 MLF 的相关性最好（记为 RTFD-FCI1），同时发现基于 1～78 期的实时灵活动态广义脉冲响应函数累计值构建的 RTFD-FCI 与 GDPg 的相关性最好（记为 RTFD-FCI2），以及基于 1～82 期的实时灵活动态广义脉冲响应函数累计值构建的 RTFD-FCI 与 CPIg 的相关性最好（记为 RTFD-FCI3）。之所以选择不同的实时灵活动态广义脉冲响应函数的期数来构建中国 RTFD-FCI，是因为货币政策传导到混频损失函数、产出缺口和通货膨胀缺口所花费的时间是各不相同的，即时滞是不相同的。因此本书通过测度得到了 3 个日度中国 RTFD-FCI 及其实时灵活动态权重系数。本节只简单分析和检验了 RTFD-FCI1，下一节着重分析和检验 RTFD-FCI2 和 RTFD-FCI3。

6.3.1　中国 RTFD-FCI 的实时灵活动态权重系数测度

我们基于 MF-MI-TVP-SV-SFAVAR 模型，估计了 6 大货币政策传导渠道结构公因子从 1996 年 1 月 5 日到 2020 年 9 月 30 日的各个日度的实时灵活动态权重，具体结果如图 6-7。从图 6-7 可以看出，中国 RTFD-FCI 的 6 大货币政策传导渠道结构公因子的权重呈现以下特征。第一，金融状况变量的权重具有实时灵活动态特征。这表现为构成该指数的所有结构公因子的权重都呈现时而平缓、时而剧烈波动的发展特征，因此，这说明其权重有时是静态的，有时是动态的，并且每日都有所不同，即是实时灵活动态的，不同于一些学者研究得出的结论，权重要么是所有时期都一样（封思贤等，2012），要么所有时期都像白噪声一样剧烈波动（余辉、余剑，2013）。第二，货币政策对宏观经济的传导机制主要通过以货币供应为主导的货币传导机制实现，其他渠道则较弱。由图 6-7 可知，6 大货币政策传导渠道结构公因子在中国 RTFD-FCI 的实时灵活动态权重根据绝对值的平均值从大到小顺序排列，分别为货币供应（0.4340）、股价（0.1316）、利率（0.1266）、房价（0.1119）、汇率（0.0981）和新增贷款（0.0978）。这说明了货币供应是货币政策对宏观经济的综合影响最大的传导机制渠道，其他渠道则都差不多，保持在 0.1 上下。第三，从权重分类来看，货币供应、新增贷款 2 个数量型结构公因子的权重绝对值之和是 0.5318，说明在实时灵活动态调控宏观经济的情况下，实时灵活动态数量型货币政策与实时灵活动态价格型货币政策一样对宏观经济调控起到了重要作用。第四，实时灵活动态推进金融市场的全面改革开放是提升中国货币政策对宏观经济综合影响的较好途径。这表现在改革开放较早和较好的货币供应量、股票市场对宏观经济的综合影响较高，而改革开放较晚和较弱的信贷市场和汇率市场则综合影响较小。

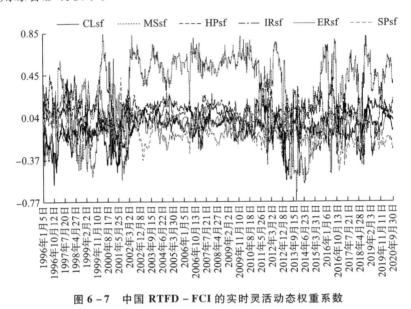

图 6 – 7　中国 RTFD – FCI 的实时灵活动态权重系数

6.3.2　中国 RTFD-FCI 趋势及与混频损失函数的关系简单分析和检验

（1）基于混频损失函数的中国 RTFD-FCI 趋势分析

将 RTFD-FCI1、RT-FCI1、FCI1 和 MLF 三个日度变量绘制到图形中进行比较，具体见图 6 – 8。由图 6 – 8 可知，由于世界金融危机、欧债危机和新冠肺炎疫情对金融市场冲击等影响，本书构建的中国 RTFD-FCI1 在 1999 ~ 2000 年、2007 ~ 2009 年、2011 ~ 2012 年、2020 年这 4 个时间段有很大的波动，而其他时间段呈小幅波动的状态。总体而言，中国 RT-FD-FCI1 呈现平稳波动走势，较好地表征了多年来中国金融市场状况一直比较平稳、没有出现金融危机的良好局面，也与中国人民银行一直实行以稳健货币政策为主的情况相吻合，这说明本书构建的中国 RTFD-FCI1 是一个能够较好地反映金融市场状况的综合指标。

（2）中国 RTFD-FCI 与混频损失函数的关系分析

根据图 6-8，得出以下结论。第一，从走势来看，本书新构建的 RTFD-FCI1、RT-FCI1、FCI1 和 MLF 的走势基本相同。第二，从领先性来看，绝大部分时段的 RTFD-FCI1 不仅领先于 MLF，而且领先于 RT-FCI1 和 FCI1。特别是在一些重要时刻，如 1999~2000 年科技股票泡沫破灭、2007~2009 年世界金融危机、2011~2012 年欧债危机以及 2020 年新冠肺炎疫情冲击期间，RTFD-FCI1 不仅领先于 MLF 很多天，给出了下降信号，而且比 RT-FCI1 和 FCI1 更早给出下降信号。第三，从稳定性来看，RTFD-FCI1 的波动幅度比 MLF 要小，即更加稳定。这些也说明了本书构建的中国 RTFD-FCI 是一个较好的货币政策最终目标的先行指标。

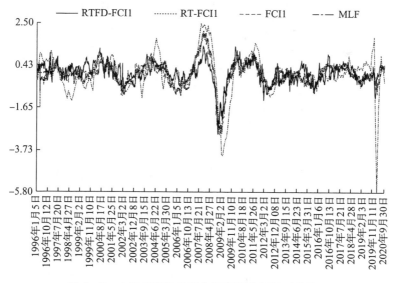

图 6-8 中国 RTFD-FCI 与混频损失函数对比情况

（3）基于混频损失函数的中国 RTFD-FCI 检验

本书使用相关分析法和交叉谱法检验基于混频损失函数的中国 RT-

FD-FCI（RTFD-FCI1）与货币政策双重最终目标的混频损失函数之间的相关性和一致性，以求进一步验证本书构建的 RTFD-FCI 的优势。在这里只是简单检验了 RTFD-FCI1，第 4 节将进行更详细的实证检验和比较。

①相关性分析法检验。本书使用皮尔逊相关系数法、斯皮尔曼等级相关系数法以及肯德尔秩相关系数法对新构建的中国 RTFD-FCI1 与混频损失函数之间的相关性进行检验，检验结果具体见表 6 - 2。由表 6 - 2 可知，RTFD-FCI1 与 MLF 之间的皮尔逊相关系数、斯皮尔曼等级相关系数和肯德尔秩相关系数都在 1% 的显著性水平上显著。这些检验表明本书新构建的中国 RTFD-FCI1 与 MLF 之间存在高度的相关性，再次证明了 RTFD-FCI1 是一个与中国货币政策双重最终目标高度相关的综合指标，可以作为货币政策的操作指标，进而说明该指数的合理性和有效性。

表 6 - 2　RTFD-FCI1、RT-FCI1、FCI1 与 MLF 的相关性检验结果

指数	RTFD-FCI1			RT-FCI1			FCI1		
类型	Pearson	Spearman	Kendall	Pearson	Spearman	Kendall	Pearson	Spearman	Kendall
系数	0.5578 ***	0.4903 ***	0.3403 ***	0.7226 ***	0.6366 ***	0.4588 ***	0.7164 ***	0.6220 ***	0.4418 ***
统计量	63.8785	53.4682	1.4E + 07	99.3531	78.4683	1.9E + 07	17.5755	13.5963	1.9E + 04
P 值	0.0000	0.0000	0.0000	0.0000	0.0000	0.0000	0.0000	0.0000	0.0000

注：*** 表示在 1% 的显著性水平上显著。

②交叉谱法检验。本书使用窗宽为 1400 的帕曾窗、重叠度为 0.1 的交叉谱法对基于混频损失函数的中国 RTFD-FCI1 与混频损失函数之间的一致性进行检验，并与 RT-FCI1 和 FCI1 进行比较，检验结果具体见表 6 - 3。第一，各指数与 MLF 的最大一致性检验及比较。RTFD-FCI1 与 MLF 之间的一致性最大值为 0.8935，分别比 RT-FCI1 和 FCI1 高 0.0449、0.0164。第二，各指数与 MLF 的平均一致性检验及比较。RT-FD-FCI1 与 MLF 之间的一致性的全部频率的平均值为 0.1773，分别比 RT-FCI1 和 FCI1 低 0.0267 和 0.0191。因此，本书新构建的中国 RTFD-

FCI 与宏观经济活动具有高度的一致性，且在一致性上与实时和标准金融状况指数相差不大，说明了它是一个反映宏观经济活动的合理和有效的指标。

表 6 – 3　RTFD-FCI1、RT-FCI1、FCI1 与 MLF 的一致性的交叉谱法检验结果

交叉谱	窗宽	重叠度	频率	长度	样本个数	最大值	平均值
RTFD-FCI1 与 MLF	1400	0.1	0.0112	5000	9036	0.8935	0.1773
RT-FCI1 与 MLF	1400	0.1	0.0112	5000	9036	0.8486	0.2040
FCI1 与 MLF	1400	0.1	0.0112	5000	8980	0.8771	0.1964

6.4　基于混频损失函数的中国实时灵活动态金融状况指数与宏观经济的关系详细检验和比较

为了验证新构建的基于混频损失函数的中国 RTFD-FCI 的优势，本书将从领先性、一致性、相关性、因果关系和预测能力 5 个方面对 RTFD-FCI 进行全面系统的检验，并与 RT-FCI 和标准 FCI 进行比较。为了便于检验和比较该指数对季度 GDPg 和月度 CPIg 的领先性和预测能力，及与季度 GDPg 和月度 CPIg 的一致性、相关性和因果关系，本书将新构建的中国 RTFD-FCI 通过求算术平均数的方法分别转换成季度和月度形式。

6.4.1　基于混频损失函数的中国 RTFD-FCI 与产出和通货膨胀的领先性详细检验和比较

（1）基于走势图的领先性检验和比较

①基于走势图的 RTFD-FCI2 与 GDPg 的领先性检验和比较。将上文得到的季度与产出缺口相关性最大的基于混频损失函数的中国 RTFD-FCI2 与 GDPg 绘制在图 6 – 9 中，同时为了便于比较也把 RT-FCI2 和 FCI2 绘入其中。由图 6 – 9 可知，从整体来看，RTFD-FCI2、RT-FCI2、FCI2 与 GDPg 基本同步，缺乏明显的领先性，但一些重要历史时期 RT-FD-FCI2 是 GDPg 的领先指标，并部分优于 RT-FCI2、FCI2。第一，在

2007～2009 年世界金融危机期间，RTFD-FCI2 在 2008 年第 4 季度达到最低点，而 RT-FCI2、FCI2 和 GDPg 都在 2009 年第 1 季度达到最低点，因此，RTFD-FCI2 比 RT-FCI2、FCI2 和 GDPg 领先 1 个季度；第二，在 2011～2012 年欧债危机期间，RTFD-FCI2、RT-FCI2、FCI2 都在 2012 年第 3 季度下降到最低点，而 GDPg 在第 4 季度才下降到局部最低点，因此，RTFD-FCI2 领先于 GDPg。总之，从走势图来看，中国 RTFD-FCI 不仅是产出的领先指标，领先 GDPg 0～1 个季度，而且领先性优于 RT-FCI2、FCI2。

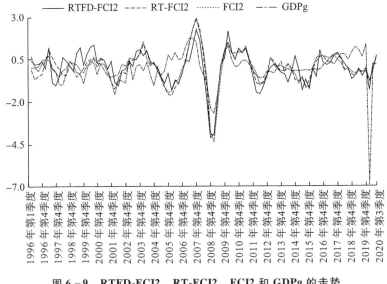

图 6 - 9　RTFD-FCI2、RT-FCI2、FCI2 和 GDPg 的走势

②基于走势图的 RTFD-FCI3 与 CPIg 的领先性检验和比较。将上文得到的月度的且与 CPIg 相关性最大的基于混频损失函数的 RTFD-FCI3 和 CPIg 绘制在图 6 - 10 中，同时为了便于比较也把 RT-FCI3 和 FCI3 绘入其中。由图6 - 10可知，整体来看，RTFD-FCI3、RT-FCI3 和 FCI3 都明显领先于 CPIg，且在一些重要时期领先性较明显。首先，在 2006 年至 2008 年上半年的经济过热期间，RTFD-FCI3、RT-FCI3、FCI3 和 CPIg 分别在 2007 年 11 月、2007 年 11 月、2007 年 12 月和 2008 年 2 月上升到局部极大值转折点，分别比 CPIg 领先 3 个月、3 个月、2 个月，RTFD-FCI3、RT-FCI3 分

别比 FCI3 领先 1 个月。其次，在 2018 年下半年至 2019 年的世界金融危机爆发期间，RTFD-FCI3、RT-FCI3、FCI3 和 CPIg 分别在 2009 年 1 月、2 月、2 月和 7 月下降到局部极小值转折点，RTFD-FCI3、RT-FCI3、FCI3 分别比 CPIg 领先 6 个月、5 个月和 5 个月，RTFD-FCI3 比 RT-FCI3、FCI3 领先 1 个月。总之，从走势图来看，中国 RTFD-FCI 不仅是通货膨胀的领先指标，领先 1~7 个月，而且领先性优于 RT-FCI3、FCI3。

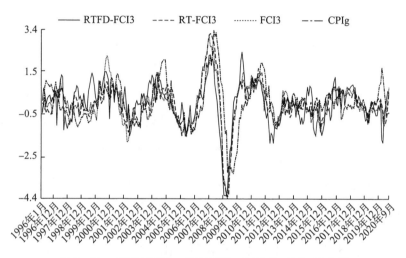

图 6 – 10　RTFD-FCI3、RT-FCI3、FCI3 和 CPIg 的走势

（2）基于 K-L 信息量法的领先性检验和比较

走势图检验领先性的方法虽然比较直观，但不够精确，接下来使用 K-L 信息量法对 RTFD-FCI、RT-FCI、FCI 与 GDPg、CPIg 之间的领先滞后性做出精确检验，检验结果具体见表 6 – 4。

①基于 K-L 信息量法的 RTFD-FCI2 与 GDPg 的领先性检验和比较。本书使用 K-L 信息量法，对 RTFD-FCI2、RT-FCI2、FCI2 与 GDPg 之间的领先滞后关系进行检验，检验结果见表 6 – 4。由表 6 – 4 可知，RT-FD-FCI2 比 GDPg 领先 4 阶，而 RT-FCI2、FCI2 则分别滞后 5 阶和 8 阶。该检验再次表明了本书新构建的基于混频损失函数的中国 RTFD-FCI 领先于产出，并在领先性上优于实时和标准金融状况指数。

中国实时灵活动态金融状况指数研究

表 6 - 4 K-L 信息量法检验结果

变量	GDPg						CPIg					
指数	RTFD-FCI2		RT-FCI2		FCI2		RTFD-FCI3		RT-FCI3		FCI3	
统计量	K-L	L	K-L	L	K-L	L	K-L	L	K-L	L	K-L	L
结果	8.43E + 13	- 4	1.54E + 14	5	3.30E + 14	8	1.52E + 15	- 6	2.86E + 14	- 4	1.71E + 01	3

注：K-L 表示信息量；L 表示领先滞后阶数；负数表示领先，正数表示滞后，0 表示一致。

②基于 K-L 信息量法的 RTFD-FCI3 与 CPIg 的领先性检验和比较。使用 K-L 信息量法对 RTFD-FCI3、RT-FCI3、FCI3 与 CPIg 之间的领先滞后关系进行检验，检验结果见表 6 - 4。由表 6 - 4 可知，RTFD-FCI3、RT-FCI3 比 CPIg 分别领先 6 阶和 4 阶，而 FCI3 则滞后 3 阶。该检验再次表明了本书新构建的基于混频损失函数的中国 RTFD-FCI 领先于通货膨胀，并在领先性上优于实时和标准金融状况指数。

6.4.2　基于混频损失函数的中国 RTFD-FCI 与产出和通货膨胀的一致性检验和比较

（1）基于走势图的一致性检验和比较

①基于走势图的 RTFD-FCI2 与 GDPg 的一致性检验和比较。由图 6 - 9 可知，RTFD-FCI2、RT-FCI2、FCI2 和 GDPg 走势基本一致，具有较高的一致性，且 RTFD-FCI2 的走势与 RT-FCI2、FCI2 几乎一样，与 GDPg 的一致性不存在明显的差异。鉴于从图形走势上无法辨别出 RTFD-FCI2、RT-FCI2、FCI2 与 GDPg 的一致性的差异程度，下文将通过交叉谱法检验和比较它们之间的一致性。

②基于走势图的 RTFD-FCI3 与 CPIg 的一致性检验和比较。由图 6 - 10 可知，RTFD-FCI3、RT-FCI3、FCI3 与 CPIg 的走势基本一致，具有很高的一致性，且 RTFD-FCI3 的走势与 RT-FCI3、FCI3 几乎一样，与 CPIg 的一致性不存在明显的差异。鉴于从图形走势上无法辨别出 RTFD-FCI3、RT-FCI3、FCI3 与 CPIg 的一致性的差异程度，下文将通过交叉谱法检验和比较它们之间的一致性。

（2）基于交叉谱法的一致性检验和比较

①基于交叉谱法的中国 RTFD-FCI2 与 GDPg 的一致性检验和比较。本书使用窗宽为 21 的帕曾窗、重叠度为 0.1 的交叉谱法对基于混频损失函数的中国 RTFD-FCI2 与 GDPg 之间的一致性进行检验，并与 RT-FCI2 和 FCI2 进行比较，检验结果具体见表 6-5。第一，各指数与 GDPg 的最大一致性检验及比较。RTFD-FCI2 与 GDPg 之间的一致性最大值为 0.9464，分别比 RT-FCI2 和 FCI2 高 0.0089、0.0016。第二，各指数与 GDPg 的平均一致性检验及比较。RTFD-FCI2 与 GDPg 之间的一致性的全部频率的平均值为 0.4513，分别比 RT-FCI2 和 FCI2 低 0.0995 和高 0.0065。因此，本书新构建的中国 RTFD-FCI 与产出具有高度的一致性，且在一致性上与实时金融状况指数相差不大，但优于标准金融状况指数，说明了它是一个产出的合理和有效的反映指标。

表 6-5　RTFD-FCI2、RT-FCI2、FCI2 与 GDPg 的一致性的交叉谱法检验结果

交叉谱	窗宽	重叠度	频率	长度	样本个数	最大值	平均值
RTFD-FCI2 与 GDPg	21	0.1	0.6283	50	99	0.9464	0.4513
RT-FCI2 与 GDPg	32	0.1	0.6283	50	99	0.9375	0.5508
FCI2 与 GDPg	30	0.1	0.6283	50	99	0.9448	0.4448

②基于交叉谱法的 RTFD-FCI3 与 CPIg 的一致性检验和比较。本书使用窗宽为 60 的帕曾窗、重叠度为 0.1 的交叉谱法对基于混频损失函数的中国 RTFD-FCI3 与 CPIg 之间的一致性进行检验，并与 RT-FCI3 和 FCI3 进行比较，检验结果具体见表 6-6。第一，各指数与 CPIg 的最大一致性检验及比较。RTFD-FCI3 与 CPIg 之间的一致性最大值为 0.9804，分别比 RT-FCI3 和 FCI3 高 0.009、0.0038。第二，各指数与 CPIg 的平均一致性检验及比较。RTFD-FCI3 与 CPIg 之间的一致性的全部频率的平均值为 0.3959，分别比 RT-FCI3 和 FCI3 高 0.033、0.026。因此，本书新构建的中国 RTFD-FCI 与通货膨胀具有高度的一致性，且在一致性上略优于实时和标准金融状况指数，说明了它是一个通货膨胀的合理和有效的反映指标。

表 6-6　RTFD-FCI3、RT-FCI3、FCI3 与 CPIg 的一致性的交叉谱法检验结果

交叉谱	窗宽	重叠度	频率	长度	样本个数	最大值	平均值
RTFD-FCI3 与 CPIg	60	0.1	0.2094	150	297	0.9804	0.3959
RT-FCI3 与 CPIg	60	0.1	0.3351	150	297	0.9714	0.3629
FCI3 与 CPIg	60	0.1	0.2513	150	297	0.9766	0.3699

6.4.3 基于混频损失函数的中国实时灵活动态金融状况指数与产出和通货膨胀的相关性检验和比较

（1）基于跨期相关系数法的相关性检验和比较

①基于跨期相关系数法的中国 RTFD-FCI2 与 GDPg 的相关性检验和比较。从前文的分析可知，RTFD-FCI2、RT-FCI2、FCI2 和 GDPg 之间具有高度的一致性，意味着它们之间具有较高的相关性。为此，本章使用跨期相关系数法检验 RTFD-FCI2、RT-FCI2、FCI2 和 GDPg 之间的相关性，检验结果见表 6-7。首先，最大跨期相关系数的检验和比较。由表 6-7 可知，RTFD-FCI2、RT-FCI2、FCI2 与 GDPg 跨期相关系数都在第 0 期达到最大值，分别为 0.5035、0.4821、0.4965，在最大跨期相关性上中国 RTFD-FCI2 优于 RT-FCI2、FCI2。其次，平均跨期相关系数的检验和比较。RTFD-FCI2、RT-FCI2、FCI2 与 GDPg 的平均跨期相关系数分别为 -0.0040、-0.0580 和 -0.0569，在平均跨期相关性上 RT-FD-FCI2 也优于 RT-FCI2、FCI2。总之，本书新构建的基于混频损失函数的中国 RTFD-FCI 与产出缺口具有较高的相关性，且在跨期相关性上优于实时和标准金融状况指数。

表 6-7　中国 RTFD-FCI2、RT-FCI2、FCI2 与 GDPg 的跨期相关系数测算结果

领先期	0	1	2	3	4	6	6	7	8	均值
RTFD-FCI2	0.5035	0.2866	0.1228	-0.1213	-0.2555	-0.2356	-0.1882	-0.1010	-0.0470	-0.0040
RT-FCI2	0.4821	0.2814	0.0157	-0.2440	-0.3473	-0.3207	-0.2278	-0.1083	-0.0535	-0.0580
FCI2	0.4965	0.2592	0.0115	-0.2341	-0.3404	-0.3185	-0.2445	-0.1034	-0.0388	-0.0569

②基于跨期相关系数法的 RTFD-FCI3 与 CPIg 的相关性检验和比较。从前文的分析可知，RTFD-FCI3、RT-FCI3、FCI3 和 CPIg 之间具有高度的一致性，意味着它们之间具有较高的相关性。为此，本书使用跨期相关系数法检验 RTFD-FCI3、RT-FCI3、FCI3 和 CPIg 之间的相关性，检验结果见表 6－8。首先，最大跨期相关系数的检验和比较。由表 6－8 可知，RTFD-FCI3、RT-FCI3、FCI3 与 CPIg 跨期相关系数分别在第 5 期、第 3 期、第 4 期达到最大值，分别为 0.6859、0.7938 和 0.7800，在最大跨期相关性上中国 RTFD-FCI3 略差于 RT-FCI3、FCI3。其次，平均跨期相关系数的检验和比较。RTFD-FCI3、RT-FCI3、FCI3 与 CPIg 的平均跨期相关系数分别为 0.5951、0.6967 和 0.6961，在平均跨期相关性上 RTFD-FCI3 也略劣于 RT-FCI3、FCI3。总之，本书新构建的基于混频损失函数的中国 RTFD-FCI 与通货膨胀缺口具有很高的相关性，虽在跨期相关性上略劣于实时和标准金融状况指数，但实时金融状况指数优于标准金融状况指数。

表 6－8　中国 RTFD-FCI3、RT-FCI3、FCI3 与 CPIg 的跨期相关系数测算结果

领先期	0	1	2	3	4	5	6	7	8	均值
RTFD-FCI3	0.3943	0.4980	0.5740	0.6369	0.6824	0.6859	0.6657	0.6381	0.5805	0.5951
RT-FCI3	0.6602	0.7324	0.7744	0.7938	0.7866	0.7477	0.6834	0.5986	0.4935	0.6967
FCI3	0.5876	0.6679	0.7317	0.7682	0.7800	0.7631	0.7234	0.6617	0.5809	0.6961

（2）基于相关性分析法的相关性检验和比较

①基于相关性分析法的中国 RTFD-FCI2 与 GDPg 的相关性检验和比较。本书使用皮尔逊相关系数法、斯皮尔曼等级相关系数法和肯德尔秩相关系数法对 RTFD-FCI2 与 GDPg 进行检验和比较，具体结果见表 6－9。中国 RTFD-FCI2 与 GDPg 的皮尔逊、斯皮尔曼和肯德尔秩相关系数都在 1% 的显著性水平上显著，分别达到 0.5035、0.3806 和 0.2670，在相关性大小上与 RT-FCI2 和 FCI2 相差不大。总之，本书新构建的基于混频损失函数的中国 RTFD-FCI 与产出缺口之间存在显著的相关性，且不劣于实时和标准金融状况指数。

表 6 – 9   **RTFD-FCI2、RT-FCI2、FCI2 与 GDPg 的相关性检验结果**

指数	RTFD-FCI2			RT-FCI2			FCI2		
类型	Pearson	Spearman	Kendall	Pearson	Spearman	Kendall	Pearson	Spearman	Kendali
系数	0.5035 ***	0.3806 ***	0.2670 ***	0.4821 ***	0.4055 ***	0.2938 ***	0.4965 ***	0.4155 ***	0.2913 ***
统计量	5.7390	4.0530	1.3E + 03	5.4196	4.3689	1.4E + 03	5.6336	4.4996	1.4E + 03
P 值	0.0000	0.0001	0.0001	0.0000	0.0000	0.0000	0.0000	0.0000	0.0000

注：*** 表示在 1% 的显著性水平上显著，下同。

②基于相关性分析法的 RTFD-FCI3 与 CPIg 的相关性检验和比较。本书也使用皮尔逊相关系数法、斯皮尔曼等级相关系数法和肯德尔秩相关系数法对 RTFD-FCI3 与 CPIg 进行检验和比较，结果见表 6 – 10。中国 RTFD-FCI3 与 CPIg 的皮尔逊、斯皮尔曼和肯德尔秩相关系数都在 1% 的显著性水平上显著，分别达到 0.3943、0.3612 和 0.2521，但在相关性大小上劣于 RT-FCI3 和 FCI3。总之，本书新构建的基于混频损失函数的中国 RTFD-FCI 与通货膨胀缺口之间存在显著的相关性，虽在相关性上不优于实时和标准金融状况指数，但实时金融状况指数优于标准金融状况指数。

表 6 – 10   **RTFD-FCI3、RT-FCI3 和 FCI3 与 CPIg 的相关性检验结果**

指数	RTFD-FCI3			RT-FCI3			FCI3		
类型	Pearson	Spearman	Kendall	Pearson	Spearman	Kendall	Pearson	Spearman	Kendall
系数	0.3943 ***	0.3612 ***	0.2521 ***	0.6602 ***	0.5773 ***	0.4179 ***	0.5876 ***	0.5292 ***	0.3789 ***
统计量	7.3692	6.6532	1.1E + 04	15.0983	12.1429	1.8E + 04	12.4310	10.6753	1.6E + 04
P 值	0.0000	0.0000	0.0000	0.0000	0.0000	0.0000	0.0000	0.0000	0.0000

6.4.4　基于混频损失函数的中国 RTFD-FCI 与产出和通货膨胀的混频格兰杰因果关系检验和比较

（1）检验和比较 RTFD-FCI2 与 GDPg 的混频格兰杰因果关系

为了充分利用 RTFD-FCI2 的实时信息，使用混频格兰杰因果关系法检验日度的 RTFD-FCI2 与季度的 GDPg 的混频格兰杰因果关系，同时与 RT-FCI2 和 FCI2 进行比较，具体结果见表 6 – 11。①原始假设为

表 6-11 RTFD-FCI2、RT-FCI2、FCI2 与 GDPg 的混频格兰杰因果关系检验

原假设	期数	1			2			3			4		
	指数	F	P	C	F	P	C	F	P	C	F	P	C
FCI 不是 GDPg 原因	RTFD-FCI2	12.0827	0.0005	R	6.48334	0.0015	R	4.46247	0.0039	R	3.36995	0.0092	R
	RT-FCI2	5.13514	0.0235	R	4.02723	0.0179	R	3.10113	0.0256	R	2.37428	0.0499	R
	FCI2	2.16832	0.142	A	2.78946	0.0631	R	3.00806	0.0307	R	2.25969	0.0629	R
GDPg 不是 FCI 原因	RTFD-FCI2	4.794	0.0286	R	2.52497	0.0801	R	1.9893	0.1133	A	1.62988	0.1637	A
	RT-FCI2	11.1241	0.0009	R	5.97831	0.0025	R	4.33457	0.0046	R	3.31328	0.0101	R
	FCI2	7.12935	0.008	R	3.90592	0.0212	R	2.31145	0.0764	R	1.55093	0.1876	A

原假设	期数	5			6			7			8		
	指数	F	P	C	F	P	C	F	P	C	F	P	C
FCI 不是 GDPg 原因	RTFD-FCI2	2.74504	0.0175	R	2.56709	0.0174	R	2.21493	0.0301	R	2.15247	0.028	R
	RT-FCI2	1.91503	0.0883	R	1.80719	0.0935	R	1.55777	0.143	A	1.4663	0.1638	A
	FCI2	2.79143	0.0177	R	2.08869	0.0547	R	2.25157	0.0305	R	2.17661	0.0295	R
GDPg 不是 FCI 原因	RTFD-FCI2	1.37409	0.2306	A	1.20019	0.3028	A	1.05809	0.3879	A	0.9554	0.4691	A
	RT-FCI2	2.57391	0.0247	R	2.16904	0.0429	R	1.84971	0.0735	R	1.86981	0.0601	R
	FCI2	1.45858	0.2036	A	1.40747	0.2117	A	1.22473	0.2891	A	0.97573	0.4552	A

注：F 是 F 统计量；P 是对应的概率值；C 是结论；A 表示接受，R 表示拒绝，下同。

"FCI 不是 GDPg 的格兰杰原因"的检验和比较。首先，RTFD-FCI2 对 GDPg 的混频格兰杰因果关系检验。滞后 1~3 期、4~8 期的 RTFD-FCI2 分别在 1%、5% 的显著性水平上拒绝原假设，说明滞后 1~8 期的中国 RTFD-FCI2 是 GDPg 的格兰杰原因。其次，RT-FCI2 对 GDPg 的混频格兰杰因果关系检验。滞后 1~4 期、5~6 期的 RT-FCI2 分别在 5%、10% 的显著性水平上拒绝原假设，而滞后 7~8 期 RT-FCI2 则不能拒绝原假设，这说明只有滞后 1~6 期的 RT-FCI2 是 GDPg 的格兰杰原因。最后，FCI2 对 GDPg 的混频格兰杰因果关系检验。滞后 3 期、5 期、8 期和 2 期、4 期、6 期、7 期 FCI2 在 5% 或 10% 的显著性水平上拒绝原假设，滞后 1 期 FCI2 不能拒绝原假设，这说明滞后 2~8 期 FCI2 是 GDPg 的格兰杰原因。

②原始假设为"GDPg 不是 FCI 的格兰杰原因"的检验和比较。首先，GDPg 对 RTFD-FCI2 的混频格兰杰因果关系检验。滞后 1 期、2 期 GDPg 分别在 5%、10% 的显著性水平上拒绝原假设，滞后 3~8 期则不能拒绝原假设，说明滞后 1~2 期的 GDPg 是 RTFD-FCI2 的格兰杰原因。其次，GDPg 对 RT-FCI2 的混频格兰杰因果关系检验。滞后 1~3 期、4~6 期和 7~8 期的 GDPg 分别在 1%、5% 和 10% 的显著性水平上拒绝原假设，这说明滞后 1~8 期的 GDPg 都是 RT-FCI3 的格兰杰原因。最后，GDPg 对 FCI2 的混频格兰杰因果关系检验。滞后 1 期、2 期和 3 期 GDPg 分别在 1%、5% 和 10% 的显著性水平上拒绝原假设，滞后 4~8 期则不能拒绝原假设，这说明滞后 1~3 期的 GDPg 是 FCI2 的格兰杰原因。

总之，在与产出缺口的因果关系上，本书新构建的基于混频损失函数的中国 RTFD-FCI 与产出缺口之间存在双向混频格兰杰因果关系，且优于实时和标准金融状况指数（按照"FCI 是否是 GDPg 的格兰杰原因"更重要的标准），因此可以用来预测产出。

（2）RTFD-FCI3 与 CPIg 的混频格兰杰因果关系检验和比较

为了充分利用 RTFD-FCI3 的实时信息，本书使用混频格兰杰因果关系法检验日度的 RTFD-FCI3 与月度的 CPIg 的混频格兰杰因果关系，同时与 RT-FCI3 和 FCI3 进行比较，具体结果见表 6-12。①原始假设为

表6－12 RTFD-FCI3、RT-FCI3、FCI3 与 CPIg 的混频格兰杰因果关系检验

原假设	指数	1 F	1 P	1 C	2 F	2 P	2 C	3 F	3 P	3 C	4 F	4 P	4 C
FCI 不是 CPIg 原因	RTFD-FCI3	75.9999	0.0000	R	39.0622	0.0000	R	26.2088	0.0000	R	20.7553	0.0000	R
	RT-FCI3	56.9629	0.0000	R	28.8810	0.0000	R	19.6071	0.0000	R	14.8984	0.0000	R
	FCI3	54.2723	0.0000	R	29.0778	0.0000	R	17.7309	0.0000	R	12.9297	0.0000	R
CPIg 不是 FCI 原因	RTFD-FCI3	5.9676	0.0146	R	6.0975	0.0023	R	4.4922	0.0037	R	3.3179	0.0101	R
	RT-FCI3	4.6462	0.0311	R	7.6376	0.0005	R	4.7792	0.0025	R	3.8547	0.0039	R
	FCI3	9.6878	0.0020	R	5.2826	0.0056	R	5.0255	0.0021	R	2.7013	0.0309	R

原假设	指数	5 F	5 P	5 C	6 F	6 P	6 C	7 F	7 P	7 C	8 F	8 P	8 C
FCI 不是 CPIg 原因	RTFD-FCI3	16.7265	0.0000	R	15.3115	0.0000	R	13.5341	0.0000	R	11.9131	0.0000	R
	RT-FCI3	12.0752	0.0000	R	10.4657	0.0000	R	9.6562	0.0000	R	8.4809	0.0000	R
	FCI3	9.2780	0.0000	R	7.3295	0.0000	R	5.6550	0.0000	R	4.1089	0.0001	R
CPIg 不是 FCI 原因	RTFD-FCI3	2.7878	0.0161	R	2.2021	0.0399	R	1.8451	0.0743	R	1.6773	0.0984	R
	RT-FCI3	3.0284	0.0098	R	2.7601	0.0111	R	2.6317	0.0103	R	2.9036	0.0031	R
	FCI3	2.4037	0.0372	R	2.1481	0.0483	R	1.5985	0.1358	A	1.1551	0.3268	A

"FCI 不是 CPIg 的格兰杰原因"的检验和比较。首先，RTFD-FCI3 对 CPIg 的混频格兰杰因果关系检验。滞后 1～8 期的 RTFD-FCI3 在 1% 的显著性水平上拒绝原假设，说明滞后 1～8 期的中国 RTFD-FCI3 是 CPIg 的格兰杰原因。其次，RT-FCI3 对 CPIg 的混频格兰杰因果关系检验。滞后 1～8 期的 RT-FCI3 在 1% 的显著性水平上拒绝原假设，这说明滞后 1～8 期的 RT-FCI3 是 CPIg 的格兰杰原因。最后，FCI3 对 CPIg 的混频格兰杰因果关系检验。滞后 1～8 期 FCI3 在 1% 的显著性水平上拒绝原假设，这说明滞后 1～8 期 FCI3 是 CPIg 的格兰杰原因。

②原始假设为"CPIg 不是 FCI 的格兰杰原因"的检验和比较。首先，CPIg 对 RTFD-FCI3 的混频格兰杰因果关系检验。滞后 2～3 期、4～6 期和 1 期、7～8 期 CPIg 分别在 1%、5%、10% 的显著性水平上拒绝原假设，说明滞后 1～8 期的 CPIg 是 RTFD-FCI3 的格兰杰原因。其次，CPIg 对 RT-FCI3 的混频格兰杰因果关系检验。滞后 2～5 期和 8 期、1 和 6 期、7 期的 CPIg 分别在 1%、5%、10% 的显著性水平上拒绝原假设，这说明滞后 1～8 期的 CPIg 都是 RT-FCI3 的格兰杰原因。最后，CPIg 对 FCI3 的混频格兰杰因果关系检验。滞后 1～3 期、4～6 期 CPIg 分别在 1%、5% 的显著水平上拒绝原假设，滞后 7～8 期则不能拒绝原假设，这说明滞后 1～6 期 CPIg 是 FCI3 的格兰杰原因。

总之，在与通货膨胀缺口的因果关系上，本书新构建的基于混频损失函数的中国 RTFD-FCI 与通货膨胀缺口之间存在双向混频格兰杰因果关系，且优于实时和标准金融状况指数（按照"FCI 是否是 CPIg 的格兰杰原因"更重要的标准），因此可以用来预测通货膨胀。

6.4.5 基于混频损失函数的中国 RTFD-FCI 对产出和通货膨胀的预测能力检验和比较

（1）检验和比较 RTFD-FCI2 对 GDPg 的预测能力

本书在 Gauthier，Graham 和 Liu（2004）提出的循环回归方程式中引入自回归项，构建循环自回归方程式，使用该方程式，选择新构建的季度中国 RTFD-FCI2 作为外生变量对 GDPg 进行预测，并与 RT-FCI2 和

FCI2 进行比较，以判断其优劣势，预测结果如表 6 - 13 所示。预测具体公式如下：

$$GDPg_t = \alpha_0 + \sum_{i=1}^{p} \alpha_i GDPg_{t-i} + \beta_1 RTFD\text{-}FCI2_{t-k}^q + u_t \qquad (6-3)$$

其中，$RTFD\text{-}FCI2_{t-k}^q$ 表示提前 k 期的季度 RTFD-FCI2，$k = 0$，1，2，…，8。

从前文的格兰杰因果关系检验可知，滞后 1 ~ 8 期的 RTFD-FCI2 是 GDPg 的格兰杰原因，因此使用引入 0 ~ 8 期中国 RTFD-FCI2 的 ARX 模型对 GDPg 进行样本内循环预测，即 AR（1）+ RTFD-FCI2模型，并与 AR（1）+ RT-FCI2、AR（1）+ FCI2、AR 三个基准模型进行比较，预测结果具体见表 6 - 13，得出以下结论。

第一，AR（1）+ RTFD-FCI2模型的预测系数部分显著。由表 6 - 13 可知，从预测系数的显著性来看，提前 0 ~ 1 期的 AR（1）+ RTFD-FCI2模型的预测系数在 1% 和 10% 的显著性水平上显著，其他不显著；提前 0、1、4、5 期的 AR（1）+ RT-FCI2模型的预测系数在 1%、5% 或 10% 的显著性水平上显著，其他不显著，提前 0、4、5 期的 AR（1）+ FCI2模型在 1% 或 5% 的显著性水平上显著，其他不显著；滞后 5、7 期 AR 模型在 10% 的显著性水平上显著，其他滞后期不显著。RTFD-FCI2 与 RT-FCI2 和 FCI2 在预测 GDPg 上的优劣势区分不明显。

第二，AR（1）+ RTFD-FCI2模型的预测效果最优。由表 6 - 13 可知，提前 0 ~ 8 期的 AR（1）+ RTFD-FCI2、AR（1）+ RT-FCI2、AR（1）+ FCI2模型对 GDPg 样本内预测的调整的拟合优度$\bar{R}^2$都在第 0 期达到最大值，分别为 0.2693、0.2556、0.2503，显然 AR（1）+ RTFD-FCI2优于 AR（1）+ RT-FCI2、AR（1）+ FCI2。由于大量的提前期数预测结果不显著，所以平均 $\bar{R}^2$ 没有什么参考价值，故不做比较。

第三，AR（1）+ RTFD-FCI2模型的预测误差最小。由表 6 - 13 可知，提前 0 ~ 8 期的 AR（1）+ RTFD-FCI2、AR（1）+ RT-FCI2、AR（1）+ FCI2模型对 GDPg 样本内预测的 RMSE 都在第 0 期达到最小值，

分别为 0.8452、0.8596、0.8543，显然 AR（1）+ RTFD-FCI2 在预测 GDPg 上优于 AR（1）+ RT-FCI2、AR（1）+ FCI2。由于大量提前期数预测结果不显著，所以平均 RMSE 没有什么参考价值，故不做比较。

表 6 – 13　RTFD-FCI2、RT-FCI2、FCI2 对 GDPg 的预测能力检验

提前期数	AR（1）+ RTFD-FCI2				AR（1）+ RT-FCI2			
	系数	P 值	$\bar{R}^2$	RMSE	系数	P 值	$\bar{R}^2$	RMSE
0	0.7983	0.0038	0.2693	0.8452	0.71514	0.0010	0.2556	0.8596
1	0.3442	0.0976	0.0899	0.9465	0.3808	0.0639	0.1041	0.9391
2	0.1860	0.4766	0.0672	0.9632	0.0154	0.9536	0.0563	0.9687
3	− 0.2104	0.5040	0.0697	0.9652	− 0.3842	0.1936	0.1042	0.9476
4	− 0.3852	0.1348	0.1016	0.9514	− 0.4954	0.0324	0.1376	0.9332
5	− 0.3079	0.1977	0.1012	0.9641	− 0.4390	0.0274	0.1165	0.9644
6	− 0.2496	0.3847	0.0919	0.9753	− 0.2966	0.1700	0.0810	0.9705
7	− 0.1058	0.7953	0.0556	0.9889	− 0.0961	0.7320	0.0550	0.9891
8	− 0.0381	0.9211	0.0521	0.9913	− 0.0657	0.8309	0.0531	0.9906
平均值	\	\	0.0998	0.9546	\	\	0.1070	0.9514

提前期数	AR（1）+ FCI2				AR			
	系数	P 值	$\bar{R}^2$	RMSE	系数	P 值	$\bar{R}^2$	RMSE
0	0.8124	0.0017	0.2503	0.8543	\	\	\	\
1	0.3652	0.1276	0.0909	0.9460	0.0053	0.9808	0.0566	0.9590
2	0.0134	0.9633	0.0563	0.9688	0.1073	0.1938	0.0017	0.9967
3	− 0.4008	0.2512	0.0986	0.9504	− 0.0133	0.9340	− 0.0102	1.0078
4	− 0.5370	0.0474	0.1334	0.9352	− 0.2682	0.1036	0.0306	0.9913
5	− 0.4784	0.0263	0.1135	0.9480	− 0.2805	0.0667	0.0356	0.9927
6	− 0.3720	0.1082	0.0895	0.9659	− 0.2214	0.1165	0.0184	1.0040
7	− 0.0913	0.7818	0.0543	0.9895	− 0.2968	0.0553	0.0420	0.9973
8	− 0.0449	0.9032	0.0522	0.9911	− 0.2941	0.1152	0.0421	1.0025
平均值	\	\	0.1043	0.9499	\	\	0.0271	0.9939

注：$\bar{R}^2$ 是调整的拟合优度，RMSE 是均方根误差。

总之，本书新构建的中国 RTFD-FCI 对产出缺口有较好的预测能力，并优于实时和标准金融状况指数。

（2）中国 RTFD-FCI3 对 CPIg 的预测能力检验和比较

本书在 Gauthier，Graham 和 Liu（2004）提出的循环回归方程式中引入自回归项，构建循环自回归方程式，使用该方程式，选择新构建的月度中国 RTFD-FCI3 作为外生变量对 CPIg 进行预测，并与 RT-FCI3 和 FCI3 进行比较，以判断其优劣势，预测结果如表 6 – 14 所示。预测具体公式如下：

$$CPIg_t = \alpha_0 + \sum_{i=1}^{p} \alpha_i CPIg_{t-i} + \beta_1 RTFD\text{-}FCI3_{t-j}^m + u_t \qquad (6-4)$$

其中，$RTFD\text{-}FCI3_{t-j}^m$ 表示提前 j 期的月度中国 RTFD-FCI，$j=0$，1，2，…，8。

表 6 – 14 RTFD-FCI3、RT-FCI3、FCI3 对 CPIg 的预测能力检验

提前	AR（1）+ RTFD-FCI3				AR（1）+ RT-FCI3			
期数	系数	P 值	$\bar{R}^2$	RMSE	系数	P 值	$\bar{R}^2$	RMSE
0	0.2567	0.0000	0.8535	0.3813	0.3297	0.0037	0.8494	0.3866
1	0.1885	0.0004	0.8504	0.3860	0.5354	0.0000	0.8564	0.3782
2	0.0887	0.1765	0.8486	0.3885	0.4338	0.0000	0.8541	0.3811
3	0.1210	0.0920	0.8492	0.3877	0.4662	0.0000	0.8547	0.3801
4	0.2486	0.0002	0.8542	0.3813	0.5510	0.0000	0.8571	0.3770
5	0.1498	0.0306	0.8493	0.3879	0.4596	0.0001	0.8538	0.3816
6	0.0640	0.4002	0.8469	0.3913	0.3800	0.0039	0.8515	0.3851
7	0.1665	0.0223	0.8493	0.3883	0.3949	0.0077	0.8518	0.3848
8	0.0884	0.1816	0.8468	0.3918	0.2743	0.0349	0.8488	0.3893
平均值	\	\	0.8498	0.3871	\	\	0.8531	0.3826
提前	AR（1）+ FCI3				AR			
期数	系数	P 值	$\bar{R}^2$	RMSE	系数	P 值	$\bar{R}^2$	RMSE
0	0.2993	0.0099	0.8517	0.3844	\	\	\	\

提前	AR（1）+ FCI3				AR			
期数	系数	P 值	$\bar{R}^2$	RMSE	系数	P 值	$\bar{R}^2$	RMSE
1	0.2583	0.0015	0.8504	0.3860	0.9194	0.0000	0.8460	0.3916
2	0.3745	0.0002	0.8531	0.3825	0.8361	0.0000	0.7026	0.5452
3	0.3385	0.0006	0.8514	0.3849	0.7424	0.0000	0.5554	0.6670
4	0.4032	0.0000	0.8531	0.3831	0.6468	0.0000	0.4218	0.7605
5	0.3400	0.0005	0.8509	0.3860	0.5383	0.0000	0.2920	0.8418
6	0.3031	0.0108	0.8497	0.3879	0.4281	0.0000	0.1870	0.9041
7	0.2896	0.0252	0.8494	0.3889	0.3135	0.0000	0.0975	0.9516
8	0.2443	0.0276	0.8483	0.3907	0.1911	0.0000	0.0341	0.9849
平均值	\	\	0.8509	0.3860	\	\	0.3921	0.7558

从前文的格兰杰因果关系检验可知，滞后 1 ~ 8 期的 RTFD-FCI3 是 CPIg 的格兰杰原因，因此使用引入 0 ~ 8 期中国 RTFD-FCI3 的 ARX 模型对 CPIg 进行样本内循环预测，即 AR（1）+ RTFD-FCI3模型，并与 AR（1）+ RT-FCI3、AR（1）+ FCI3、AR 三个基准模型进行比较，预测结果具体见表 6 - 14，得出以下结论。

第一，AR（1）+ RTFD-FCI3模型的预测系数部分显著。由表 6 - 14 可知，从预测系数的显著性来看，提前 0、1、3、4、5、7 期的 AR（1）+ RTFD-FCI3模型的预测系数在 1% 或 5% 的显著性水平上显著，其他不显著；提前 0 ~ 8 期的 AR（1）+ RT-FCI3模型的预测系数在 1% 或 5% 的显著性水平上显著；提前 0 ~ 8 期的 AR（1）+ FCI3模型在 1% 或 5% 的显著性水平上显著；滞后 1 ~ 8 期 AR 模型在 1% 的显著性水平上显著。显然，从预测系数的显著性来看，RTFD-FCI3 在预测 CPIg 上并不优于 RT-FCI3 和 FCI3，但 RT-FCI3 优于 FCI3。

第二，AR（1）+ RTFD-FCI3模型的预测效果较优。由表 6 - 14 可知，提前 0 ~ 8 期的 AR（1）+ RTFD-FCI3、AR（1）+ RT-FCI3、AR（1）+ FCI3和 AR 模型对 CPIg 样本内预测的调整的拟合优度 $\bar{R}^2$ 分别在第 4 期、第 4 期、第 2 期（或第 4 期）和第 1 期达到最大值，分别为

0.8542、0.8571、0.8531、0.8460，显然 AR（1）+ RTFD-FCI3优于 AR 和 AR（1）+ FCI3，但劣于 AR（1）+ RT-FCI3。平均值也有类似结果。

第三，AR（1）+ RTFD-FCI3模型的预测误差较小。由表 6 - 14 可知，提前 0 ~ 8 期的 AR（1）+ RTFD-FCI3、AR（1）+ RT-FCI3、AR（1）+ FCI3和 AR 模型对 CPIg 样本内预测的 RMSE 分别在第 4 期（或第 0 期）、第 4 期、第 2 期、第 1 期达到最小值，分别为 0.3813、0.3770、0.3825、0.3916，显然 AR（1）+ RTFD-FCI3在预测 CPIg 上优于 AR，劣于 AR（1）+ RT-FCI3。平均值也有类似结果。

总之，本书新构建的中国 RTFD-FCI 对通货膨胀缺口有较好的预测能力，且对通货膨胀的预测能力并不优于实时和标准金融状况指数，但实时金融状况指数优于标准金融状况指数。

6.5　本章小结

为了充分利用混频数据信息，减少人造同频延时数据导致的信息丢失，继续使用第 5 章估计得到的混频损失函数，选择与第 5 章相同的样本数据，构建了中国 RTFD-FCI，并实证检验了其对产出和通货膨胀的领先性和预测能力，以及其与产出和通货膨胀的一致性、相关性和因果关系，同时将其与 RT-FCI 和 FCI 进行了比较，主要有以下结论。

第一，通过分析发现，中国实时灵活动态金融状况指数是一个金融市场状况的实时和精准监测指标。本书新构建的中国 RTFD-FCI 能够对金融风险和金融危机等重大冲击事件做出更加实时和精准的反映。

第二，与传统金融状况指数相比，中国实时灵活动态金融状况指数对宏观经济具有更优的领先性、一致性、相关性、因果关系和预测能力。

第三，中国货币政策传导渠道呈现实时灵活动态的时期特征和实时动态分异的趋势特征，且是价格和数量结合型的。本书选择新增贷款、货币供应、房价、利率、汇率、股价 6 个结构公因子作为中国 RTFD-FCI 的构成变量，并表征货币政策调控宏观经济的传导渠道。首先，通过实证分析发现 6 个结构公因子的权重在每个样本期都是不相同的，呈现有时平缓、有时波动的时期特征，同时不同脉冲期 6 个结构公因子的权重在同一样本期也存在很大差异，这说明中国货币政策传导渠道具有灵活动态的时期特征。其次，各结构公因子的权重在不同脉冲期下呈现实时动态分异的趋势特征。6 个结构公因子的实时灵活动态广义脉冲响应函数值呈现各种各样的变化，既有上升或下降趋势，又呈倒 U 形和尖峰走势，故呈现实时动态分异的趋势特征。最后，在各结构公因子的权重平均值中，货币供应相对较大，而其他相对较小且相对均匀，表明货币政策传导渠道有价格和数量结合型的特征。

第7章
基于混频损失函数的中国实时
灵活动态金融状况指数应用

目前，虽然金融状况指数构建研究的文献较多且内涵丰富，但对其的应用分析还主要停留在相关性、格兰杰因果关系检验和预测能力检验等方面，很少有文献做进一步的深入讨论。考虑到 FCI 构建研究的最终目的是要落到实际应用上，本书对中国 RTFD-FCI 的实际应用价值做了进一步讨论。牢牢守住不发生系统性风险的底线是中国当前所面临的一项重要的金融和经济工作。因此，如何利用中国 RTFD-FCI 对金融和经济系统性风险进行测度和预警显得尤为重要。为此，将第 6 章新构建的中国 RTFD-FCI 应用到金融风险状况监测、金融系统性风险测度、金融经济波动趋势预警、货币政策效果评价、宏观经济效应分析以及宏观经济预测 6 个领域，展开进一步研究。

7.1 应用中国实时灵活动态金融状况指数对金融风险状况的监测

7.1.1 金融风险状况监测概述

由第 6 章的研究可知，本书新构建的中国 RTFD-FCI 能够对金融风险和金融危机等重大冲击事件进行较好的刻画，可以作为中国金融风险的一个良好测度，对金融风险状况进行监测。

（1）金融风险状况监测类型界定

本书把金融风险按照金融市场冷热程度划分为金融失衡风险和金融

不稳定风险两种类型。金融失衡风险是指金融市场上行导致金融过热的风险，金融不稳定风险是指金融市场下行导致金融过冷的风险。本书将基于这两种类型的金融风险利用中国 RTFD-FCI 对金融风险状况进行监测分析。

（2）金融风险状况监测标准界定

利用新构建的中国 RTFD-FCI 进行测度，可知中国金融风险状况表现为长期保持基本稳定、短期出现一定波动的态势。从中国 RTFD-FCI 的局部区域来看，直观认为中国 RTFD-FCI 上行表征金融风险状况改善，中国 RTFD-FCI 下行表征金融风险状况恶化。End（2006）认为合理范围内的金融风险指数表征金融状况平稳，因此建议使用具有边界的金融风险指数测度金融市场环境。本书借鉴周德才等（2017）、郭红兵和杜金岷（2014）提出的安全边界法，用中国 RTFD-FCI 的平均值 ±1 倍标准差作为其上下边界（TH），即：$TH_{下限} = \mu - \sigma$，$TH_{上限} = \mu + \sigma$，其中，TH、μ 和 σ 分别为样本区间内中国 RTFD-FCI 的门限值、平均值和标准差。以此为判断标准，当 $TH_{下限} \leq RTFD\text{-}FCI \leq TH_{上限}$，金融风险状况处于合理范围之内，当 $RTFD\text{-}FCI > TH_{上限}$，金融风险状况处于金融失衡状态，$RTFD - FC < TH_{下限}$，金融风险状况处于金融不稳定状态。

7.1.2 基于中国 RTFD-FCI 的金融风险状况监测分析

本书将对第 6 章构建的 3 个中国 RTFD-FCI 进行标准化，然后将它们及边界线绘制在图 7 – 1 中，由图 7 – 1 可知，1996 年 1 月 5 日至 2020 年 9 月 30 日，中国金融风险状况出现了 6 次超过金融风险状况监测标准的波峰，即出现了 6 次金融失衡风险；出现了 7 次超过金融风险状况监测标准的波谷，即出现了 7 次金融不稳定风险。

（1）基于中国 RTFD-FCI 的金融失衡风险监测分析

①第一次金融失衡风险监测分析（1996 年 11 月 26 日至 1997 年 6 月 24 日）。考虑到 1996 年经济实现了"软着陆"，央行将前期紧缩的货币政策调整为适度宽松的货币政策，进行了降息，推动了金融市场的繁荣，特别是催生了中国股市出现"大牛市"。中国 RTFD-FCI 在 1996

年 11 月 26 日至 1997 年 6 月 24 日出现了小幅度较短时间的上涨，实时精准地刻画了这次金融失衡风险。

②第二次金融失衡风险监测分析（1999 年 9 月 4 日至 2000 年 9 月 21 日）。由于亚洲金融危机的严重冲击，以及中国经济从卖方市场转向买方市场，央行推出了一系列的宽松货币政策，包括 6 次降息和 3 次降准，推动金融市场复苏和繁荣，特别是出现了一次与美国科技股牛市同频共振的中国"大牛市"。中国 RTFD-FCI 在 1999 年 9 月 4 日至 2000 年 9 月 21 日出现了较大幅度较长时间的上升，实时精准地反映了这次金融失衡风险。

③第三次金融失衡风险监测分析（2003 年 7 月 20 日至 2004 年 5 月 26 日）。为了应对发生在 2002 年 11 月至 2003 年 6 月的"非典"疫情，央行维持了宽松的货币政策，将法定存贷款利率与法定存款准备金率维持在历史底部水平，催生了金融市场的繁荣。中国 RTFD-FCI 在 2003 年 7 月 20 日至 2004 年 5 月 26 日出现了极小幅度但时间较长的上涨，实时精准地描绘了这次金融失衡风险。

④第四次金融失衡风险监测分析（2007 年 6 月 29 日至 2008 年 3 月 8 日）。2006 年国有大型商业银行成功改制上市促进了银行业的繁荣，2006 年股权分制改革的基本完成催生了 2016~2017 年中国股市"大牛市"，同时经济高速增长进一步促进了金融业的大繁荣。中国 RTFD-FCI 在 2007 年 6 月 29 日至 2008 年 3 月 8 日出现了较长时间的上涨，实时精准地刻画了这次金融失衡风险。

⑤第五次金融失衡风险监测分析（2009 年 12 月 30 日至 2011 年 7 月 9 日）。为应对世界金融危机，中国政府在 2009 年 11 月出台了"4 万亿"刺激计划以及配套的极度宽松的货币政策，促使金融市场克服了金融危机影响开始逐步复苏和繁荣。中国 RTFD-FCI 在 2009 年 12 月 30 日至 2011 年 7 月 9 日直线上升，达到高点，说明它对这次极大的金融失衡风险进行了实时精准的刻画。

⑥第六次金融失衡风险监测分析（2016 年 8 月 23 日至 2016 年 10 月 11 日）。影子银行在前期的快速膨胀，及金融体系快速杠杆化导致了

2016 年中国金融业高度繁荣，金融业增加值占 GDP 比重达到创纪录的 8%。中国 RTFD-FCI 在 2016 年 8 月 23 日至 2016 年 10 月 11 日出现了较高幅度但较短时间的突然快速上涨，说明上述金融失衡风险得到了实时精准的反映。

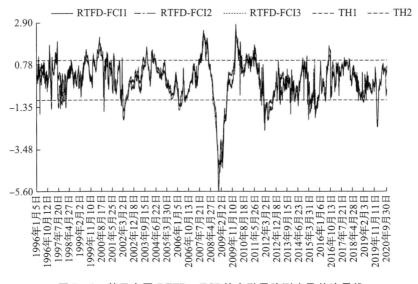

图 7-1 基于中国 RTFD-FCI 的金融风险测度及其边界线

（2）基于中国 RTFD-FCI 的金融不稳定风险监测分析

①第一次金融不稳定风险监测分析（1997 年 7 月 11 日至 1998 年 2 月 11 日）。发生于 1997 年 7 月 2 日至 1998 年 8 月底的亚洲金融危机，给中国金融和经济造成了严重冲击，金融市场出现下行风险。中国 RT-FD-FCI 在 1997 年 7 月 11 日至 1998 年 2 月 11 日出现了极小幅度但时间较长的下降，这是它实时精准地刻画了这次金融不稳定风险的一个例证。

②第二次金融不稳定风险监测分析（2002 年 3 月 2 日至 2002 年 5 月 29 日）。央行逐步退出为应对亚洲金融危机推出的货币政策，导致金融市场有些不太适应。中国 RTFD-FCI 在 2002 年 3 月 2 日至 2002 年 5 月 29 日出现了极大幅度但极短时间的快速下降，从而实时精准地描绘了这次金融不稳定风险。

③第三次金融不稳定风险监测分析（2006 年 1 月 22 日至 2006 年 5 月 14 日）。为应对 2005 年经济过热，央行从 2006 年开始实施了适度从紧的货币政策，包含上调存贷款基准利率和法定存款准备金率，导致金融市场下行。中国 RTFD-FCI 在 2006 年 1 月 22 日至 2006 年 5 月 14 日出现了极小幅度但极短时间的下降，从而实时精准地反映了这次金融不稳定风险。

④第四次金融不稳定风险监测分析（2008 年 6 月 25 日至 2009 年 6 月 22 日）。2007 年爆发的世界金融危机从 2008 年下半年开始对中国金融市场造成了持续严重的冲击，同时中国股市在 2007 年 10 月 16 日达到历史最高点后开始持续下跌，慢慢步入"熊市"，这些都造成了中国金融市场有史以来的最大幅度的衰退。中国 RTFD-FCI 在 2008 年 6 月 25 日至 2009 年 6 月 22 日出现了最大幅度和极长时间的下降，从而实时精准地刻画了这次金融不稳定风险。

⑤第五次金融不稳定风险监测分析（2012 年 1 月 16 日至 2012 年 9 月 4 日）。为解决流动性过剩问题，央行在 2011 年大力实施紧缩性货币政策，6 次上调存贷款基准利率，3 次上调法定存款准备金率，最终造成 2012 年金融市场不断震荡下行，如股价和房价不断下降，同时地方债务风险等爆发也对其有一定的冲击。中国 RTFD-FCI 在 2012 年 1 月 16 日至 2012 年 9 月 4 日出现了较大幅度且较长时间的下降，说明这次金融不稳定风险得到了实时精准的反映。

⑥第六次金融不稳定风险监测分析（2014 年 3 月 29 日至 2015 年 12 月 10 日）。针对 2013 年影子银行规模膨胀和兑付纠纷频发问题，中国政府从 2014 年开始进行了大力整顿，对金融市场造成较大冲击，同时"股灾"也在 2015 年爆发。中国 RTFD-FCI 在 2014 年 3 月 29 日至 2015 年 12 月 10 日出现了较大幅度且较长时间的下跌，实时精准地反映了这次金融不稳定风险。

⑦第七次金融不稳定风险监测分析（2020 年 1 月 7 日至 2020 年 2 月 26 日）。发生于 2000 年 1 月的新冠肺炎疫情，使各国股市在 2020 年 1 ~ 3 月出现了下跌，如美国股市出现多次熔断，这些情况对中国金融

市场有较大的冲击。中国 RTFD-FCI 在 2020 年 1 月 7 日至 2020 年 2 月 26 日出现了大幅度但时间较短的迅速下跌，实时精准地反映了这次金融不稳定风险。

总之，中国实时灵活动态金融状况指数实时精准地刻画了金融风险状况，可以作为一个良好的金融风险监测指标。

7.2 应用中国实时灵活动态金融状况指数对金融系统性风险的测度

7.2.1 基于中国 RTFD-FCI 的金融系统性风险测度概述

综合相关学者研究可知，目前测度金融系统性风险主要有两种方法：第一种，构建金融风险指数，然后通过滤波法等测度金融系统性风险；第二种，构建波动率模型直接测度金融市场波动率，作为金融系统性风险的一个度量。基于前文的分析可知，中国 RTFD-FCI 较好地刻画了中国各个历史阶段的金融风险状况，可以作为金融风险的一个合理测度指标。因此，本书选择第一种方法来测度中国金融系统性风险。关于滤波法，有 HP 滤波、BP 滤波等多种方法可以选择，本书参照林建浩和王美今（2016）的做法，选择 HP 滤波法进行测度。

7.2.2 基于中国 RTFD-FCI 的金融系统性风险测度分析

本书使用 HP 滤波法（设 $\lambda = 1000000000$），对前文构建的 3 个中国 RTFD-FCI 进行滤波分析，得到它们的长期趋势成分，作为中国金融系统性风险的一个测度，分别记为 $HP_{RTFD-FCI1}$、$HP_{RTFD-FCI2}$、$HP_{RTFD-FCI3}$，其中 $HP_{RTFD-FCI1}$ 代表短期金融系统性风险、$HP_{RTFD-FCI2}$ 和 $HP_{RTFD-FCI3}$ 都代表长期金融系统性风险，具体见图 7-2。从图 7-2 可以得出以下两个结论。第一，中国金融系统性风险呈现"中波动 - 大波动 - 中波动"的周期波动趋势特征。2006 年 1 月 6 日之前，中国金融系统性风险呈现"中波动"的特征，在 2006 年 1 月 6 日至 2012 年 7 月 2 日的世界金融危机期间，呈

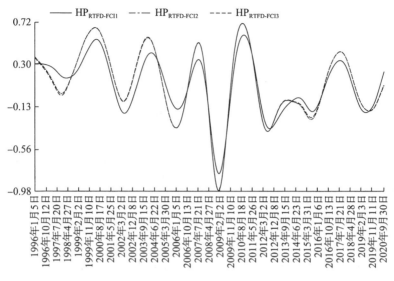

图 7 – 2　基于中国 RTFD – FCI 的金融系统性风险测度

现 "大波动" 的特征，而在 2012 年 7 月 3 日之后，又恢复到早期的 "中波动" 走势，与林建浩和王美今（2016）得出的由 "大波动" 到 "小稳健" 的结论不一致。这也说明进入经济发展新常态后，货币政策调控系统性金融风险效果显著，表明中国金融监管部门较好地防范和化解了系统性金融风险，基本守住了不发生系统性金融风险的底线。

第二，2012 年 7 月 2 日前后，中国短期和长期系统性金融风险的波动周期从分离走向重合。2012 年之前，中国长期系统性金融风险的波动周期领先短期约 12 个月，在这之后，二者几乎完全重合。

7.3　应用中国实时灵活动态金融状况指数对金融经济波动趋势的预警

徐国祥和郑雯（2013）、尚玉皇和郑挺国（2018）发现金融状况指数对经济基本面波动趋势具有预警作用，本书进一步扩展到金融和经济基本面波动趋势预警方面。首先，在金融基本面波动趋势预警作用分析方面，考虑到国家尚未公布统一的金融景气指数，本书以中国人民银行编制的银行景气指数（BCI）表征金融景气指数，使用中国 RTFD-FCI 对其进行预警分析。由于 BCI 只公布季度数据，将中国 RTFD-FCI 通过平均方法转换为季度数据。其次，在经济基本面波动趋势预警作用分析方面，使用中国 RTFD-FCI 对宏观经济一致指数和宏观经济先行指数（分别为 ECI1 和 ECI2）进行预警分析。由于 ECI 只公布了月度数据，将中国 RTFD-FCI 通过平均方法转换为月度数据。

7.3.1 应用中国 RTFD-FCI 对金融基本面波动趋势的预警

（1）在时域上的中国 RTFD-FCI 对金融基本面波动趋势的预警

为了便于比较，将中国 RTFD-FCI 和 BCI 都进行了标准化，绘制在图 7 - 3 中。由图 7 - 3 可知，中国 RTFD-FCI 与 BCI 的走势大体相似，中国 RTFD-FCI 领先 BCI 0 ~ 3 个季度，在一些重要的关键节点——波峰和波谷具有更明显的领先作用。如在 2007 ~ 2009 年的世界金融危机爆发期间，中国 RTFD-FCI 在 2008 年第 4 季度达到历史最低点，而 BCI 在 2009 年第 1 季度才达到最低点，因此，中国 RTFD-FCI 比 BCI 领先 1 个季度；在 2009 ~ 2011 年金融经济复苏期间，中国 RTFD-FCI 在 2010 年

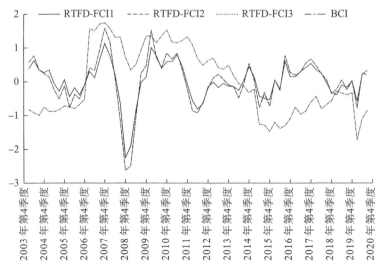

图 7 - 3　中国 RTFD - FCI 对金融基本面波动趋势的预警

注：由于 RTFD-FCI2 和 RIFD-FCI3 数值相当接近，图中两线重合。

第 1 季度达到局部最高点，而 BCI 在 2010 年第 4 季度才达到局部最高点，因此，中国 RTFD-FCI 比 BCI 领先 3 个季度。总之，在时域上中国 RTFD-FCI 领先于 BCI，对其具有先导作用。而金融景气指数本身领先于金融基本面，对其具有先导作用。因此，与金融景气指数相比，本书构建的中国 RTFD-FCI 是更领先的指数，对金融基本面波动趋势具有更早的预警作用。

（2）在频域上中国 RTFD-FCI 对金融基本面波动趋势的预警

为了进一步验证在时域上得到的结论，本书使用窗宽为 7 的帕曾窗、重叠率为 0.2、长度为 30 的交叉谱法，从频域上分析中国 RTFD-FCI 与金融景气指数领先滞后关系。根据前文在时域上的检验结果可知，RTFD-FCI1、RTFD-FCI2 和 RTFD-FCI3 领先 BCI 0 ~ 3 个季度，不是十分精确。为此，本书使用交叉谱法测算了 RTFD-FCI1、RTFD-FCI2 和 RTFD-FCI3 与 BCI 在频域上的领先滞后关系，测算结果见表 7 - 1。由表 7 - 1 可知，RTFD-FCI1、RTFD-FCI2 和 RTFD-FCI3 与 BCI 平均时差和最大时差分别为 0.5698 和 2.5907、0.7163 和 1.9479 以及 0.8468 和 1.9797，表明 RTFD-FCI1、RTFD-FCI2 和 RTFD-FCI3 平均领先和最大领先 BCI 0.5698 个和 2.5907 个季度、0.7163 个和 1.9479 个季度以及 0.8468 个和 1.9797 个季度。这与前文在时域上的分析结论基本一致。

表 7 - 1　中国 RTFD-FCI 与 BCI 的交叉谱法分析结果

指数		RTFD-FCI1		RTFD-FCI2		RTFD-FCI3	
特征值	跨度	一致性	时差	一致性	时差	一致性	时差
平均值	1.5708	0.0569	0.5698	0.0789	0.7163	0.0784	0.8468
最大值	3.1416	0.1383	2.5907	0.1617	1.9479	0.1599	1.9797

7.3.2　应用中国 RTFD-FCI 对经济基本面波动趋势的预警分析

（1）在时域上的中国 RTFD-FCI 对经济基本面波动趋势的预警分析

为了便于比较，将 RTFD-FCI1、RTFD-FCI2、RTFD-FCI3、ECI1 和

ECI2 进行了标准化，绘制在图 7－4 中。第一，中国 RTFD-FCI 与宏观经济景气指数（ECI）的走势大体相似，说明它们之间具有较好的一致性。第二，中国 RTFD-FCI 领先于宏观经济一致指数（ECI1），但与宏观经济先行指数（ECI2）互有领先滞后，说明中国 RTFD-FCI 对宏观经济具有良好的领先性，因此可以作为宏观经济预警指标的一个重要补充。根据走势可知，中国 RTFD-FCI 领先 ECI1 0～7 个月，在一些重要的关键节点——波峰和波谷具有更明显的领先作用。如在 2006～2008 年的中国经济高速发展期间，RTFD-FCI1、RTFD-FCI2、RTFD-FCI3 都在 2007 年 11 月达到局部最高点，而 ECI1 在 2008 年 6 月才达到局部最高点，因此，RTFD-FCI 比 ECI1 领先 7 个月；2008～2009 年的世界金融危机期间，RTFD-FCI1、RTFD-FCI2、RTFD-FCI3 分别在 2008 年 11 月、12 月和 2009 年 1 月达到局部最低点，而 ECI1 在 2009 年 2 月才达到局部最低点，RTFD-FCI1、RTFD-FCI2、RTFD-FCI3 分别比 ECI1 领先 3 个、2 个、1 个月。总之，在时域上中国 RTFD-FCI 领先于 ECI，对其具有先导作用。因此，本书构建的中国 RTFD-FCI 对经济基本面波动趋势具有较好的预警作用。

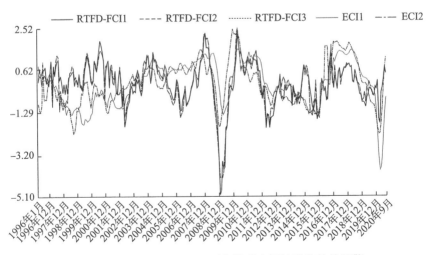

图 7－4　中国 RTFD－FCI 对经济基本面波动趋势的预警

（2）在频域上的中国 RTFD-FCI 对经济基本面波动趋势的预警

为了进一步验证在时域上得到的结论，本书使用窗宽为 21 的帕曾窗、重叠率为 0.2、长度为 150 的交叉谱法，从频域上分析中国 RTFD-FCI 与 ECI1 的领先滞后关系。根据前文在时域上的检验结果可知，RTFD-FCI1、RTFD-FCI2 和 RTFD-FCI3 领先 ECI1 0~7 个月，不是十分精确。为此，使用交叉谱法测算了 RTFD-FCI1、RTFD-FCI2 和 RTFD-FCI3 与 ECI1 在频域上的领先滞后关系，测算结果见表 7 - 2。由表 7 - 2 可知，RTFD-FCI1、RTFD-FCI2 和 RTFD-FCI3 与 ECI1 平均时差和最大时差分别为 0.5516 和 1.6614、0.4116 和 1.5297、0.4063 和 1.5171，表明 RTFD-FCI1、RTFD-FCI2 和 RTFD-FCI3 平均领先和最大领先 ECI1 0.5516 个和 1.6614 个月度、0.4116 个和 1.5297 个月度、0.4063 个和 1.5171 个月度。这与前文在时域上分析的结论基本一致。总之，与宏观经济景气指数相比，本书构建的中国 RTFD-FCI 是更领先的指数，对经济基本面波动趋势具有更早的预警作用。

表 7 - 2　中国 RTFD-FCI 与 ECI1 的交叉谱法分析结果

指数		RTFD-FCI1		RTFD-FCI2		RTFD-FCI3	
特征值	跨度	一致性	时差	一致性	时差	一致性	时差
平均值	1.5708	0.1080	0.5516	0.1600	0.4116	0.1636	0.4063
最大值	3.1416	0.2962	1.6614	0.3968	1.5297	0.4190	1.5171

7.4　应用中国实时灵活动态金融状况指数对货币政策效果的评价

7.4.1　应用中国 RTFD-FCI 评价货币政策效果概述

本书从构成中国 RTFD-FCI 的新增贷款、货币供应、房价、利率、汇率、股价 6 个货币政策传导渠道变量出发，评价其调控宏观经济的效果。

考虑到日度的中国 RTFD-FCI 波动比较频繁，包含较多噪声信息，如果直接用来评价货币政策效果，会影响评价效果。为此，本书选择已经转换为月度的新增贷款、货币供应、房价、利率、汇率、股价 6 个结构公因子作为货币政策传导渠道的代理变量，月度的混频损失函数作为宏观经济活动的代理变量，使用新构建的 MI-TVP-SV-VAR 模型，评价货币政策效果。

7.4.2 应用中国 RTFD-FCI 具体评价货币政策效果

鉴于从 6 个货币政策传导渠道变量的灵活动态广义脉冲响应函数的三维特征中较难辨识出其发展趋势，参考张龙和金春雨（2018）的做法，对新增贷款、货币供应、房价、利率、汇率、股价 6 个货币政策传导渠道结构公因子的三维灵活动态广义脉冲响应函数在 YOZ（冲击发生时间 – 响应水平）平面进行投影，根据投影可以评价 6 个货币政策渠道对宏观经济的传导效果。

（1）新增贷款传导渠道对宏观经济传导效果的投影分析

根据第 3 章的研究可知，新增贷款是货币政策重要的传导渠道之一。本书对新增贷款的传导效果进行平面投影，具体结果见图 7 – 5。由图 7 – 5 可知，新增贷款传导渠道对宏观经济的传导效果大致可以分为 4 个阶段：第一个阶段（1996 年 4 月至 1999 年 12 月），在这个阶段，新增贷款的传导效果呈上升走势，在低位波动，以负向效果为主；第二阶段（2000 年 1 月至 2008 年 6 月），在这个阶段，新增贷款的传导效果呈现上升趋势，在高位波动，以正向效果为主；第三阶段（2008 年 7 月至 2014 年 12 月），在这个阶段，新增贷款的传导效果呈现下降趋势，在高位波动，以正向效果为主；第四阶段（2015 年 1 月至 2020 年 9 月），在这个阶段，新增贷款的传导效果呈现恢复上升趋势，在中位波动，以正向效果为主。总之，货币政策的新增贷款传导渠道的宏观经济传导效果呈现"上升 – 下降 – 恢复上升"的全局走势，总体正向且较高，并在 1999 年、2008 年和 2014 年发生了三次结构变化。

（2）货币供应传导渠道对宏观经济传导效果的投影分析

根据第 3 章的研究可知，货币供应是货币政策重要的传导渠道之

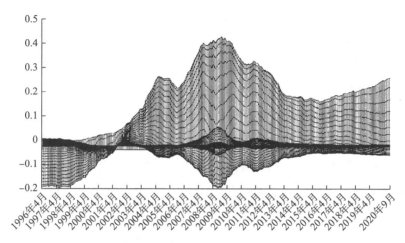

图7-5　新增贷款传导渠道对宏观经济传导效果的投影

一，本书对货币供应的传导效果进行平面投影，具体结果见图7-6。
由图7-6可知，货币供应传导渠道对宏观经济的传导效果大致可以分
为3个阶段：第一个阶段（1996年4月至2008年6月），在这个阶段，
货币供应的传导效果呈上升走势，在中高位波动，以正向效果为主；第
二阶段（2008年7月至2013年12月），在这个阶段，货币供应的传导
效果呈现下降趋势，在高位波动，以正向效果为主；第三阶段（2014
年1月至2020年9月），在这个阶段，货币供应的传导效果呈现恢复上

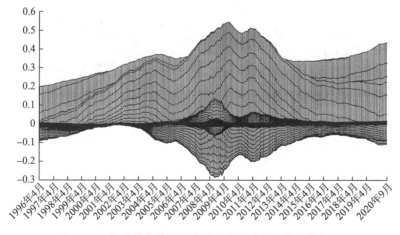

图7-6　货币供应传导渠道对宏观经济传导效果的投影

升趋势，在中位波动，以正向效果为主。总之，货币政策的货币供应传导渠道的宏观经济传导效果呈现"上升－下降－恢复上升"的全局走势，总体正向且较高，并在2008年和2013年发生了两次结构变化。

（3）房价传导渠道对宏观经济传导效果的投影分析

根据第3章的研究可知，房价是货币政策重要的传导渠道之一，本书对房价的传导效果进行平面投影，具体结果见图7－7。由图7－7可知，房价传导渠道对宏观经济的传导效果大致可以分为3个阶段：第一个阶段（1996年4月至2009年12月），在这个阶段，房价的传导效果呈上升走势，在中高位波动，以正向效果为主；第二阶段（2010年1月至2013年12月），在这个阶段，房价的传导效果呈现略微下降趋势，在高位波动，以正向效果为主；第三阶段（2014年1月至2020年9月），在这个阶段，房价的传导效果呈现恢复上升趋势，在高位波动，以正向效果为主。总之，货币政策的房价传导渠道的宏观经济传导效果呈现"上升－下降－恢复上升"的全局走势，总体正向且较低，并在2009年和2013年发生了两次结构变化。

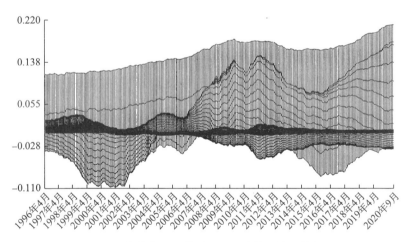

图7－7　房价传导渠道对宏观经济传导效果的投影

（4）利率传导渠道对宏观经济传导效果的投影分析

根据第3章的研究可知，利率是货币政策重要的传导渠道之一，本书对利率的传导效果进行平面投影，具体结果见图7－8。由图7－8可知，利率传导渠道对宏观经济的传导效果大致可以分为 2 个阶段：第一个阶段（1996 年 4 月至 2013 年 12 月），在这个阶段，利率的传导效果呈徘徊走势，在中位波动，以负向效果为主；第二阶段（2014 年 1 月至 2020 年 9 月），在这个阶段，利率的传导效果呈现反向上升趋势，在高位波动，以负向效果为主。总之，货币政策的利率传导渠道的宏观经济传导效果呈现反向"平稳 – 上升"的全局走势，总体负向且较高，2014 年以来呈现逐步反向上升趋势，说明利率市场化改革取得了明显成效。

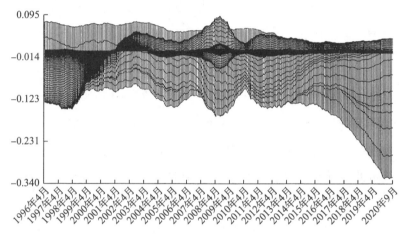

图 7 – 8　利率传导渠道对宏观经济传导效果的投影

（5）汇率传导渠道对宏观经济传导效果的投影分析

根据第 3 章的研究可知，汇率是货币政策重要的传导渠道之一，本书对汇率的传导效果进行平面投影，具体结果见图 7 – 9。由图 7 – 9 可知，汇率传导渠道对宏观经济的传导效果大致可以分为 3 个阶段：第一个阶段（1996 年 4 月至 2004 年 12 月），在这个阶段，汇率的传导效果呈上升走势，在中位波动，以正向效果为主；第二阶段（2005 年 1 月至 2014 年 12 月），在这个阶段，汇率的传导效果呈现正反双向高位震荡走势，正负效果基本相当；第三阶段（2015 年 1 月至 2020 年 9 月），在这个阶段，汇率的传导效果呈现反向上升走势，以负向效果为主。总之，货币政策的汇率传导渠道的宏观经济传导效果呈现"前正后负"

的全局走势，总体正向且极小，在 2005 年和 2015 年发生了两次结构变化，与两次汇率改革密切相关。

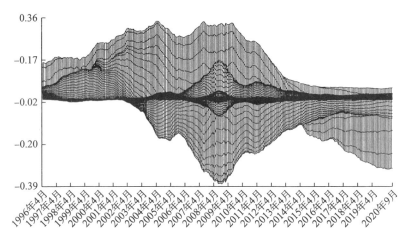

图 7 – 9　汇率传导渠道对宏观经济传导效果的投影

（6）股价传导渠道对宏观经济传导效果的投影分析

根据第 3 章的研究可知，股价是货币政策重要的传导渠道之一，本书对股价的传导效果进行平面投影，具体结果见图 7 – 10。由图 7 – 10 可知，股价传导渠道对宏观经济的传导效果大致可以分为 2 个阶段：第一个阶段（1996 年 4 月至 2008 年 6 月），在这个阶段，股价的传导效果呈上升走势，在中高位波动，以正向效果为主；第二阶段（2008 年 7 月至 2020 年 9 月），在这个阶段，股价的传导效果呈现下降走势，以正向效果为主。总之，货币政策的股价传导渠道的宏观经济传导效果呈现反向"上升 – 下降 – 恢复上升"的全局走势，总体为正向且极高，且在 2008 年发生了一次结构变化。

7.5　应用中国实时灵活动态金融状况指数对宏观经济效应的分析

考虑到日度的中国 RTFD-FCI 波动比较频繁，包含较多噪声信息，如果直接用来估计货币政策的宏观经济效应，会影响评价效果。为此，

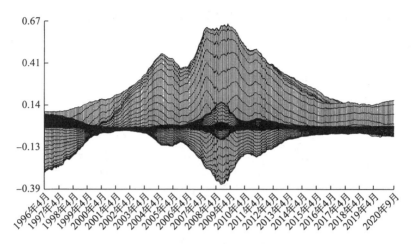

图7-10　股价传导渠道对宏观经济传导效果的投影

选择已经转换为月度的 RTFD-FCI2 作为货币政策的代理变量，季度 GDP 作为产出的代理变量，月度 CPI 作为通货膨胀的代理变量，使用新构建的 MF-MI-TVP-SV-VAR 模型，估计货币政策的灵活时变宏观经济效应。

使用 MF-MI-TVP-SV-VAR 模型测度中国货币政策的灵活时变宏观经济效应。根据滞后长度判断标准选定的最优滞后阶数是 4 阶，然后使用 Matlab 估计中国货币政策的灵活时变宏观经济效应，具体结果见图7-11和图7-12。

7.5.1　中国货币政策对产出的灵活时变影响效应分析

把使用 MF-MI-TVP-SV-VAR 模型估计得到的中国 RTFD-FCI 对产出的 4 个影响系数及其合计值绘制在图7-11中。由图7-11可知，滞后 1~4 阶的中国 RTFD-FCI 对 GDP 的影响系数合计均值为 0.0487，波动范围为 [0.0115，0.0688]。进一步分析发现，中国货币政策对产出的总体效应走势大致可以分为 3 个阶段：第一个阶段（1996 年 4 月至 2002 年 5 月），总体效应呈现正向的下降走势；第二个阶段（2002 年 6 月至 2009 年 2 月），总体效应呈现正向的上升走势；第三个阶段（2009 年 3 月至 2020 年 9 月），总体效应呈现正向的平稳波动走势。总之，中国货币政策对产出的影响效应呈现先下降后上升再平稳的全局走势，总体正向且较小。

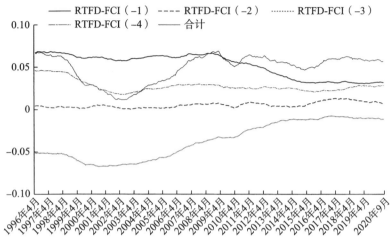

图 7 - 11　货币政策对产出的灵活时变影响效应

7.5.2　中国货币政策对通货膨胀的灵活时变影响效应分析

把使用 MF-MI-TVP-SV-VAR 模型估计得到中国 RTFD-FCI 对通货膨胀的 4 个影响系数及其合计值绘制在图 7 - 12 中。由图 7 - 12 可知，滞后

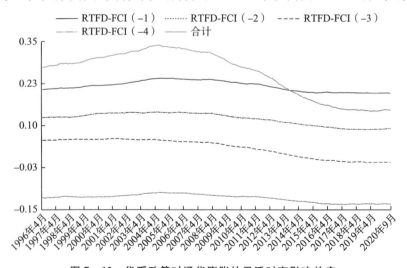

图 7 - 12　货币政策对通货膨胀的灵活时变影响效应

1~4阶的中国 RTFD-FCI 对 CPI 的影响系数合计均值为 0.2563，波动范围为 [0.1429, 0.3386]。进一步分析发现，中国货币政策对通货膨胀的总体效应走势大致可以分为 2 个阶段：第一个阶段（1996 年 4 月至 2004 年 6 月），总体效应呈现正向的上升走势；第二个阶段（2004 年 7 月至 2020 年 9 月），总体效应呈现正向的下降走势。总之，中国货币政策对通货膨胀的影响效应呈现先上升后再下降的全局走势，总体正向且较大。

7.6 应用中国实时灵活动态金融状况 指数对宏观经济的预测

7.6.1 应用中国 RTFD-FCI 样本外预测产出分析

根据前文的研究可知，中国 RTFD-FCI 是产出的先行指标，是较好的样本内预测指标，可以用来预测产出。为此，本书构建了产出的 AR 模型作为基准模型来预测未来的产出，并与加入中国 RTFD-FCI 后的模型的预测结果进行对比，以判断加入 FCI 指标后的预测模型是否得到改进。具体的预测模型与第 6 章的循环预测模型相同，这里不赘述。

本书以 1996 年第 2 季度至 2019 年第 4 季度作为样本期来计算回归方程，并根据回归方程对 2020 年第 1~3 季度的产出进行预测。通过将预测值与实际值进行比较，以各预测模型的均方根误差（RMSE）、平均绝对误差（MAE）和平均绝对百分比误差（MAPE）作为评判依据，其值越小，表示模型预测效果越优。根据 AIC 与 SC 标准，选择的产出自回归阶数为 1，因此，以产出的 AR（1）模型作为基准模型。具体检验结果如表 7-3 所示。由表 7-3 可知，加入中国 RTFD-FCI 指标后的模型的样本外预测结果优于基准模型，且 RMSE、MAE 和 MAPE 的值均最小，说明本书所构建的中国实时灵活动态金融状况指数对产出的样本外预测效果最佳。在 RMSE 模型中，AR + RTFD-FCI2 最小，从而是样本外预测产出最优的；在 MAE 和 MAPE 模型中，AR + RIFD-FCI3 是最小的，从而样本外预测产出是最优的。

表 7 - 3   应用中国 RTFD-FCI 对产出的样本外预测结果

模型	AR	AR + RTFD-FCI1	AR + RTFD-FCI2	AR + RTFD-FCI3
RMSE	4.3986	4.1864	4.1780	4.1810
MAE	2.8382	2.7920	2.7157	2.7155
MAPE	361.9137	449.3770	417.2971	416.7524

7.6.2   应用中国 RTFD-FCI 样本外预测通货膨胀分析

根据前文的研究可知，中国 RTFD-FCI 是通货膨胀的先行指标，是较好的样本内预测指标，可以用来预测通货膨胀。为此，本书构建了通货膨胀的 AR 模型作为基准模型来预测未来的通货膨胀，并与加入 RT-FD-FCI 后的模型的预测结果进行对比，以判断加入 FCI 指标后的预测模型是否得到改进。具体的预测模型与第 6 章的循环预测模型相同，这里不赘述。

本书以 1996 年 1 月至 2019 年 12 月作为样本期来计算回归方程，并根据回归方程对 2020 年 1 ~ 9 月的通货膨胀进行预测。通过将预测值与实际值进行比较，以各预测模型的均方根误差（RMSE）、平均绝对误差（MAE）和平均绝对百分比误差（MAPE）作为评判依据，其值越小，表示模型预测效果越优。根据 AIC 与 SC 标准，选择的通货膨胀自回归阶数为 1，因此，以通货膨胀的 AR（1）模型作为基准模型。具体检验结果如表 7 - 4 所示。由表 7 - 4 可知，加入 RTFD-FCI 指标后的模型的样本外预测结果优于基准模型，且 RMSE、MAE 和 MAPE 的值均最小，说明本书所构建的中国 RTFD-FCI 对通货膨胀的样本外预测效果最佳。在 AR + RTFD-FCI1、AR + RTFD-FCI2 和 AR + RTFD-FCI3 这三个指标中，AR + RTFD-FCI1 在 RSME、MAE 和 MAPE 模型中都是最小的，从而样本外预测通货膨胀是最优的。

表 7 - 4　应用中国 RTFD-FCI 对通货膨胀的样本外预测结果

模型	AR	AR + RTFD-FCI1	AR + RTFD-FCI2	AR + RTFD-FCI3
RMSE	0.9717	0.9035	0.9071	0.9091
MAE	0.8725	0.8026	0.8067	0.8088
MAPE	175.8394	165.5962	165.7079	165.8737

7.7　本章小结

本章从第 6 章新构建的中国 RTFD-FCI 出发，使用第 4 章新构建的 MF-MI-TVP-SV-VAR 模型等方法，将中国 RTFD-FCI 应用到金融风险状况监测、金融系统性风险测度、金融经济波动趋势预警、货币政策效果评价、宏观经济效应分析和宏观经济预测 6 个方面，得出以下结论。

第一，本书新构建的中国实时灵活动态金融状况指数能够实时精准地刻画金融风险状况，可以作为一个良好的金融风险监测指标。本书使用事件分析法，发现中国 RTFD-FCI 能够对历史上发生的金融风险和金融危机等重大冲击事件进行实时精准识别，因此它是一个良好的金融风险监测指标。

第二，用中国实时灵活动态金融状况指数的 HP 滤波趋势值表征的中国金融系统性风险呈现"中波动 - 大波动 - 中波动"的周期波动趋势特征，且短期和长期金融系统性风险的波动周期从分离走向重合。首先，中国金融系统性风险在世界金融危机之前、期间和之后分别呈现"中波动"、"大波动"和"中波动"的特征，与林建浩和王美金（2016）得出的由"大波动"到"小稳健"的结论不一致，说明货币政策调控金融系统性风险效果显著，基本守住了不发生系统性金融风险的底线。其次，中国金融系统性风险的波动周期 2012 年前后从分离走向重合。2012 年之前，中国长期系统性金融风险的波动周期领先短期约 12 个月，在这之后，二者几乎完全重合，既说明了中国货币政策防范化解该风险取得了明显成效，又表明短期和长期金融系统性风险面临同时叠加爆发的可能性。

第三，本书新构建的中国实时灵活动态金融状况指数是比金融和经济景气指数更领先的指数，对金融和经济基本面波动趋势具有更好的预警作用。首先，无论是进行图形分析还是交叉谱法分析，本书发现中国RTFD-FCI 比 BCI 领先 0～3 个季度，是比 BCI 更领先的指数，对金融经济基本面具有更早的预警作用；其次，无论是进行图形分析还是交叉谱分析，本书发现中国 RTFD-FCI 比 ECI 领先 0～7 个月，是比 ECI 更领先的指数，对经济基本面趋势具有更早的预警作用。

第四，本书通过投影分析发现中国货币政策效果一般呈现"上升－下降－恢复上升"的走势，在世界金融危机前后发生了明显的三阶段结构变化，不同于一些学者提出的"上升－下降"的两阶段结构变化，既说明世界金融危机之后有些学者指出中国货币政策的效果不明显的结论有点武断和片面，又说明从粗放向精细转型的必要性。本书使用中国RTFD-FCI 的 6 个构成权重变量，即新增贷款、货币供应、房价、利率、汇率和股价，表征中国货币政策传导渠道，通过这 6 个货币政策传导渠道对混频损失函数的灵活动态广义脉冲响应函数的平面投影进行了分析。

第五，本书新构建的中国实时灵活动态金融状况指数对宏观经济具有显著的灵活时变效应。首先，本书实证测度了中国 RTFD-FCI 的产出效应，发现其具有灵活时变特征，但小于通货膨胀效应；其次，本书实证测度了中国 RTFD-FCI 的通货膨胀效应，发现其具有灵活时变特征，且大于产出效应。

第六，本书新构建的中国实时灵活动态金融状况指数对宏观经济具有显著的样本外预测能力。首先，本书通过构建回归方程式，使用中国RTFD-FCI 对产出进行样本外预测，发现其优于基准模型，预测效果较优；其次，本书通过构建回归方程式，使用中国 RTFD-FCI 对通货膨胀进行样本外预测，发现其优于基准模型，预测效果较好。

第8章
研究结论、政策建议及未来展望

8.1 研究结论

本书首先构建了设计、测度、检验及应用中国 RTFD-FCI 的理论分析框架和统计计量模型，接着选择产出和通货膨胀两个指标，使用 MF-DFM 模型，构建并估计了中国货币政策混频损失函数，再接着在混频损失函数的基础上，设计选择了 1996 年 1 月 1 日至 2020 年 9 月 30 日的新增贷款、货币供应、房价、利率、汇率和股价 6 个货币政策传导渠道的 30 个金融指标，使用新构建的 MF-MI-TVP-SV-SFAVAR 模型实证测度了中国实时灵活动态金融状况指数，并实证检验了其对产出和通货膨胀的领先性和预测能力，以及其与产出和通货膨胀的一致性、相关性和因果关系，最后将其应用到金融风险状况监测、金融系统性风险测度、金融经济波动趋势预警、货币政策效果评价、宏观经济效应分析和宏观经济预测 6 个方面，得出以下研究结论。

第一，本书新构建并估计的中国货币政策混频损失函数较好地刻画了产出和通货膨胀的共同成分，是一个合理的货币政策双重最终目标综合指标。本书构建的 MLF 不仅与产出和通货膨胀有着基本相同的走势，而且它们之间的一致性和相关性也非常高，因此它不仅是一个合理的宏观经济周期变化综合指标，而且是一个良好的货币政策双重最终目标综合指标。

第二，与传统金融状况指数相比，中国实时灵活动态金融状况指数是对产出和通货膨胀的领先性、预测能力，以及与产出和通货膨胀的一致性、相关性、因果关系等方面更优的综合指标。因此，本书新构建的中国 RTFD-FCI 是合理有效的。

第三，中国货币政策传导渠道呈现实时灵活动态的时期特征和实时动态分异的趋势特征，且是价格和数量结合型的。本书选择新增贷款、货币供应、房价、利率、汇率、股价 6 个结构公因子作为中国实时灵活动态金融状况指数的构成变量，并表征货币政策调控宏观经济的传导渠道。首先，通过实证分析发现 6 个结构公因子的权重在每个样本期都是各不相同的，呈现有时平缓、有时波动的时期特征，同时在不同脉冲期 6 个结构公因子的权重在同一样本期也存在很大差异，这说明中国货币政策传导渠道具有实时灵活动态的时期特征。其次，各结构公因子的权重在不同脉冲期下呈现实时动态分异的趋势特征。6 个结构公因子的实时灵活动态广义脉冲响应函数值呈现各种各样的变化，既有上升或下降趋势，又有倒 U 形和尖峰走势，故呈现实时动态分异的趋势特征。最后，在各结构公因子的权重平均值中，货币供应相对较大，而其他相对较小且均匀，表明货币政策传导渠道具有价格和数量结合型特征。

第四，本书新构建的中国实时灵活动态金融状况指数实时精准地刻画了金融风险状况，可以作为一个良好的金融风险监测指标。本书使用事件分析法，发现中国 RTFD-FCI 能够对历史上发生的金融风险和金融危机等重大冲击事件进行实时精准识别，因此它是一个良好的金融风险监测指标。

第五，用中国实时灵活动态金融状况指数的 HP 滤波趋势值表征的中国金融系统性风险呈现了"中波动 - 大波动 - 中波动"的周期波动趋势特征，且短期和长期金融系统性风险的波动周期从分离走向重合。首先，中国金融系统性风险在世界金融危机之前、期间和之后分别呈现"中波动"、"大波动"和"中波动"的特征，与林建浩和王美今（2016）的由"大波动"到"小稳健"的结论不一致，说明货币政策调控金融系统性风险效果显著，基本守住了不发生系统性金融风险的底线。其次，中国金融系统性风险的波动周期在 2012 年前后从分离走向重合。2012 年之前，中国长期系统性金融风险的波动周期领先短期约 12 个月，在这之后，则二者几乎完全重合，既说明了中国货币政策防范化解该风险取得了明显成效，又表明短期和长期金融系统性风险面临同时叠加爆发的可能性。

第六，本书新构建的中国实时灵活动态金融状况指数是比金融和经济景气指数更领先的指数，对金融和经济基本面波动趋势具有更好的预警作用。首先，无论是进行图形分析还是交叉谱法分析，本书发现中国 RTFD-FCI 比 BCI 领先 0 ~ 3 个季度，是比 BCI 更领先的指数，对金融经济面具有更早的预警作用。其次，无论是进行图形分析还是交叉谱法分析，本书发现中国 RTFD-FCI 比 ECI 领先 0 ~ 7 个月，是比 ECI 更领先的指数，对经济基本面趋势具有更早的预警作用。

第七，本书通过投影分析发现中国货币政策效果一般呈现"上升 – 下降 – 恢复上升"的走势，在世界金融危机前后发生了明显的三阶段结构变化，不同于一些学者提出的"上升 – 下降"的两阶段结构变化，既说明世界金融危机之后有些学者指出中国货币政策的效果不明显的结论有点武断和片面，又说明从粗放向精细转型的必要性。本书使用中国 RT-FD-FCI 的 6 个构成权重变量，即新增贷款、货币供应、房价、利率、汇率和股价，表征中国货币政策传导渠道，通过这 6 个货币政策传导渠道对混频损失函数的灵活动态广义脉冲响应函数的平面投影进行了分析。

第八，本书新构建的中国实时灵活动态金融状况指数对宏观经济具有显著的灵活时变效应。首先，实证测度了中国 RTFD-FCI 的产出效应，发现其具有灵活时变特征，但小于通货膨胀效应；其次，实证测度了中国 RTFD-FCI 的通货膨胀效应，发现其具有灵活时变特征，且大于产出效应。

第九，本书新构建的中国实时灵活动态金融状况指数对宏观经济具有显著的样本外预测能力。首先，通过构建回归方程式，使用中国 RT-FD-FCI 对产出进行样本外预测，发现其优于基准模型，预测效果较优；其次，通过构建回归方程式，使用中国 RTFD-FCI 对通货膨胀进行样本外预测，发现其优于基准模型，预测效果较好。

8.2 政策建议

通过前文的研究可知，本书新设计、测度、检验及应用的中国实时灵活动态金融状况指数不仅具有实时性、灵活性、动态性等特征，而且在对宏观经济领先性、一致性、相关性的测度，与其的因果关系以及对其预测能力等方面是一个比传统金融状况指数更优的综合指标，并能应用到金融和经济多个方面。为了更好地发挥其作用，提出一些政策建议。

第一，定期构建并发布中国实时灵活动态金融状况指数，并应用于金融和经济的监测、预警和预测等多个方面。中国 RTFD-FCI 的构建是建立在众多金融指标的基础之上的，包含了大量的金融变量信息，涵盖了金融市场的各方影响因素，是较为全面的经济指标，同时又克服了一般传统 FCI 对动态性和实时性刻画较为单一的缺点，能够对日度的经济冲击做出相应的反应，从而对宏观经济不仅具有较高的解释力度，而且操作性还较强。因此，政府有关部门可以指定相关金融风险监管机构实时测算，并定期编制且对公众发布中国 RTFD-FCI，将中国金融状况的真实情况公开透明化。同时可以通过中国 RTFD-FCI 实时监测和预警我国未来的金融和经济走势，将中国 RTFD-FCI 纳入我国货币政策的制定范围，增加货币政策的透明度。

第二，进一步推动我国金融市场化和国际化改革进程，促进我国货币政策传导路径的畅通。在构建中国 RTFD-FCI 时，本书发现货币供应为主要传导路径，究其原因可能是我国经济增长主要依赖政府投资，而市场投资不足，因此，政府需要提升货币政策促进经济增长的效果，进一步提高金融市场在金融资源配置中的决定性作用。目前，我国利率市场、汇率市场、房地产市场等金融市场还没有建立完善的市场运行机制，这导致利率、汇率、房价等资产价格扭曲，使其在对经济的影响方面收效甚微。全面改革开放较早、较充分的数量型货币政策传导渠道与较晚、较不充分的价格型渠道相比，在调控宏观经济的综合效应方面呈现明显分异，因此实时灵活动态推进金融市场的全面改革开放是提升货币政策对宏观经济传导效果的有效途径，应切实持续推动金融的市场化和国际化进程，减少政府干预对宏观经济的不利影响，从而提高货币政策调控经济的主动性和有效性。

第三，建议中国政府应实行实时变化的"双支柱"政策，重点防范系统金融风险叠加爆发。中国政府可以灵活运用多种货币政策工具组合，合理安排工具搭配和操作节奏，加强前瞻性预调微调，维护流动性合理充裕，保持适度的社会融资规模。另外，应进一步加强宏观审慎监管，健全金融机构内控制度，提高其自主合理定价能力和风险管理水平，全面维持金融秩序，清理行业乱象，避免系统性金融风险的发生。

第四，重点防范全球金融冲击风险，提高金融稳定性。新冠肺炎疫情之下的全球经济发展状况表明，我国在获得全面对外开放带来的红利的同时，也存在一定的不确定性。我国需要进一步提升经济实力、国际竞争力及综合国力等以应对突发的经济冲击，提升金融稳定性。在复杂的全球环境下，要坚持稳健的货币政策，构造和谐稳定的外贸经济环境，推动我国经济平稳发展。

8.3 未来展望

未来会从以下几个方面不断深入研究。

第一，新构建货币政策多重最终目标混频损失函数。由于时间关系，本书只新构建了货币政策双重最终目标混频损失函数，即测度了产出和通货膨胀这两个货币政策最终目标的综合混频损失函数，将来会进一步拓展到更多的最终目标，包括稳定物价、充分就业、促进经济增长、平衡国际收支、金融稳定等，从而可以新构建货币政策多重最终目标混频损失函数。

第二，纳入更多更重要的货币政策传导机制渠道。由于能力有限等原因，为了尽快完成构建中国 RTFD-FCI 的任务，本书只构建了涵盖新增贷款、货币供应、房价、利率、汇率、股价 6 大货币政策传导机制的理论分析框架，可能遗漏了其他重要的货币政策传导机制渠道，将来会引入更多更重要的货币政策传导机制渠道，比如预期、金融发展等。

第三，新构建更多的频率之比随机的混频灵活时变计量模型，用于构建更多种类的中国 RTFD-FCI。目前，本书只新构建了频率之比随机的 MF-SFAVAR、MF-MI-TVP-SV-SFAVAR 等混频灵活时变计量模型，将来会进一步拓展到频率之比随机的 MF-MS-VAR、MF-MS-DFM、MF-T-VAR 等多种新模型，进一步新构建更多种类的中国金融状况指数或 FCI。

参考文献

［1］ 巴曙松、韩明睿：《基于 SVAR 模型的金融形势指数》，《宏观经济研究》2011 年第 4 期。

［2］ 卞志村、笪哲、刘珂：《中国金融状况的动态测度及其非线性宏观经济效应》，《财经问题研究》2019 年第 9 期。

［3］ 卞志村、孙慧智、曹媛媛：《金融形势指数与货币政策反应函数在中国的实证检验》，《金融研究》2012 年第 8 期。

［4］ 陈磊、咸金坤、隋占林：《我国新型金融状况指数的构建与物价预测》，《财经问题研究》2017 年第 6 期。

［5］ 陈守东、孙彦林、刘洋：《中国金融状况周期波动特征及趋势周期分解》，《科技促进发展》2015 年第 5 期。

［6］ 陈守东、孙彦林：《中国金融状况趋势周期的经济效应阐释与风险预测分析》，《经济问题探索》2017 年第 10 期。

［7］ 成仲秀：《金融状况指数的变量选择及其应用研究》，湖南大学硕士论文，2014。

［8］ 崔百胜、高崧耀：《G20 国家差异化金融条件下货币政策的非对称性传导研究》，《国际贸易问题》2019 年第 8 期。

［9］ 戴国强、张建华：《中国金融状况指数对货币政策传导作用研究》，《财经研究》2009 年第 7 期。

［10］ 邓创、滕立威、徐曼：《中国金融状况的波动特征及其宏观经济效应分析》，《国际金融研究》2016 年第 3 期。

［11］ 刁节文、魏星辉：《基于 FCI 将我国货币政策纳入麦卡勒姆规则的实证研究》，《上海金融》2013 年第 7 期。

［12］ 刁节文、章虎：《基于金融形势指数对我国货币政策效果非线性

的实证研究》，《金融研究》2012 年第 4 期。

[13] 刁节文、章虎、李木子：《中国金融形势指数及其在货币政策中的检验》，《山西财经大学学报》2011 年第 7 期。

[14] 丁华、丁宁：《中国金融状况指数构建及其在通货膨胀中的应用》，《现代财经（天津财经大学学报）》2018 年第 38 期。

[15] 丁丽：《基于金融状况指数的我国通货膨胀预测研究》，上海师范大学硕士学位论文，2015。

[16] 段春夏：《我国金融状况指数的构建及其预测效果研究》，广东财经大学硕士学位论文，2018。

[17] 费兆奇、殷剑峰、刘康：《新形势下中国金融条件的测度与分析》，《金融评论》2013 年第 2 期。

[18] 封北麟、王贵民：《货币政策与金融形势指数 FCI：基于 VAR 的实证分析》，《数量经济技术经济研究》2006a 年第 11 期。

[19] 封北麟、王贵民：《金融状况指数 FCI 与货币政策反应函数经验研究》，《财经研究》2006b 年第 12 期。

[20] 封思贤、蒋伏心、谢启超、张文正：《金融状况指数预测通货膨胀趋势的机理与实证——基于中国 1999～2011 年月度数据的分析》，《中国工业经济》2012 年第 4 期。

[21] 封思贤、谢启超、张文正：《金融状况、通货膨胀不确定性与通货膨胀预测——基于 Markov 机制转换模型的分析》，《当代经济研究》2012 第 5 期。

[22] 封艳红：《金融状况指数赋权方法及其应用研究》，湖南大学硕士学位论文，2014。

[23] 付诗涵：《开放经济下中国货币政策目标制选择的实证研究》，南开大学博士学位论文，2013。

[24] 傅强、朱映凤、袁晨：《中国通货膨胀主要影响因素的判定与阐释》，《中国工业经济》2011 年第 5 期。

[25] 高波、樊学瑞、赵奉军：《金融冲击与房地产市场波动——一个宏观分析框架及中国的经验证据》，《经济理论与经济管理》2017

年第 6 期。

［26］高洁超、孟士清：《FCI 可以作为货币政策的良好指示器吗？——基于信息预测检验与工具变量选择的分析》，《金融监管研究》2014年第 11 期。

［27］关大宇：《基于货币政策传导的金融条件指数构建及应用研究》，东北财经大学博士论文，2010。

［28］郭红兵、杜金岷：《中国金融稳定状况指数的构建》，《数量经济技术经济研究》2014 年第 5 期。

［29］郭晔、杨娇：《货币政策的指示器——FCI 的实证检验和比较》，《金融研究》2012 年第 8 期。

［30］何平、吴义东：《中国房地产价格对货币政策操作的意义——基于金融形势指数（FCI）的研究》，《经济理论与经济管理》2007年第 10 期。

［31］纪敏、伍超明：《人民币升值能否抑制通货膨胀：观点评述及检验》，《经济学动态》2008 年第 9 期。

［32］贾德奎：《基于金融形势指数的货币政策操作风险研究》，《上海金融》2010 年第 4 期。

［33］姜斌宇：《构建我国货币政策的指示器：金融状况指数》，厦门大学硕士学位论文，2014。

［34］金春雨、吴安兵：《金融状况视角下货币政策的区域非对称效应研究——基于 G20 国家的 PSTR 模型分析》，《国际金融研究》2017a 年第 9 期。

［35］金春雨、吴安兵：《中国金融市场波动的周期性特征及其宏观经济效应研究》，《西安交通大学学报》（社会科学版）2017b 年第5 期。

［36］课题组：《资产价格波动与央行通货膨胀管理研究（二）——基于中国 FCI 指数的构想》，《福建金融》2010a 年第 4 期。

［37］课题组：《资产价格波动与央行通货膨胀管理研究（一）——基于中国 FCI 指数的构想》，《福建金融》2010b 年第 3 期。

［38］ 李成、王彬、马文涛：《我国金融形势指数的构建及其与宏观经济的关联性研究》，《财贸经济》2010 年第 3 期。

［39］ 李欢：《基于混频模型的中国金融状况指数构建》，西南财经大学硕士学位论文，2016。

［40］ 李建军：《中国货币状况指数与未观测货币金融状况指数——理论设计、实证方法与货币政策意义》，《金融研究》2008 第 11 期。

［41］ 李建军：《中国未观测货币金融状况指数与经济景气指数——理论设计与内在关系的实证研究》，《财贸经济》2008 年第 7 期。

［42］ 李强：《资产价格波动的政策涵义：经验检验与指数构建》，《世界经济》2009 年第 10 期。

［43］ 李祥发、冯宗宪、薛伟贤：《中国货币政策的利率规则——基于金融状况指数的分析》，《北京理工大学学报》（社会科学版）2016 年第 6 期。

［44］ 李正辉、郑玉航：《金融状况指数的动态特征及其有效性研究》，《财经理论与实践》2015 年第 4 期。

［45］ 林浩锋、李舜：《我国金融条件指数与房地产开发投资增速预测》，《商业时代》2014 年第 34 期。

［46］ 林建浩、王美今：《新常态下经济波动的强度与驱动因素识别研究》，《经济研究》2016 年第 5 期。

［47］ 林睿、董纪昌：《基于 SVAR 模型的中国房地产金融条件指数：构建与分析》，《投资研究》2015 年第 4 期。

［48］ 刘超、马玉洁、谢启伟：《中国金融状况与实体经济发展研究——来自中国 2000～2017 年月度数据》，《系统工程理论与实践》2019 年第 11 期。

［49］ 刘金全、张龙：《中国混频金融状况指数的经济增长预测效果与检验》，《统计与信息论坛》2019 年第 1 期。

［50］ 刘任重、刘冬冬：《基于 VAR 构建的金融状况指数及经验研究》，《经济体制改革》2016 年第 3 期。

［51］ 刘妍琼、许涤龙：《中国金融状况指数的构建及其时间演化特

征》,《财经理论与实践》2014 第 6 期。

[52] 刘元春、李楠:《后危机时代中国金融条件指数的构建》,《经济理论与经济管理》2018 年第 325 期。

[53] 鲁旭:《金融条件指数测算及货币政策操作框架分析》,湘潭大学硕士学位论文,2009。

[54] 陆军、梁静瑜:《中国金融状况指数的构建》,《世界经济》2007 年第 4 期。

[55] 陆军、刘威、李伊珍:《新凯恩斯菲利普斯曲线框架下的中国动态金融状况指数》,《财经研究》2011 年第 11 期。

[56] 栾惠德、侯晓霞:《中国实时金融状况指数的构建》,《数量经济技术经济研究》2015 年第 4 期。

[57] 骆祚炎、肖祖星:《货币政策逆周期调控资产价格有效性的 FCI 检验》,《上海金融》2013 年第 6 期。

[58] 马东平:《我国通货膨胀机理变化与金融状况指数(FCI)的实证研究》,山东大学硕士学位论文,2011。

[59] 马晓君:《金融状况指数:消费者价格指数预测新途径》,《价格理论与实践》2011 年第 9 期。

[60] 孟士清:《金融形势指数与我国泰勒规则研究》,南京财经大学硕士学位论文,2013。

[61] 牟晓云、石柱鲜、石林松:《金融变量对我国主要宏观经济指标的影响分析》,《统计与决策》2011 年第 1 期。

[62] 欧阳胜银:《货币政策视角下的金融状况指数体系构建研究》,湖南大学博士论文,2015。

[63] 潘海英、王静祥:《金融状况指数(FCI)构建及其与产出增长关系研究》,《价格理论与实践》2018 年第 1 期。

[64] 潘敏、缪海斌:《产业结构调整与中国通货膨胀缺口持久性》,《金融研究》2012 年第 3 期。

[65] 秦瑶、苏宗沛:《我国金融形势指数的构建及与通货膨胀关联性的研究》,《中南财经政法大学研究生学报》2013 年第 3 期。

[66] 屈军、朱国华:《动态金融状况指数构建与应用研究》,《商业研究》2016年第1期。

[67] 饶勋乾:《金融风险预警与货币稳定的关系研究——基于FCI指数》,《云南财经大学学报》2014年第4期。

[68] 沙文兵、钱圆圆、程孝强:《中国金融市场的周期性波动及其与通货膨胀的关系研究》,《投资研究》2019年第10期。

[69] 尚玉皇、郑挺国:《中国金融形势指数混频测度及其预警行为研究》,《金融研究》2018年第3期。

[70] 宋国军:《中国金融状况指数的构建及其动态演化特征》,《浙江金融》2016年第11期。

[71] 孙慧智:《金融形势指数与我国货币政策操作规则分析》,南京财经大学硕士学位论文,2012。

[72] 孙彦林、陈守东:《基于关键性风险因素的中国金融状况指标体系构建研究》,《南方经济》2019年第5期。

[73] 孙玉洁:《中国金融状况指数与宏观经济的关联研究》,东北财经大学硕士学位论文,2018。

[74] 滕建州、刘鹏:《我国金融状况指数的构建及宏观经济效应分析》,《统计与决策》2019年第19期。

[75] 涂敏:《基于混频损失函数的中国新型门限金融状况指数构建及应用研究》,南昌大学硕士学位论文,2020。

[76] 万光彩、于红芳、刘莉:《基于金融状况指数的货币政策目标研究》,《经济问题探索》2013年第2期。

[77] 王彬:《金融形势指数与货币政策——基于中国数据的实证研究》,《当代经济科学》2009年第31期。

[78] 王宏涛、张鸿:《中国CGG货币规则模型的建立及其实证研究》,《商业研究》2011年第6期。

[79] 王慧敏:《构建中国金融条件指数》,东北财经大学硕士论文,2005。

[80] 王德:《金融状况指数与CPI、经济增长间关系的实证研究》,重

庆师范大学硕士学位论文，2014。

［81］王晋斌、李南：《中国的货币政策是否存在非对称损失偏好》，《世界经济》2013 年第 6 期。

［82］王丽娜：《房地产价格与金融形势指数的实证分析》，《价格理论与实践》2009 年第 1 期。

［83］王千：《含财政政策的我国金融条件指数的构建及应用》，《山东工商学院学报》2012 年第 26 期。

［84］王维国、王霄凌、关大宇：《中国金融条件指数的设计与应用研究》，《数量经济技术经济研究》2011 年第 12 期。

［85］王曦、朱立挺、王凯立：《我国货币政策是否关注资产价格？——基于马尔科夫区制转换 BEKK 多元 GARCH 模型》，《金融研究》2017 年第 11 期。

［86］王晓博、徐晨豪、辛飞飞：《基于 TVP-FAVAR 模型的中国金融稳定状态指数构建》，《系统工程》2016 年第 10 期。

［87］王雪峰：《金融状况指数和货币政策中介目标》，《山西财经大学学报》2009 年第 11 期。

［88］王雪峰：《中国金融稳定状态指数的构建——基于状态空间模型分析》，《当代财经》2010 年第 5 期。

［89］王烨、张玲玲、郭琨、石勇：《基于 SVR 的中国金融状况指数研究》，《管理评论》2014 年第 5 期。

［90］王玉宝：《金融状况指数（FCI）的中国实证》，《上海金融》2005 年第 8 期。

［91］王玉宝：《资产价格的政策信息作用与 FCI 指数》，《金融教学与研究》2003 年第 6 期。

［92］王志方：《金融状况指数的扩展及应用研究》，华东师范大学硕士论文，2011。

［93］文青：《我国金融状况指数的测算与检验》，《经济理论与经济管理》2013 年第 4 期。

［94］肖奎喜、徐世长：《广义泰勒规则与中央银行货币政策反应函数

估计》，《数量经济技术经济研究》2011 年第 5 期。

[95] 肖强、白仲林：《我国 FCI 的构建及其对宏观经济的非对称性冲击》，《中国经济问题》2015 年第 5 期。

[96] 肖强：《金融类指数的构建与货币政策非对称性效应分析》，吉林大学博士学位论文，2015a。

[97] 肖强、司颖华：《我国 FCI 的构建及对宏观经济变量影响的非对称性》，《金融研究》2015 年第 8 期。

[98] 肖强：《我国货币政策的非对称性效应分析——基于金融状况视角》，《中央财经大学学报》2015b 年第 3 期。

[99] 肖强、轩媛媛：《中国混频 FCI 的构建及其与美国金融市场的联动效应分析》，《统计与决策》2020 年第 15 期。

[100] 肖祖星：《资产价格作为货币政策调控目标的有效性分析》，广东商学院硕士学位论文，2010。

[101] 熊洁敏：《资产价格与我国广义货币政策选择》，华中科技大学博士学位论文，2010。

[102] 徐高：《斜率之谜：对中国短期总供给/总需求曲线的估计》，《世界经济》2008 年第 1 期。

[103] 徐国祥、郑雯：《中国金融状况指数的构建及预测能力研究》，《统计研究》2013 年第 8 期。

[104] 许涤龙、刘妍琼、封艳红：《基于不同赋权方法的金融状况指数的比较研究》，《上海金融》2014 年第 7 期。

[105] 许涤龙、刘妍琼、郭尧琦：《金融状况指数的 FAVAR 模型构建及效用检验》，《湖南医科大学学报：社会科学版》2014 年第 4 期。

[106] 许涤龙、欧阳胜银：《基于可变参数的 FCI 构建与实证研究》，《统计与信息论坛》2014a 年第 29 期。

[107] 许涤龙、欧阳胜银：《金融状况指数的理论设计及应用研究》，《数量经济技术经济研究》2014b 年第 12 期。

[108] 杨俊仙、朱婷婷：《金融形势指数与通货膨胀预期》，《山西大学

学报（哲学社会科学版）》2016 年第 3 期。

[109] 易晓溦、陈守东、刘洋：《中国金融状况指数构建及货币市场稳定性研究》，《上海经济研究》2014 年第 8 期。

[110] 于红芳：《资产价格、货币政策与我国金融状况指数》，安徽财经大学硕士学位论文，2011。

[111] 余辉、余剑：《我国金融状况指数构建及其对货币政策传导效应的启示——基于时变参数状态空间模型的研究》，《金融研究》2013 年第 4 期。

[112] 袁靖、薛伟：《基于不平衡面板的中国金融状况指数构建》，《金融教学与研究》2011 年第 6 期。

[113] 张兰：《货币政策目标选择及我国金融状况指数的构建》，《福建金融》2015 年第 9 期。

[114] 张龙、金春雨：《数量型和价格型货币政策工具的有效性对比研究》，《中国工业经济》2018 年第 1 期。

[115] 张文正：《中国金融条件指数的构建及其应用研究》，南京师范大学硕士学位论文，2012。

[116] 赵瑞：《基于灵活动态金融状况指数的非线性泰勒规则实证研究》，天津财经大学硕士学位论文，2017。

[117] 钟雄：《基于金融状况指数的货币政策决策研究》，湖南大学博士学位论文，2014。

[118] 周德才、邓姝姝、朱志亮、徐玮：《我国能源价格状况指数构建及通货膨胀预测研究》，《统计与决策》2017 年第 1 期。

[119] 周德才、邓姝姝、左玥：《中国金融状况指数混频编制与应用研究——基于 MS-MF-VAR 模型的一个经验分析》，《南开经济研究》2018 年第 2 期。

[120] 周德才、方济民、涂敏：《嵌入全球金融因子的中国广义灵活动态金融状况指数构建及应用——基于 MI-TVP-SV-SFAVAR 模型的实证分析》，《数理统计与管理》2022 年第 1 期。

[121] 周德才、冯婷、邓姝姝：《我国灵活动态金融状况指数构建与应

用研究——基于 MI-TVP-SV-VAR 模型的经验分析》，《数量经济技术经济研究》2015 年第 5 期。

[122] 周德才、纪应心、李晓璇：《金融稳定是否应纳入中国货币政策目标——基于混频 IS-Phillips 模型的实证分析》，《南方经济》2019 年第 6 期。

[123] 周德才、李晓璇、李佩琳：《基于灵活损失函数的中国最优灵活时变货币政策规则混频研究》，《系统工程理论与实践》2020 年第 11 期。

[124] 周德才、刘琪、朱志亮等：《我国多机制非线性金融状况指数分析》，《统计与决策》2018 第 13 期。

[125] 周德才、童飞杰、胡琛宇：《基于混频损失函数的中国实时金融状况指数另种构建》，《数量经济技术经济研究》2018 年第 12 期。

[126] 周德才、谢海东、何宜庆：《我国股市财富效应非对称性的实证分析》，《统计与决策》2014 年第 1 期。

[127] 周德才、燕洪、钟佳敏：《中国混频金融状况指数的构建》，《统计与决策》2017 年第 15 期。

[128] 周德才：《中国灵活动态金融状况指数构建与应用研究》，社会科学文献出版社，2017。

[129] 周德才、朱志亮、贾青：《中国多机制门限金融状况指数编制及应用》，《数量经济技术经济研究》2018 年第 35 期。

[130] 周德才、朱志亮、刘琪、王婧薇：《中国 FCI 构建及其对通货膨胀的非对称性效应——基于 BDFA-VAR 模型和 MS-VAR 模型的实证分析》，《统计与信息论坛》2017 年第 8 期。

[131] 朱婷婷：《金融形势指数冲击通货膨胀的实证研究》，山西大学硕士学位论文，2014。

[132] 朱志亮：《中国多机制门限金融状况指数构建研究》，南昌大学硕士学位论文，2018。

[133] Abbate, A., Eickmeier, S., Lemke, W., et al., "The Chan-

ging International Transmission of Financial Shocks: Evidence from a Classical Time-varying FAVAR", *Journal of Money*, *Credit and Banking*, 48 (4), 2016.

[134] Adrian, T., Duarte, F., "Financial Vulnerability and Monetary Policy", *International Monetary Fund and Federal Reserve Bank*, 2017.

[135] Altug, S., Cakmakli, C., Demircan, H., "Modeling of Economic and Financial Conditions for Nowcasting and Forecasting Recessions: A Unified Approach", *Working Paper*, 2019.

[136] Angelopoulou, E., Balfoussia, H., Gibson, H., "Building a Financial Conditions Index for the Euro Area and Selected Euro Area Countries What does it Tell us about the Crisis?", *Working Paper Series*, 2013.

[137] Aramonte, S., Rosen, S., Schindler, J. W., "Assessing and Combining Financial Conditions Indexes", *Board of Governors of the Federal Reserve System (US)*, 2013.

[138] Aruoba, S. B., Diebold, F. X., Scotti, C., "Real-time Measurement of Business Conditions", *Journal of Business & Economic Statistics*, 27 (4), 2009.

[139] Balcilar, M., Gupta, R., Van Eyden, R., et al, "Comparing the Forecasting Ability of Financial Conditions Indices: The Case of South Africa", *The Quarterly Review of Economics and Finance*, 69 (8), 2018.

[140] Beaton, K., Lalonde, R., Luu, C., "A Financial Conditions Index for the United States", *Discussion Papers*, 2009.

[141] Belviso, F., Milani, F., "Structural Factor-Augmented VAR (SFA-VAR) and the Effects of Monetary Policy", *Ssrn Electronic Journal*, 6 (3), 2005.

[142] Bernanke, B., "On the Predictive Power of Interest Rates and Interest Rate Spreads", *National Bureau of Economic Research*, 1990.

[143] Bernanke, B. S. , Boivin, J. , Eliasz, P. , "Measuring the Effects of Monetary Policy: A Factor-Augmented Vector Autoregressive (FA-VAR) Approach", *The Quarterly Journal of Economics*, 2005.

[144] Brave, S. , Butters, A. , "Diagnosing the Financial System: Financial Conditions and Financial Stress", *International Journal of Central Banking*, 8 (2), 2012.

[145] Camacho, M. , "Mixed-frequency VAR Models with Markov-switching dynamics", *Economics Letters*, 121 (3), 2013.

[146] Chow, H. K. , "Can a Financial Conditions Index Guide Monetary Policy? The Case of Singapore", *Research Collection School of Economics*, 2013.

[147] Clarida, R. , Gali, J. , Gertler, M. , "The science of monetary policy: a new Keynesian perspective", *National bureau of economic research*, 1999.

[148] Cogley, T. , Sargent, T. J. , "Drifts and Volatilities: Monetary Policies and Outcomes in the Post WWII US", *Review of Economic dynamics*, 8 (2), 2005.

[149] Davis, E. P. , Kirby, S. , Warren, J. , "The Estimation of Financial Conditions Indices for the Major OECD Countries", *OECD Economics Department Working Papers*, 1335, 2016.

[150] Dell'Ariccia, G. , Laeven, L. , Marquez, R. , "Monetary Policy, Leverage, and Bank Risk-Taking", *IMF Working Papers*, 10/276, 2010.

[151] Doojav, G. O. , Purevdor, M. , "The Relationship between Financial Condition and Business Cycle in Mongolia", *East Asian Economic Review*, 23 (2), 2019.

[152] End, J. , "Indicator and Boundaries of Financial Stability", *DNB Working Papers*, (097), 2006.

[153] English, W. , Tsatsaronis, K. , Zoli, E. , "Assessing the Predic-

tive Power of Measures of Financial Conditions for Macroeconomic Variables", *BIS Papers*, 2005.

[154] Galvão, A. B. , Owyang, M. T. , "Measuring Macro-Financial Conditions Using a Factor-Augmented Smooth-Transition Vector Autoregression", *Federal Reserve Bank of St. Louis*, 2013.

[155] Gauthier, C. , Graham, C. , Liu, Y. , "Financial Conditions Indexes for Canada", *Staff Working Papers* 04 – 22, *Bank of Canada Bank of Canada*, 2004.

[156] Giri, A. K. , Bansod, D. , "Establishing Finance-growth Linkage for India: a Financial Conditions Index (FCI) Approach", *International Journal of Emerging Markets*, 14 (5), 2019.

[157] Gómez, E. , Pabón, A. M. , Gómez, N. Z. , "Financial Conditions Index: Early and Leading Indicator for Colombia?", *Ensayos Sobre Politica Economica*, 29 (66), 2011.

[158] Goodhart, C. , Hofmann, B. , "Asset Prices, Financial Conditions, and the Transmission of Monetary Policy", *Proceedings*, 114 (2), 2001.

[159] Guichard, S. , Haugh, D. , Turner, D. , "Quantifying the Effect of Financial Conditions in the Euro Area, Japan, United Kingdom and United States", *OECD Publishing*, 2009.

[160] Gumata, N. , Klein, N. , Ndou, N. , "A Financial Conditions Index for South Africa", *IMF Working Papers*, 12 (196), 2012.

[161] Hatzius, J. , Hooper, P. , Mishkin, F. S. , et al. , "Financial Conditions Indexes: A Fresh Look after the Financial Crisis", *National Bureau of Economic Research*, 2010.

[162] Hosszú, Z. , "The Impact of Credit Supply Shocks and a New Financial Conditions Index based on a FAVAR Approach", *Economic Systems*, 42 (1), 2018.

[163] Hua, X. Y. , Yang, Z. M. , Ye, Y. F. , et al. , "A Novel Dynamic

Financial Conditions Index Approach Based on Accurate Online Support Vector Regression", *Procedia Computer Science*, 55, 2015.

[164] Ian, B. , Brian, M. , "Constructing a Financial Condition Index for a Small-Open Economy: The Case of Malta", *Research in Applied Economics*, 10 (3), 2018.

[165] Jimborean, R. , Mésonnier, J. S. , "Banks' Financial Conditions and the Transmission of Monetary Policy: A Favar Approach", *International Journal of Central Banking*, 6 (4), 2010.

[166] John, B. , Taylor, "Discretion Versus Policy Rules in Practice", *Carnegie Rochester Conference*, 1993.

[167] Kabundi, A. , Mbelu, A. , "Estimating a Time-varying Financial Conditions Index for South Africa", *South African Reserve Bank*, 17 (2), 2017.

[168] Kapetanios, G. , Price, S. , Young, G. , "A UK Financial Conditions Index Using Targeted Data Reduction: Forecasting and Structural Identification", *Econometrics and Statistics*, 7 (1), 2018.

[169] Kazdal, A. , Korkmaz, H. I. , Yilmaz, M. H. , "Composing High-Frequency Financial Conditions Index and Implications for Economic Activity", *Working Papers* , *Research and Monetary Policy Department, Central Bank of the Republic of Turkey*, 2019.

[170] Koop, G. , Korobilis, D. , "A New Index of Financial Conditions", *European Economic Review*, 71, 2013.

[171] Koop, G. , Leon-Gonzalez, R. , Strachan, R. W. , "On the Evolution of the Monetary Policy Transmission Mechanism", *Journal of Economic Dynamics and Control*, 33 (4), 2009.

[172] Korobilis, D. , "Forecasting with Factor Models: A Bayesian Model Averaging Perspective", *University Library of Munich*, 2013.

[173] Lack, C. P. , "A Financial Conditions Index for Switzerland", *Bank for International Settlements*, 2003.

［174］ Lee Seung-yong, Nam Sun-woo, Jeon Hyun-jung, "Construction of a Korean Financial Conditions Index and Evaluation of Its Usefulness", *Quarterly Bulletin*, 2014.

［175］ Li, N., Liu, Y. C., "The Construction Of China's Financial Condition Index In Post Crisis Era", *China Political Economy*, 2 (2), 2019.

［176］ Li, Z., Zhong, J., "Impact of Economic Policy Uncertainty Shocks on China's Financial Conditions", *Finance Research Letters*, 2019.

［177］ Mariano, R. S., Murasawa, Y., "A Coincident Index, Common Factors, and Monthly Real GDP", *Oxford Bulletin of Economics and Statistics*, 72 (1), 2010.

［178］ Matheson, T. D., "Financial Conditions Indexes for the United States and Euro Area", *Economics Letters*, 115 (3), 2012.

［179］ Mayes, D. G., Virén, M., "Financial Conditions Indexes", *Social Science Electronic Publishing*, 2001.

［180］ Montagnoli, A., Napolitano, O., "Financial Condition Index and Interest rate Settings: A Comparative Analysis", *Istituto di Studi Economici Working Paper*, 2005.

［181］ Nicoló, G. D., Dell'Ariccia, G., Laeven, L., Va-lencia, F., "Monetary Policy and Bank Risk-Tak-ing", *IMF Staff Position Notes*, (09), 2010.

［182］ Osorio, C., Unsal, D. F., Pongsaparn, R., "A Quantitative Assessment of Financial Conditions in Asia", *IMF Working Papers*, 11 (170), 2011.

［183］ Pagano, M., "Financial Markets and Growth: An Overview", *European economic review*, 37 (2), 1993.

［184］ Primicerri, G. E., "Time Varying Structural Vector Autoregressions and Monetary Policy", *The Review of Economic Studies*, 72 (3), 2005.

［185］ Rapach, D. E., Weber, C. E., "Financial Variables and the Simulated Out-of-Sample Forecastability of U. S. Output Growth Since 1985: An Encompassing Approach", *Economic Inquiry*, 42 (4), 2004.

[186] Ørbeck, Aksel, Torvanger, M. , "A Financial Conditions Index for Norway: Can Financial Indicators Predict GDP", *Norges Bank Staff Memo*, 2011.

[187] Rudebusch, G. D. , Svensson, L. E. O. , "Eurosystem Monetary Targeting: Lessons from U. S. Data", *Working Paper Series*, 1999.

[188] Sims, C. A. , Zha, T. , "Were There Regime Switches in US Monetary Policy?", *The American Economic Review*, 96 (1), 2006.

[189] Singh, A. , Singh, M. , "US financial Conditions Index and Its Empirical Impact on Information Transmissions across US-BRIC Equity Markets", *The Journal of Finance and Data Science*, 2 (2), 2016.

[190] Sithole, T. , Simo-Kengne, B. D. , Some, M. "The Role of Financial Conditions in Transmitting External Shocks onto South Africa", *International Economics*, 2017, 150 (8): 36 – 56.

[191] Sun, L. X. ; Huang, Y. Q. , "Measuring the Instability of China's Financial System: Indices Construction and an Early Warning System", *Economics: The OpenAccess, Open-Assessment E-Journal*, 10 (19), 2016.

[192] Thompson, Kirsten, Eyden, V. , "Testing the Out-of-Sample Forecasting Ability of a Financial Conditions Index for South Africa", *Emerging Markets Finance & Trade*, (6), 2015.

[193] Thompson, K. , van Eyden, R. , Gupta, R. , "Identifying a Financial Conditions Index for South Africa", *University of Pretoria Department of Economics Working Paper*, 2013.

[194] Vonen, N. H. , "A Financial Conditions Index for Norway", *Norges Bank Staff Memo*, 2011.

[195] Wang, B. , Li, H. , "Downside Risk, Financial Conditions and Systemic risk in China", *Pacific-Basin Finance Journal*, (6) 2020.

［196］ Wang, S. , Xu, F. , Chen, S. , "Constructing a Dynamic Finan-
cial Conditions Indexes by TVP-FAVAR Model", *Applied Economics
Letters*, 25 (3), 2018.

［197］ Wang, Y. , Wang, B. , Zhang, X. , "A New Application of the Sup-
port Vector Regression on the Construction of Financial Conditions Index
to CPI Prediction", *Procedia Computer Science*, 9 (11), 2012.

［198］ Zhou, D. C. , Lu, X. Y. , Cui, W. J. , Zhang, Y. Z. , "Study on the
Construction of China Nonlinear Financial Conditions Index Based on MS-
VAR Model", *BioTechnology: An Indian Journal*, 10 (9), 2014.

［199］ Zhu, S. , Kavanagh, E. , O'Sullivan, N. , "Constructing a Finan-
cial Conditions Index for the United Kingdom: A Comparative Analy-
sis", *International Journal of Finance & Economics*, (1), 2020.

后 记

本书是笔者主持的 2017 年度国家社会科学基金一般项目："基于混频损失函数的中国实时时变金融状况指数编制及应用研究"（项目编号：17BTJ011）的最终研究成果。本书课题组主要成员还包括杨伊、赵雪艳、卢有红、万弋芳等老师。另外，朱志亮、贾青、方济民、陈金金、付司寰、张莉娟等硕士研究生也积极参与本课题的研究。笔者感谢上述老师和同学在课题研究资料的收集整理以及本书的成稿中付出的辛勤劳动。本书由周德才总撰、设计和统稿，硕士研究生陈金金、付司寰、张莉娟参与了部分内容研究和校对工作，并做了大量数据处理和前期研究工作。

特别感谢南昌大学副校长、长江学者刘耀彬教授，南昌大学党委委员、江西应用科技学院党委书记彭迪云教授，南昌大学经济管理学院院长、中国中部经济社会发展研究中心主任况学文教授，南昌大学经济管理学院副院长、中国中部经济社会发展研究中心常务副主任彭继增教授，江西财经大学统计学院首席教授罗良清教授等的支持、帮助和关照。感谢社会科学文献出版社高雁等编辑的大力支持。

十分感谢博士导师卢晓勇、硕士导师何笑星、本科导师何筼教授对我的栽培和指导。正是得益于导师们的知识传授和研究方向的指点，本人才能够顺利开展研究，并有幸获得国家社会科学基金的资助。

感谢全国哲学社会科学工作办公室对本书的支持和资助。由于本人能力和水平有限，加上时间比较仓促，本书难免有不足和不妥的地方，诚恳地希望得到专家和读者的批评指正。我的联系邮箱是：decaizhou@163.com，欢迎来信探讨。

周德才

2021 年 12 月 18 日

图书在版编目(CIP)数据

中国实时灵活动态金融状况指数研究／周德才著
—— 北京：社会科学文献出版社，2022.7
ISBN 978 - 7 - 5228 - 0196 - 4

Ⅰ.①中⋯　Ⅱ.①周⋯　Ⅲ.①金融 - 指数 - 研究 - 中
国　Ⅳ.①F832.5

中国版本图书馆 CIP 数据核字(2022)第 099397 号

中国实时灵活动态金融状况指数研究

著　　者／周德才

出 版 人／王利民
责任编辑／高　雁
责任印制／王京美

出　　版／社会科学文献出版社·经济与管理分社 (010) 59367226
　　　　　地址：北京市北三环中路甲 29 号院华龙大厦　邮编：100029
　　　　　网址：www.ssap.com.cn
发　　行／社会科学文献出版社 (010) 59367028
印　　装／三河市尚艺印装有限公司

规　　格／开　本：787mm × 1092mm　1/16
　　　　　印　张：14.75　字　数：215 千字
版　　次／2022 年 7 月第 1 版　2022 年 7 月第 1 次印刷
书　　号／ISBN 978 - 7 - 5228 - 0196 - 4
定　　价／128.00 元

读者服务电话：4008918866